美国国防预算与财务管理研究

张　侃　梁　新　等著

中国财经出版传媒集团
中国财政经济出版社

图书在版编目（CIP）数据

美国国防预算与财务管理研究／张侃等著．--北京：中国财政经济出版社，2023.2

ISBN 978－7－5223－1882－0

Ⅰ．①美…　Ⅱ．①张…　Ⅲ．①国防预算－财政管理－研究－美国　Ⅳ．①F817.123

中国国家版本馆CIP数据核字（2023）第018369号

责任编辑：卢关平　　责任校对：徐艳丽
封面设计：孙俪铭　　责任印制：张　健

美国国防预算与财务管理研究
MEIGUO GUOFANG YUSUAN YU CAIWU GUANLI YANJIU

中国财政经济出版社 出版

URL：http：//www.cfeph.cn
E－mail：cfeph@cfeph.cn

社址：北京市海淀区阜成路甲28号　邮政编码：100142
营销中心电话：010－88191522
天猫网店：中国财政经济出版社旗舰店
网址：https：//zgczjjcbs.tmall.com
北京富生印刷厂印刷　各地新华书店经销
成品尺寸：170mm×240mm　16开　19.5印张　309 000字
2023年2月第1版　2023年2月北京第1次印刷
定价：68.00元
ISBN 978－7－5223－1882－0
（图书出现印装问题，本社负责调换，电话：010－88190548）
本社质量投诉电话：010－88190744
打击盗版举报热线：010－88191661　QQ：2242791300

著作组名单

主要成员:

张　侃　海军工程大学管理工程与装备经济系讲师，博士（主笔）

梁　新　海军工程大学管理工程与装备经济系教授，博士生导师

其他成员:

魏　华　海军工程大学管理工程与装备经济系讲师，博士

熊俊芬　中国人民解放军中部战区总医院审核监管科主任，会计师

余　鹏　海军工程大学管理工程与装备经济系讲师，博士

黄东京　海军工程大学管理工程与装备经济系硕士研究生

前　言

当代国防经济学创始人希奇（Hitch）与麦基恩（McKen）曾经有过这样的描述，即“国家安全取决于三个问题：一是国家现在和未来可用的资源总量，二是上述资源中分配至国家安全目的的分割比例，三是所配置资源的使用效率”。这一论断，一针见血地指出了国防资源配置的基本任务和主要内容。事实上，国防预算与财务管理贯穿于国防资源配置的全过程，并调节着国防资源配置的规模、结构与方向。具体来讲，国防预算是保障国防和军队建设的资源配置计划，是国防和军队建设资源的总分配器；财务管理则是从预算执行真实性、合理性、效益性的角度，对国防预算的资源配置功能发挥监督、控制与调节作用。因此，开展国防预算与财务管理问题研究，从本质上来讲就是探求国防资源的优化配置问题。

2022年6月，根据美国参议院军事委员会表决通过的《2023财年国防授权法案》，美军新增拨国防预算450亿美元，使美国2023财年的国防预算总额达到创历史纪录的8576亿美元，与2022年国防预算数额相比，该数额增长了8%。也就是说平均每月花费714.7亿美元，或者说平均每小时花费9790万美元。按照斯德哥尔摩国际和平研究所（SIPRI）2021年发布的报告，按照2020年不变美元计算，2001—2020年间美国国防支出占同期国内生产总值（GDP）的比重年均达3.91%，占同期联邦政府预算支出比重年均达18.69%。

美国国防支出占联邦政府预算支出的比例，相当于退伍军人事务部、农业部、交通部、教育部、劳工部、国土安全部、住房和城市发展部、司法部、能源部、内政部、商务部、航空航天局（NASA）和州政府的总和。仅国防支出一项，就相当于联邦政府整个立法部和司法部运营成本总额的

46倍。

美国国防部体系结构非常复杂，不仅独立管理着几支空军部队，还负责设计、制造飞机，训练飞行员，组织运营机场，其中一些核动力飞机还需飞越大海执行军事任务。除作战部队外，美军还管理教育机构、住宅区、医院、工厂、公共工程部门以及会计和审计机构。

美军履行着政府最重要的使命之一，即保护美国不受威胁，并向那些损害其利益的人表明他们维护国家和人民权益的意愿。这些威胁来自于其他国家和非国家行为体，他们投入巨资发展自身能力，威胁内容与形式也在不断演变。所有这些，都要求美国军队不断创新和适应变化，以保持领先地位。

对于美军而言，军事上的稍稍领先并不是目标，而是“建立持久的优势”（美国国防部，2022）。美军将领们从来不想把军队派去打一场“公平的战斗”，他们希望以极快的速度取得决定性胜利，以压倒性优势获胜。这种优势对潜在竞争对手起到了威慑作用。

由于美国国家预算每9美元就有1美元花费在军事上，且军队在动态战场环境中执行重要任务，所以军队将领及其文职领导者的决策至关重要。错误的决策会浪费资源、削弱军队。如果缺乏正当理由，即使决策很好也不会获得资金支持，同时还会削弱军队。执行不力的采办计划和行动会降低国家为这些系统和相关培训支付费用的意愿，从而削弱军队。

本书以考察美国国防预算与财务管理为研究视角，旨在剖析美国国防预算与财务管理成熟做法与实践经验，为读者拓展军事经济国际视野提供不同程度的财务知识，培养从事国防和军队财务管理工作人员的经济素养。这里的经济素养，主要指知悉美国国防财务管理领域关于如何获得资金和管理资金的知识和借鉴运用的能力，涉及的重要内容包括：

（1）如何将资金分配给项目；

（2）如何申请资金，且在申请审核期间如何力争获得审批；

（3）五角大楼和主要司令部的参与者在决策过程中最具影响力；

（4）国防部以外影响支出的参与者的角色和影响力；

（5）管理资金使用的法律、法规和规范；

（6）对限制管理行动的筹资过程的控制，以及允许管理者应对突发事件的灵活性措施；

（7）如何平衡受托责任与使命完成；

（8）如何看待决策的更广泛的财务影响；

（9）如何将一名管理者有限的财务经验融入实际工作中。

本书按照行文结构分为三大部分，依次为基础理论与实证部分、实务操作与应用部分和经验总结与启示部分。基础理论与实证部分包括第1章至第3章，主要介绍美国国防预算的理论基础、实证基础和美国联邦预算的编制程序等内容，描述了美国国防预算与财务管理的实践背景，为深入探讨美国国防预算与财务管理主体内容奠定完整的基础理论框架；实务操作与应用部分包括第4章至第10章，主要介绍美国国防预算与国会及其他职能部门间的关系，以及美国国防预算编制的组织结构、功能运行，预算执行中的业务管理与困难挑战，详细阐释了美国国防预算运行的完整过程，并对预算执行与财务管理中的重点问题进行探讨，以展示美国国防预算运行全貌；经验总结与启示部分为本书第11章，对美国国防预算与财务管理的优势特色进行了重点分析，归纳总结出6个方面的运行经验，结合我国国情现实特点对加强我国国防预算与财务管理工作进行了深入思考与展望。

国防预算与财务管理是一项复杂的系统工程，其实际工作涉及国家政治学、军事学、经济学、统计学、组织管理学和运筹分析理论等，是诸多因素共同影响和综合作用的最终结果。因篇幅所限，本书中无法对国防预算与财务管理的全部内容进行阐释与说明，而是力求精简，以对美国国防预算与财务管理的有关知识进行介绍，方便读者触类旁通、举一反三，窥一斑而知全豹，见一叶而知深秋。本书可供从事国防经济理论研究、军队财务管理工作等相关人员参考阅读，也可作为国防财经领域的本科生、研究生阅读指导书目。

由于作者水平有限，书中的瑕疵和疏漏之处还请读者多多指正！

张　侃

2022年12月

目　录

第1章　美国国防预算的理论基础——公共政策理论

1.1　公共政策及其过程

奠定一个理论基础可以更好地理解政府是如何制定国防预算的，通过这个理论基础我们也可以了解国防预算。公共政策，通常是指政府在公共事务领域采取的政治行动及其行动所产生的影响。而国防预算，或者说政府的任何职能，都是一个对要从事的活动作出相关决定并为这些活动分配资源的过程。国防预算仅仅是更广泛的公共政策领域中一个具体实例，国防预算形成的过程在本质上亦属于公共政策过程。

因此，本章将从公共政策和制定政策的过程开始进行介绍，并涵盖政策过程的理论，即政府如何决定该做什么。本章 1.2 节重点介绍政策过程中具有代表性的阶段模型，该模型概念非常简单，并且巧妙地反映了国防部预算过程的设计。随后，进一步拓展模型研究范畴，在 1.3 节中简要介绍其他理论模型。

1.2　公共政策的阶段模型

在 1.1 节中，对于公共政策的定义是政府在公共事务领域采取的政治行动及其行动所产生的影响。理想情况下，这些行为一定是经过深思熟虑，并且预期的效果是积极的。公共政策可以被认为是基于改善社会状况的意图而选择采取行动（或故意不采取行动）的过程，如图 1.1 所示。

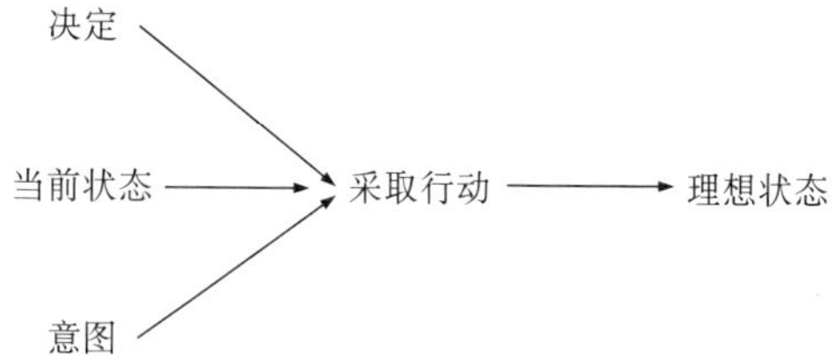

图 1.1　公共政策图示

进一步思考如下问题：公共政策过程是什么？如果要考虑这些因素，就必须把它们转化为下列问题，诸如："当前处于什么状态？行动开启需要什么合法程序？应该采取什么行动？如何知道是否产生预期的效果？我的目标呈现出什么价值？为什么要为此烦恼？"要回答这些问题，需要对当前状态进行评估，根据所选公共政策及其实施方式预测可能的结果，确定合法的决策过程，然后将想法纳入公共政策议程。然后我们对图 1.1 的定义进行转换到图 1.2 中的过程，这也是我们讨论公共政策阶段模型的起点。

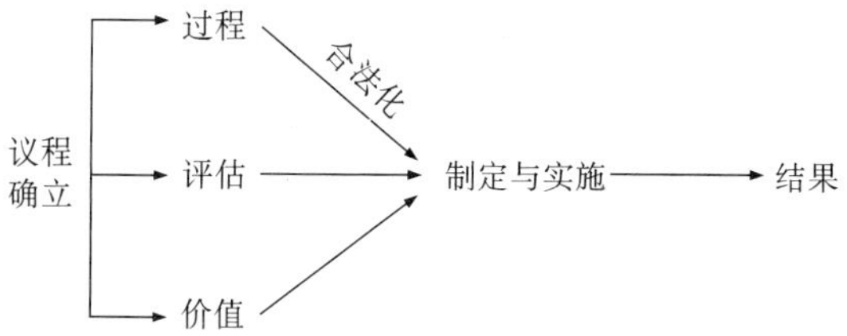

图 1.2　政策过程的一般模型

1.2.1　阶段模型的阶段划分与局限性

1. 阶段模型概述

阶段模型，发展于 20 世纪 70 年代和 80 年代，它可以用于理解公共政策过程的启发框架。该模型将公共政策过程分为五种类型或五个阶段（Anderson，1975；Brewer & Deleon，1983；Jones，1970），各阶段具体内容如下所示：

一是议程确立阶段，主要确定社会中的特定问题，政府采取行动，并引起决策者的关注；二是政策规划阶段，旨在分析问题，研究这些社会问题的解决机制；三是政策采纳阶段，通过政府部门的正式程序或民主程序，政策方案被公众采纳并获得合法地位；四是政策执行阶段，政府将政策付诸实施的实际行动，理解政策执行后可能不会产生预期效果；五是政策评估阶段，评估社会状况和现有政策的效力或效率。1.2.2 节至 1.2.6 节的内容将更全面地描述这五个阶段。

2. 阶段模型局限性分析

该模型具有一定的局限性。

第一，模型本身并没有描述因果关系，仅对发生的活动类型进行分类。

第二，这很容易被理解为暗示政治过程以特定的顺序发生。实际上，政策制定过程往往是非线性的，多个阶段可以同时进行。

第三，它往往最适合描述如法律制定等正式的政策，而不能很好地捕捉其他形式的政策制定的微妙之处。

第四，它没有明确承认冲突在每个阶段中的重要作用。每个阶段都需要做出决定，而这些决定本质上是政治决定。在本书中，“政治进程”一词是指群体决策过程，其中群体成员代表着不同的、相互竞争的、甚至相互冲突的利益。

第五，应该指出的是，很少有政策是重新制定的，大多数政策都是由现有政策演变而来。对于大多数政策领域来说，政策过程是永无止境的，因此没有明确的起点。这些注意事项和限制，在萨巴蒂尔（Sabatier，1999）和彼得斯（Peters，2013）的著作中有更详细的讨论。

1.2.2　议程确立阶段

通常认为，“议程”一词包括三层含义。其一，“议程”指的是按特定顺序列出的项目，比如会议议程。其二，“议程”指的是人们需要处理的各项事宜，比如，“您今天的议程是什么?”其三，“议程”指的是具有激励作用的个人观点或偏好。简而言之，它是一个过滤器，可以识别并突出显示重要和值得关注的内容，以及过滤不重要的内容，它可以规划个人或群体的重点关注事项。公共政策过程的议程确立阶段也起着类似的作用。议程确立是政策过程中的一个阶段，在这个阶段可以确定社会中的特定问题，该问题被认为可以由政府采取行动得到妥善处理，并且在实际中引发决策者关注。议程确立应当具备以下基本条件：

1. 问题标记与识别

需要注意的是，并非全部决策者都能够充分认识、理解待研究的问题。

问题识别是议程确立过程的关键部分，因为一种表述可能被视为非常重要，而另一种表述可能会被排除在公共政策过程之外。以移民问题为例，美国的移民问题可以被标识为国家安全问题、法律和秩序问题、经济问题、人权问题、对外关系问题、家庭稳定问题、政治问题或者文化问题。其中，一些问题多多少少会受到政府行动的影响，一些问题会引起特定决策者的共鸣，还有一些其他问题就不会产生任何影响。

给社会问题贴上标签并确定其性质也制约了政策选择，这可能影响到其是否被列入议程。例如，将恐怖分子定义为敌方战斗人员意味着战争规则是适合的，军事法庭也将审理这些案件。敌方战斗人员与被认定为恐怖分子的人所享有的合法权利截然不同。在这种情况下，司法部条例、民事诉讼和正当法律程序都对其非常适用。

大多数公共政策领域充满了从不同角度投射问题的便签：平等机会、平权行动或多样性计划；税收改革或收入再分配；因毒成疾或非法吸毒等。作为个人，我们不仅根据个人偏好和观点来看待问题，新闻媒体在塑造公众和决策者对社会问题的看法方面也发挥着重要作用。

2. 服从政府行动

在议程确立阶段中，无论给社会问题贴上何种标签以及如何定义社会问题，都应服从政府行动。因为公共政策与政府行动休戚相关，所以要把社会问题提上议事日程，就必须把它恰当地纳入政府工作职能范围。特别是，私人部门无法解决的问题更有可能提上议程。这些情况通常涉及政府的核心职能：犯罪和法律事务、国防事务、与政府土地相关的事务、边境安全、外交关系以及与政府资金相关的事务。

私人行动，在存在外部性的情况下，最终可能会出现在公共政策议程上。经济学领域将外部性定义为无法获得补偿（或收费）的人所产生的成本（或收益）。正外部性的示例是研发工作创造了新技术，而这些技术很容易让人们使用，同时不承担研发成本。至于负外部性，例如一家工厂造成大面积的空气污染。大众群体通常指望政府通过为技术开发者提供专利和商标保护，或者限制排放并对造成污染的工厂的所有者进行处罚等方式来纠正这些情况。

当问题涉及公共事物（物品）时，政府也参与其中。这些公共事物（物品）很难将任何人排除在外，如果他们的确从中受益，也无法排除其他人从中得到好处。例如，某地居民可以看到数英里外空中的烟火表演，如把该地居民排除在外，则独享烟火表演成本高昂。事实上，A 观看烟火的事实并不代表 B 没有观看烟火的能力（Cowen，2008）。由于这两种情况，私人部门提供此类服务的可能性较小，因为几乎无法实现盈利。因此，大众群体倾向于指望政府提供这些事物（物品）。其他实例包括公园、海滩和国防。而另一些被广泛认为是公共事物（物品）的，也可以由私人部门提供，如道路和广播。

3. 吸引注意力

某个问题是否被列入公共政策议程，也会受到其他因素的综合影响。2005 年 8 月，美国卡特里娜飓风造成 1800 多人死亡，700 人失踪，以及超过 1000 亿美元的财产损失，五个州受到巨大影响。政府仅仅预测到风暴的影响，在飓风登陆的前几天，就把经济复苏列入了国家决策制定者的议事日程。然而，每年都有数百人死于数十场规模较小的风暴，但美国联邦政府没有做出任何回应。20 世纪 90 年代，全球各地发生了许多恐怖袭击事件，但直到 2001 年 9 月在美国本土发生袭击事件后，人们才开始高度重视。2015 年夏天，媒体盛传一头狮子在津巴布韦被一名美国猎人射杀。然而，每年有 600 头狮子被杀，人们却毫不在意，但这头狮子被杀却上了新闻，仅仅是因为它名叫塞西尔，是游客们最喜欢的狮子。由此可见，问题的严重程度、数量和对象等这些因素在吸引公众和决策者的注意力方面发挥着重要作用。

“聚焦事件”也有助于吸引注意力。此类事件可能像飓风或被杀的塞西尔一样引人注目，但也可能更为普通，比如政府机构发布的报告或审计结果。某些事情之所以被提上议程，也是因为它们会出现政策溢出问题，发生意想不到的后果。狮子塞西尔的死亡将美国人的注意力集中在“战利品狩猎”问题上。然而，“战利品狩猎”多年来一直是非洲的公共政策问题。为了减少偷猎等活动的不良影响，博茨瓦纳共和国在 2013 年明令禁止猎杀动物。从那以后，狮子、大象和其他以前经常被狩猎的动物的数量增加了，这些动物潜入村庄盗食农作物和家畜，造成了经济损失。村民们认为猎杀行为应受保护，因为可以通过狩猎旅游赚钱。现在，这些受到政府保护的动物反而被当地人视为公害。保护动物免受战利品猎人伤害的政策可能会适得其反，因为当地村民早已开始杀害这些动物，这就是当地村民经济困难的溢出效应（Onishi，2015）。

与溢出效应类似，如果问题能与象征或理想联系起来，就更有可能被列入公共政策议程。例如，真理、正义、自由和平等。在美国，由于与真相和正义息息相关，警察是否应该配备随身摄像头来记录他们与公众的交涉行为，一直被列入议程。长期以来，同性婚姻一直被认为是一个道德问题，直到它被重新标记为一个平等问题。回避了道德这一问题，而是把同性婚姻和一个重要的理想（即平等）联系起来，在一定程度上更能加大公众的接受程度，同时让决策者更具解决问题的意愿。

4. 议程确立的三种机制

至此，我们已经定义了议程确立，讨论了给社会问题贴上标签和问题识别的重要性，并分析了影响问题是否被列入议程的因素。但谁负责议程确立呢？一般会通过三种机制来设置议程。通常不止实行一种机制，因为支持者们都想让其问题得到解决。

第一种是国家官僚机制为中心的运行机制。这种机制下，政府官员可以在不受外部团体压力的情况下处理问题。由于新出现的社会问题太少，现有的政府机构已经在解决这些问题。因此，政府工作人员可以直接看到哪些计划有效，哪些无效。他们看到的问题会随着时间和环境而不断演变。年度预算程序是官僚机构将问题列入议程以供审议的常用机制。

第二种是多元机制。在这种机制下，政府受到外部力量的压力才来解决问题。这些问题通常是由对这个问题极其关注的特殊利益集团提出的。有时，有些问题更多来自于草根阶级，他们的理想信念遍及社会生活的所有领域，并被媒体广泛报道。政府会受到在某个问题上有专业知识团体的压力，例如，为无家可归者提供帮助的慈善团体联盟可能会将贫困问题提上议程，但像全国步枪协会这样的团体不会对此有任何意见。同样地，美国全国步枪协会将倡导修改枪支管制法，但那些志在拯救被遗弃动物的人会对此保持沉默。

第三种是精英导向机制。社会上并非所有的声音都是平等的，有些声音比其他声音更有分量。某些名人（如波诺、安吉丽娜·朱莉、加里·西尼斯）应承担起责任，因为他们的名人效应可以让他们获得无人企及的关注度。商界领袖（沃伦·巴菲特）、前政府官员（前内阁成员）和富豪（科赫兄弟）也有能力接触决策者，并让媒体关注他们的想法。他们能够作为特殊利益集团的代表以普通公民所不能的方式向政府施压。

在这三种机制中，官僚机制源于政府内部，另外两个来源于政府外部，但其能对政府施加压力。对于将想法提上公共政策议程的精英主义者和官僚主义者而言，说话者比信息更重要。但是，在多元机制中，信息比说话者更为重要。

最后，值得注意的是公共政策议程包括那些正在积极审议的问题。许多问题都有鲜明的时代背景，如国家安全、贫困、就业和经济、环境、教育等。但是，决策者的时间和精力有限，政府机构一次只会处理这些问题中的一小部分。

1.2.3　政策规划阶段

议程确立关乎社会焦点问题，政策规划阶段则主要关注政策分析与选择，目标是制定解决问题的方案。对政策选择产生极大影响的两个因素分别是决策者对问题的了解和对替代政策的了解。因此，在制定解决方案之前，通常有必要进行政策分析，以了解问题的性质和解决方案的潜力。对于简单的问题（例如，道路上有一个凹坑时怎么处理），政策制定非常明确（填补凹坑或重新铺设道路），但当问题更为复杂时，政策制定也更困难，需要进行更多的分析。

复杂的问题比如以移民问题为例进行探讨。如果移民问题被定义为经济问题，就意味着需要一整套公共政策来应对；但如果移民问题是国家安全问题或法律秩序问题，就适合使用其他不同的政策。通常，有必要从政策分析着手，通过政策分析可从多种视角看待问题，并提供关于替代行动方案的效力、效率和可行性的信息。

1. 政策分析的概念

什么是政策分析？有学者认为，政策分析可以被定义为将社会科学应用于社会问题，以更好地理解问题和解决问题的潜在行动，最终为决策者提供科学建议的活动（Heineman R. A.，Bluhm W. T.，Peterson S. A. & Kearny E. N.，1997）。以下讨论将涵盖两种主要的分析类型、分析中的典型步骤、一些常见的分析技术以及分析人员的注意事项。

2. 政策分析的类型

主要包括两种分析类型，即为理解而进行的分析和为决策而进行的分析。与为决策而进行的分析相比，为理解而进行的分析通常需要定期进行，不受决策截止日期的影响。为理解而进行的分析更多地关注可用的数据，而不是从数据中得出的结论。其通常被广泛传播，而不是针对有限的受众，且以多种意见或观点为特征，而不是一致或“最有可能”的观点。为理解而进行的分析并不关注政策选择，而为决策而进行的分析则受政策选择的影响。表 1.1 对这些类型进行了概述。

表 1.1 政策分析的类型

为理解而进行的分析	为决策而进行的分析
专注于数据分析	专注于结论
定期进行	基于时间驱动
可能被广泛传播	针对有限的受众
对多种意见或观点持开放态度	表达一致或“最有可能”的观点
不关注政策选择	受政策选择的影响

3. 政策分析的过程

政策分析过程通常从明确要解决的社会问题开始。这可能已经在议程确立阶段确定并由决策者分配给分析人员，或者如果问题可以以不同的方式考虑，分析人员可能需要进行不止一次的分析。假设对问题有一个明确的定义，分析人员还需要将其应用于替代政策制定的评估标准。通常，这些标准包括效率和有效性，还可以包括其他公共部门目标，如刺激增长、保护权利、减少不平等、确保市场竞争、公共安全等等。同样，根据具体情况，政策分析人员可能会从指派任务的官员那里得到这些标准，或者可能需要他自己确定这些标准。

分析人员需要收集有关问题和可能的行动方案的数据。此类数据应包括有关评估标准的基线信息以及支持替代行动方案结论的证据。这就意味着分析人员必须有证据证明政府行为和不断变化的社会状态之间存在因果关系。这通常是政策分析的一个争论点，因为这种理解经常不完整或未被普遍接受。例如，考虑与社区犯罪率相关的因素：失业、教育水平、贫困、警力、人口密度、住房拥有率、帮派影响、双亲家庭的比例等。分析人员需要考虑哪些与任务相关，哪些在逻辑上合理，以及哪些数据是可用的。

4. 政策措施的种类

第一种措施是最常见的，即提升立法能力。立法机关可以颁布法律，某些行政机构可以颁布法规，这些法规可能会产生积极影响（创设权利或授权行动），也可能会产生消极影响（造成负担或禁止行动），涉及法律法规的编写、执行和对争议的裁决。

第二种措施是政府直接为社会提供服务，如教育、国防、司法、娱乐场所管理等。通常情况下，当市场被认为在某些方面出现滞后时，政府就会提供服务。

第三种措施是货币政策，其形式多种多样。一种形式是合理分配资金兼顾各种不同的资金用途，无论是用于管理政府机构（用作国防预算），还是出于特定目的向下级政府拨款（用作各州的医疗补助资金），或者直接转移给个人（用作社会保障或失业保险）。第二种形式是资金征缴，即缴纳税费。值得注意的是，许多公共政策是通过对一般征收规则的豁免来实施的，包括税收减免、税收抵免、延期纳税和特别税率。例如，通过减税政策来鼓励民众自置居所，通过减免捐赠税收促进社会公益慈善发展，通过养老保险延迟缴税来提高退休储蓄，通过对资本收益征收特别税率来促进商业投资。最后，政府可以以其他形式使用资金，如贷款担保、发放信贷和提供保险。

公共政策的第四种措施是道德劝诫，也被称为“名望讲坛”。道德劝诫指通过规劝或诉诸道德来影响行为。例如，禁酒和民权运动，以及要求公民在早期节约用水。最终，政府可以改革内部做法，以提高政府程序的效率或效力，或增加公众对政府机构的信心。例如，美国国会拨款制度改革和公务员制度改革（见框注 1.1）。

框注 1.1　　公共政策措施

法律法规：可能会创设权利并促成行动，也可能会造成负担并禁止行动。

服务：直接或通过代理人提供给公民；

货币：

- 分配资金给政府机构，可直接转移给个人，也可作为向下级政府的拨款；
- 税费征收，政策导向的情况例外；
- 以其他形式使用资金，如贷款担保、发放信贷和提供保险。

道德劝诫：试图通过规劝而不是强迫来改变行为。

这些措施很少单独使用，通常是搭配组合运用。以国家高速公路的安全问题为例，机动车管理部门负责为驾驶员颁发驾照，机动车法规用于规范驾驶方式，警方执行法律、法规，交通部门负责维护道路，公共服务公告对酒后驾驶起到警示教育作用，保险监督管理委员负责监管汽车保险业，法律规定汽车制造的安全标准等。还应该注意，其中一些措施用于国家级管理（安全标准），一些用于州级管理（驾驶执照），还有一些用于地方级管理（街道维护、警务）。政策分析人员面临的一个问题是，该政策应该保留至具有决策权的一级政府机构，还是应该移交给下级政府机构。

5. 政策制定的有关探讨

（1）政策制定者。政策制定者的主体来源非常广泛。虽然政策分析人员会提出政策替代方案，但情况并非总是如此。公共官僚机构经常提出新的政策建议，因为他们是最了解和清楚社会问题的人，知道过去哪些政策有效，哪些政策无效。立法者也可以提出解决公共问题的方案。政策建议的其他来源是专注于特定问题领域的智库和利益集团，学者们通过研究和与政府协商提出政策理念。最后，政策制定者还包括“影子政府”，即那些拥有相关经验的前政府官员和有抱负的政府官员，通过撰写白皮书并现身新闻节目，发表新的政策建议。

（2）政策结果的预测和评估。一旦确定了一组备选方案，分析人员就需要预测每项公共政策的结果并应用评估标准。评估应包括经济分析和伦理分析。经济分析的目的是预测政策实施结果并检验经济效果，常用方法包括成本效益分析、成本效果分析、决策树法、模型法、博弈论、德尔菲法（也称专家调查法）等。伦理分析应解决拟议政策的非经济方面的问题，伦理分析应考虑包括政策对保护健康和生命、促进个人自主、鼓励诚实和透明或促进公平、公正和正义等事项的影响（Peters，2013）。

（3）报告结果。政策规划阶段的一个关键步骤是向决策者传达该政策的结果。分析人员应该关注使用者的需求。通常情况下，分析人员会希望应用自己的专业知识获得关于狭义问题的完整数据，并做到万无一失。然而，决策者因对以往分析有足够的认识而满足于现状，认为该政策“足够好”，同时又担心该项政策的广泛影响，怕其超出了分析人员所研究的范围。

为了获得良好的反响，分析人员的报告应该具有权威性和说服力。为此，分析人员需要高质量的证据来支撑连贯的逻辑论点，以此来支持政策建议。撰写报告时，应考虑到阅读者的需求，给出适当、具体的建议，并可供阅读者采取行动。最后，报告内容应该清晰明了、简明易懂、具有视觉吸引力与严谨的执行摘要。

1.2.4 政策采纳阶段

一项公共政策被采纳与否，关键在于是否具有合法性。这是本章重点讨论的内容。

1. 政策合法性要求

公共政策不同于营利性部门管理的一个方面是，政府权力既可分割也可共享。政府中没有任何人拥有雇用和解雇员工、筹集资金、进出业务部门的充分决定权，也没有决定与谁做生意的自由酌处权。政府采取行动之前，必须得到正式批准。获得正式批准之前，可能需要接受其他人的审查或修改。

世界各国政府的行为都必须被民众接受，因为这是政府必须遵从的原则。挑战非合法性政策的机制是客观存在的，这里的“合法”是指政府行为符合公认的规则且获得认可。简而言之，政府行为必须具有合法性。

2. 政策合法化的方法

立法机关可以通过法律使政策合法化。此类法律可能会产生做某事或有权做某事的权利，也可能会通过征税、监管或禁止行动产生负担，或者可能会创设一个有权发布自立法规的行政机构。立法机构还负责监督行政部门，以确保法律得到有效执行。除非因违宪而被否决，否则法律规定通常被认为是合法的，但立法机关在固有职权过程中以及在行使宪法监督权过程中可能会对某些法律提出质疑。

行政部门可以通过发布法规或行政命令使政策合法化。美国国会建立了专门的机构，授予他们制定规则的权力，如食品药品监督管理局（FDA）、联邦通信委员会（FCC）或国家环境保护局（EPA）。这些措施被认为是有益的，因为主要议题的规则由相关专家来制定而不是政客，但这样做的风险在于，这些规则是由非多数派制定，会存在片面性。当行政机关成为特殊利益集团的“傀儡”，并把该利益集团的需要置于公众的需要之上时，合法性就会面临风险。

通常，政府部门的合法化不是一件有争议的事情，而是相当常规的事情。但在其他时候，它是政策过程的核心。以《患者保护与平价医疗法案》（ACA）为例，该项法案最初通过立法正式生效，但没过多久，该法案的批评者就在法庭上对其提出质疑。因此，当该法案被实施时，即使处于法庭审理过程中，它仍处于合法化阶段。与此同时，国会举行了数次投票来推翻或修改该法案，这也证明该政策仍处于合法化阶段。

1.2.5 政策执行阶段

试想这样一个情形：某个社会问题在完全明晰和知情的情况下被列入议程，而后根据完善的知识和明确的目标制定了理想的政策，并且该政策被一致认为是合法的，然而执行过程中仍然存在障碍。这表明，执行阶段可能会导致实践中的政策与理想中的政策设计不同。

为什么会这样呢？这可能是因为有一些因素会导致政策制定者、政策合法化者和政策执行者之间的观点或协议存在差异。例如，失业补偿政策、退伍军人残疾政策或学习障碍儿童的教育计划。正常情形下，一名政府一线工作人员，负责评估一项福利申请，并决定是否应该提供该福利，以及提供何种程度的福利。正如决策者的能力、注意力、偏好和信念有限一样，一线工作人员也是如此，他们可能对规则的解释不一致，对因素的权衡不同，或因预算短缺而感到压力，或因上级管理举措而改变行事方向，或不掌握规章制度的最新变化，或担心他们的下一次考核成绩等。上述任何一种情况都会导致一线工作人员在个别案件中所作的决定可能与立法或行政部门官员的意图不一致。

影响政策执行的因素有很多，主要包括信息流因素和时间范围因素。

1. 信息流因素的影响

设立法律或法规本身可能“播下毁灭自己的种子”（Peters，2013）。为了通过某项政策而达成的政治妥协，可能会使该项政策无法实施或让人无法理解；措辞模糊的法律或法规通常更容易合法化，但在执行过程中效果会相对较差。具有讽刺意味的是，法规的条文越具体明确，通过的可能性就越小，因为对法规的反对意见更容易形成。例如，美国的《国家安全人事制度法案》是一种按绩效付费的人事制度，该法案于 2005 年获批，并于 2006 年实施。这是国会在不知道具体计划的情况下批准的第一项重大公务员制度改革。这项法案刚开始筹划和实施时，批评人士就站出来反对，很快把这个问题重新提上议事日程。至此，这项法案在 2009 年被废止。

影响政策执行还有一种可能是没有清楚地给下级传达政策。任何具有多个层级的组织都需要在每一层级制定实施指令。最终，指令实施的质量取决于每个上一层级理解和传达意图的清晰程度，并将流程落实到位，以确保其意图得以实现。指挥链下游的指示与指挥链上游的评估和报告同样重要。如果其中一方曲解了信息，该计划的目标就有可能无法实现。

如果对信息流没有增加足够的风险管控，决策权的分配就会产生更多风险。决策的指挥链越靠下，决策者的数量就越多，高层领导者就越难进行监督，无法确保执行的一致性。这些决策之间的差异很大，不同意政策指令的下属可能会破坏其有效性。

2. 时间范围因素的影响

政府承担的很多社会问题都是长期存在的问题，如教育、贫困、污染、安全问题，解决这些问题可能需要数年或更长时间，但决策者在职的时间只有几年。任期结束后，高级官员经常不再留任。这些决策者虽然有解决根深蒂固的问题的动机，但他们注重短期效果，以寻求能带来立竿见影效果的政策。随着执政党的频繁更替，一项政策范畴可能会历经一系列短期计划，这些计划没有得到很好的协调和延续，可能会削弱对解决问题根源的影响。不仅决策者缺乏耐心，公众和媒体也没有耐心，他们向决策者施压，要求立即采取行动并取得成果。

不幸的是，短期关注往往只会将问题转移，而不是解决问题。例如，城市重建计划通常不能解决以往驻留在破败区域的无家可归者的问题。他们只是被转移到了镇上的另一个地方。当州政府关闭精神病患者机构时，这些患者最终流落街头，可以预见他们会犯下罪行。此时的监狱里挤满了以前的精神病患者，他们正在接受的是惩罚而不是治疗。当设备设施管理部由于预算削减而减少了对租户的清洁支持时，租户承担了清洁费用，此时的成本只是转移了，而并非节省。

与时间问题相关的是，需要实施该公共政策的组织的稳定性。一个国家或地区的民众希望他们的政府稳定、始终如一。官僚体制的优势在于民众、企业和其他政府机构所依赖的那些定义明确的规则、结构和程序。

1.2.6　政策评估阶段

评估是研究社会状况和现有公共政策的有效性。当现状变得不可接受或现有政策行之无效时，就可以将问题重新提上议程。

1. 政策评估与政策分析的比较

明确地区分政策评估和政策分析很重要。评估是回顾政策是否奏效，是否达到了预期效果。评估专注于研究当前状态，政策评估是为了理解而进行的分析。相反，政策分析着眼于未来，预测拟议政策的效果，是政策制定过程的一部分。政策分析是为了决策而进行的分析。政策评估是回顾性的，而政策分析是前瞻性的。

与政策分析一样，评估既是一个政治过程，也是一个分析过程。评估具有政治性，因为必须有人决定社会的价值和目标，以评估这些价值和目标是否实现。评估结果是关于什么是重要的和值得检验的主观选择。例如，2015年密苏里州弗格森警方暴力执法事件和马里兰州巴尔的摩市骚乱事件，以及南卡罗来纳州查尔斯顿市一所教堂发生的枪击事件，这些事件让决策者对美国的种族关系状况产生了质疑。

与政策分析一样，政策评估是将社会科学应用于社会问题，通过严格地收集和评估数据，形成关于事态发展和现有政策有效性的结论。因此，在我们上述的实例中，智库、利益集团和政府机构着手分析不同社区的警察行为和犯罪率，他们分析了不同警察群体对种族关系的态度。其他人则注重研究少数族群社区的经济机会、不同群体之间的收入差距，以及其他可能有助于揭示这一问题的因素。政策范畴内的族群关系非常复杂，对不同族群的各种情况进行研究和分析，也就不足为奇了。

2. 政策评估的关键特征

（1）评估设计。政策评估的第一个关键特征是评估设计。通常，指导评估的人选择要评估的社会目标、要采取的措施以及目标人群的比例。评估者的方向可能与决策者的初衷不同。例如，如果评估一项法律的有效性，国会可能会指示政府问责局（GAO）进行项目审计，以了解该法律的意图是否已实现。但是，如果行政机构不完全同意该法律，并在实施过程中改变了目标，他们可能会让监察长调查替代目标是否实现。这两项研究虽然表面上是针对同一件事，但实际上可能评估的是两种不同的政策。政策评估的执行者在采取行动之前需要仔细考虑评估的来源及其设计。

评估设计有两个核心设计特征，分别是绩效评估和评估目标。关于绩效评估，评估者需要做出一些选择。评估的级别或具体行动是什么？如果我们从一个简单的过程角度来看一个项目或组织，那么可以看出投入是在能影响结果的产出活动中消耗的。

关于评估目标，以教学效果评估为例，如果评估者衡量教育过程的效率，他可能会查看每单位产出所消耗的投入是否最少。如果目标是衡量有效性，他会考虑产出是否与结果相关。如果目标是衡量公平性，他可能会考虑在提交作业时评分的一致性。如果目标是衡量学生满意度，他可能会对学生进行调查并收集反馈信息。

（2）对象选择。政策评估的第二个关键特征是对象选择。对象选择涉及政策目的，是达到目的的手段。假设任务是评估扶贫项目的有效性，应该评估哪些项目或人群？有针对儿童的项目，也有针对老年人的项目，城市环境中的项目与农村环境中的项目不同，男性和女性之间或单身者和家庭之间的项目可能不同，退伍军人可以参加其他人不能参加的项目。大多数政策的设计都是为了解决问题，因此，需要特别注意，评估要做出同样的区分。

这也能够解释，为何大多数政策争议发生在目标对象人群边界。例如，如果“穷人”被定义为年收入低于2万美元，那么公共政策争议焦点将不仅仅是关于帮助穷人是好是坏，而是为什么将界限定为2万美元，而不是1.8万美元或2.2万美元。是什么让评估变得困难呢？简言之，包括干预和效果之间的时间跨度、社会状况的各种因果因素、不断演变的政策（以至于很难对所有的影响进行分离），以及政策意图和政策执行之间的差异。

1.3　其他公共政策理论模型

由于公共政策阶段模型与国防预算过程相似，因此，我们在前面的论述过程中将重点放在对阶段模型的介绍上。事实上，还有一些常用的其他公共政策理论。有些公共政策理论更为稳健，有些适用于特定情况，所有这些都能解释决策现象，但没有任何一个能解释所有现象。

1.3.1　渐进决策理论

20世纪50年代，查尔斯·林德布洛姆（Charles Lindblom）教授在对理性决策理论分析批判的基础上首次提出了渐进决策理论。渐进主义认为，由于参与决策的参与者众多，任何个人的影响都会在很大程度上被其他参与者的影响所抵消，只会导致渐进的变化。由于知识和时间的限制，只考虑有限的一组替代政策，而多个参与者搅乱了评估标准，以致于手段和目的往往被综合考虑，而不是完全理性模型。该模型意味着决策是参与决策的人们采用各种方式、方法和手段相互作用并达成妥协一致的政治互动过程，属于补救性和改良性的决策。

1.3.2 “间断平衡”理论

“间断平衡”理论借用进化生物学来研究政策变化的演变。该理论认为，社会系统存在于一种静止或平衡状态中，这种状态偶尔会被一场剧变所打破。静止或平衡状态可以用渐进主义来解释，但渐进主义无法解释激进的政策变化（如新政或民权运动）。这一理论表明，在某些情况下，公众舆论或政府中的执政党会迅速变化并调整利益，使它们相互维系而不是相互抵消，从而导致骤变（Baumgartner & Jones，1993）。

1.3.3 倡导联盟框架

倡导联盟框架发展于20世纪80年代末和90年代，该决策框架解释了当代表不同级别政府和外部利益相关者等多个参与者之间存在目标分歧和技术争议时的政策变化。政策参与者将与其他人结成联盟，影响政策制定。该理论假设政策制定存在稳定的参数，与问题相关的有影响力的外部事件，以及参与者参与制定的政策子系统（Sabatier & Jenkins - Smith，1993）。

1.3.4 制度主义理论

制度主义理论从理论形态上经历了20世纪50年代的塞尔兹尼克（Selznick）制度主义理论至20世纪70年代和80年代的新制度主义（Scott Meyer，Zucker，DiMaggio，Powell & Ostrom）两个阶段，讲述了组织和制度的社会学重要性。组织有正式和非正式的规则（规范）来决定哪些行为是合适的。参与者的目的和目标各不相同，但他们已经适应了文化，并学会了按照他们所属的子群体和他们所扮演角色的预期的方式行事。政策不是根据个人选择创建的，而是由这些“社交剧本”中的参与者互动产生的（Miner，2006）。

1.3.5 垃圾桶理论

垃圾桶理论是在极端不确定性下的组织决策研究中发展起来的，它揭示决策不是分层组织的，而是问题、解决方案、参与者和机会流相互作用的结果（Cohen，March & Olsen，1972）。该理论适用于具有“目标模糊、手段或方法不确定、流动性参与”三项特征的组织。这一理论表明，这四股力量的相互作用不是刻意的，也不是标准化的。解决方案可能先于问题，而问题可能没有适用的解决方案。机会可以创造，也可以强加；决策可能是偶然的，也可能是出于外部考虑。组织决策的总体模式看起来是随机的，发生在解决方案和问题引起参与者注意的时候。该理论似乎最适用于高科技环境（例如硅谷）或专业行业（例如电影制作）。

1.4 公共预算

在了解了公共政策的定义和政策过程的审查之后，我们现在将讲述特定的政策工具——预算。这里将重点研究预算理论，该理论只是公共政策理论的有限应用。我们还将研究各种预算系统以及这些系统中使用的技术，并描述出色的公共预算编制过程的特点。

1.4.1 公共预算的职能

一般而言，预算是管理组织收入和支出的工具，是一种有目的地对这些资金流进行分类或管理的周密计划。这种说法固然是正确的，体现了《海军预算指导手册》中的定义（见框注 1.2）。但在公共部门，预算还有许多其他职能。

框注 1.2　　预算的定义

“预算的定义是以财务术语表达在特定时期内实现组织目标的计划的文件。它是一种规划、绩效评估、决策和管理控制的工具，也是对优先事项的声明。此定义即是对海军部（DON）预算的描述。”

海军部（DON）对预算的定义是：以财务术语表达在特定时期内实现组织目标的计划的文件。它是一种规划、绩效评估、决策和管理控制的工具，

也是对优先事项的声明。

显然，政府做任何事情都需要财政资源，而为了获得这些资源，就需要对其进行预算管理。但预算编制远超《海军手册》中所述的管理目标。

1. 计划预测职能

公共预算理论认为，预算是对目标的拟议支出的预测。因此，“为完成政策目标，预算成为连接财政资源和人类行为的枢纽”（Wildavsky & Caiden, 2001）。他们还说，“预算是一系列附有价目标签的目标”。对于行政机构来说，这是每年起草和确立的一套主要政策建议（美国总统的国情咨文在预算提交前大约2周发表并非偶然，它既是议程确立，也是政策制定）。预算是一系列期望和抱负，在本质上带来乐观的前景，因为所有项目管理者都相信他们所确定的预算是为了创造更美好的明天。个别项目的预算可能保有乐观前景以展现信心，因为较低的资金在政治上更可行。

2. 协调控制职能

虽然预算是充满希望的变革的表达，但在机构层面，它们是协调和控制的工具。许多项目管理者的支出请求被拒绝，其理由为“这不在您的预算之内”。在预算制定阶段，制定的预算规划往往成为执行中的指令和限制。

威尔达夫斯基（Wildavsky）和凯顿（Caiden）将预算看作是一种契约，把预算视为一种社会关系网和法律关系网，各方当事人都做出了承诺，而且大家都可能会受到制裁。例如，如果美国海军说他们可以花20亿美元建造一艘潜艇，国会拨款20亿美元。但2年后，海军要求再支付2亿美元来完成这项工作，他们可能会引起国会的愤怒，并受到审查。同样，当计划办公室说，需要500万美元来完成一个项目，但当获批的金额为450万美元时，他们会觉得交易已经破裂。

对利益相关者来说，预算代表着行动的号召。支持者大力拥护关于支持和发展项目、政策的提议，而批评者却试图撤销或阻止这些提议。削减项目的提议遭到了项目支持者的抨击。预算是试图通过政治程序分配稀缺的财政资源，以实现不同的美好愿景。因此，预算是一些相互冲突的承诺。预算提供了判例，以前得到资助的事项很可能再次得到资助。同时，预算也是一面镜子，可以审视给定预算相对于前一年的变化，反映出不断变化的优先事项、环境和权力中心。

3. 外交政策职能

公共预算中，国防预算也可能是外交政策的工具。国防预算中包含的内容，有时不包含的内容，都向盟友和竞争对手展现了一个国家的意图和能力的信号。有时该信号会被故意歪曲，因为军费支出可能隐藏在民间账户中，或者出于安全原因根本不上报。或者，预算会虚假地暗示存在一种实际上并不存在的能力。

4. 经济调节职能

最后，预算是影响经济、进行经济调节的有力工具。财政支出金额的选择、经济领域的选择、对不同群体的财政支持、经济刺激方案，或者在经济过热的情况下采取政策遏制增长的选择，都属于借助预算工具进行经济宏观调控的方式。

1.4.2　公共预算理论

既然预算是一种货币分配，而货币分配是公共政策的工具，那么预算就是政策制定的一个特例。前面几节中提到的公共政策理论可以用来描述公正的预算。为适应预算编制任务，以下重点介绍一些专门围绕预算发展的其他理论。

几乎所有关于预算理论的讨论都始于凯伊（V. O. Key，1940）关于“经典”的行为主义政治学的研究。他认为，预算理论必须对“将 X 美元分配给 A 活动而不是 B 活动的决策基础（理由）是什么”这样的核心问题作出科学回答。虽然这看起来像是一个基本的应用经济学问题，或是一个理性决策的问题，但它实际上是一个政治问题。

为了寻找凯伊提出的基本问题的答案，学者们从许多学科的理论基础中汲取经验：组织行为学、经济学、政治学、决策科学、社会学和行为金融学等等。正如巴特尔指出的，“我们现在有许多预算理论，只是没有一种最合适的公共预算理论（Bartle，2001）。”这里概述了一些更重要的理论，这些理论已经引起了经济学家、政治学家和公共管理学者的关注。各种理论方法都有一定的现实性，可以在特定情况下解释某些现象，但都不足以构成公共预算的总体理论。

1. 公共财政理论

马斯格雷夫的公共财政理论植根于宏观经济理论，描述了公共预算的三个独立但相互关联的职能：调整资源配置、调整收入和财富分配、确保经济稳定（Musgrave，1959）。首先，预算的资源配置职能旨在通过分配商品和服务来弥补市场的失灵和缺陷（垄断、超额租金、社会成本和公共产品），以此来实现“社会需求”。社会需求的确定是政治过程而非经济过程。为满足社会需求而提供的商品和服务来自政府的一般收入，可能由政府直接提供，也可能不是由政府直接提供。支出和税收的设计都是分配职能的工具。其次，分配职能旨在将国家资源从满足私人需求转移到公共需求，而分配功能旨在弥补市场的失灵和缺陷，或实现收入和财富从一个人分配给另一个人的社会目标。政治进程往往会设计收入再分配机制。再分配税、转移支付以及商品和服务的提供等工具将与分配功能重叠，甚至可能破坏分配目标。最后，确保经济稳定职能旨在确保高水平的资源利用率（例如高就业率）和稳定的货币价值（例如低通胀）。这些可以通过限制或扩大经济活动来实现，而经济活动可能会受到税收、贷款、货币供应和转移支付的影响。预算职能再次重叠。一个维度中的行为会影响其他维度中的行为。当然，面临的挑战在于同时以尽可能最佳的方式实现这三个基本职能。马斯格雷夫提出了规范性预算理论（应该如何做），而不是描述性理论（到底如何真正做到）。

2. 渐进主义预算理论

该理论的代表人物是亚伦·威尔达夫斯基（Aaron Wildavsky）。渐进主义预算理论表明，“今年预算的最大决定因素是去年的预算”（Wildavsky，1964；Wildavsky & Caiden，2001）。渐进主义者认为，预算并不是来自一个全面的理性经济过程，而是出于对某一特定时刻“起作用”的一系列边际效应的增加和减少的考量。渐进主义理论表明，由于受到诸如关于公平感的既定理念、核心要求、历史先例和先前决策的沉没成本等因素影响，大部分预算每年都是固定的。因此，在任何时候，只有一小部分预算可以用于重新分配。渐进决策源于一个相当简单、重复且分散的过程。威尔达夫斯基的理论以政治学为基础，描述了预算编制过程以及预算结果。

3. 有限理性决策理论

西蒙（Simon，1997）提出以有限理性的“管理人”代替完全理性的“经济人”。他认为，人们只有有限的理性并追求自身利益，但往往不知道这些利益是什么。人们知道多种可能的决策，却限制了他们寻找最佳的方案；

由于数据、注意广度、时间和认知能力的限制，人们没有进行全面分析；情绪和行为规范会影响决策；一旦找到一个合适的解决方案，人们往往会停止寻找最完美的解决方案。有时，这会被称为令人满意的行为。

4. 多元理性理论

多元理性理论也被称为“阶段启发式”理论，其代表人物有塞谬尔（Thurmaier）、威洛比（Willoughby）和鲁宾（Rubin），他们都认识到预算过程的社会政治复杂性。塞谬尔和威洛比认为，预算参与者的行为是理性的，即使这种理性比较有限，但公共预算由处于该过程不同阶段的各种参与者组成，每个参与者都拥有自己的理性。对于机构内部的系统分析员来说，他们认为的合理性（使用的数据、采用的方法、考虑的问题、寻求的目标）可能与中央预算办公室或立法机构拨款委员会官员认为的合理性有所不同。阶段启发式模型表明，在预算编制过程的每个阶段，问题会以多种形式出现。这些问题可能是技术、经济、社会、法律或政治领域的问题。每种类型的问题最好能通过不同的理性方法来解决（Thurmaier & Willoughby，2001）。

鲁宾认为，公共预算由五个独立但相互关联的“决策集群”组成。收入决策涉及对可用收入的估算，过程决策涉及决策权的配置与决策方式的变迁，支出决策涉及支出估算，平衡决策涉及收入和支出之间的关系，执行决策关注的是符合还是偏离预算计划（Rubin，1993）。决策集群分别出现在政府的不同部门，但它们相互关联。从理论上说，预算是非线性实时决策的结果，受当前正在汇聚的五个决策流中的一个（或多个）影响。这些理论更多地描述了预算过程，而不是预算结果。

1.4.3　公共预算系统

政府可以使用一个或多个预算系统，具体取决于管理预算编制过程的规则、制度规范、高级官员的偏好，或该系统是否适合预算编制对象的性质。以下是最常见的预算系统的简要说明。

1. 支出科目预算

支出科目预算简单列出了资金的采购事项，而不考虑机构产出。因此，对于政府的所有机构及其内部活动，预算支出科目可以是相同的。支出将用于支付工资、租金、公用事业、消耗性材料、资本购买和服务合同等。支出科目预算提供了有关投入成本（要购买什么）的详细信息，但没有关于其支持的计划或活动的性质或价值的信息。预算支出科目回答了这个问题：这笔钱将花在什么项目上？

2. 增量预算

增量预算是指以一个组织、项目或活动的现有资金水平为基础，并分析自上一次预算草拟以来项目活动和价格发生变化的情况下该水平是否不足、充足或过度。重新分配仅发生于边际部分，很少对核心金额进行调查。增量预算建立在政府（或机构）本身的职能是有价值的假设基础上，但质疑其相对数量。增量预算回答了这个问题：与当前时期相比，下一个时期在该职能上的花费应该是多一点还是少一点？

3. 零基预算

零基预算在功能上与增量预算相反，因为它们直接面对核心金额，这样做可以解决组织、计划或活动是否应该获得资金的问题。假定没有任何价值，并要求对预算的各个方面进行（重新）审查。零基预算回答了这个问题：如果我们重新开始这个职能，我们需要多少钱？

4. 项目预算

项目预算考虑政府组织的目标，并确定一套能够实现这些目标的项目。项目需单独定价，选择最能产生预期目标的最佳“市场篮子”项目。项目预算依赖于系统分析等技术，并寻求分配效率。项目预算回答了这个问题：为了实现机构的目标，必须购买什么样的活动、物品和人力资源，以及这些活动、物品和人力资源的成本是多少？

5. 绩效预算

绩效预算将基于数据的增量方法应用于通常项目预算结构。它们需要明确的组织目标，并理解活动和目标之间的因果关系；需要有关投入、产出和结果的财务和非财务数据，以及用于评估活动在实现目标方面的效力（或效率）的绩效评估系统。绩效预算回答了这个问题：活动应该在多大程度上增加或减少资金，以最好地实现预期的结果？

1.4.4 公共预算方法

适合于每一种预算系统的编制方法都应当得到实践采用。也就是说，可以在任何预算系统中使用这些方法中的任意一种，公共预算方法也可以结合使用，从而扬长避短，发挥综合优势。

1. 无约束预算法

无约束预算考虑了组织的所有需求，不考虑上限。在无约束预算分析中，需列出组织（任务或计划）的所有要求，并提交一份足以支付费用的款项请求。这种预算通常用于军事行动（例如，在伊拉克战争高峰期的物资补充请求）和救灾。

2. 固定上限预算法

与之相对应的极端的情况是固定上限预算，设定了预算上限，并要求机构在该限额内制定一个计划。这种情况通常出现在政府预算或家庭预算中。组织、任务或计划的可用资金有限，并且即使必要事项没有足够的资金支持，编制的预算也只能为这个上限金额。

3. 成本—效益分析法

通过成本—效益分析法研究项目成本与其对机构目标的影响之间的关系，使得单位成本效益更高的项目会获得资金支持。在成本—效益分析中，效益有时是无形的或无法衡量的，例如士气或威慑力。虽然通常会考虑无形效益，但通常不会考虑无形成本，因为目标是生成实际成本的预算。在这种情况下，无形成本可以评估为负效益。通常，当存在导致不同产出的多种选项时，会使用成本—效益分析法。

4. 优先级列表法

优先级列表按重要性将机构的所有需求进行降序排列，并在资源到期时划出一条线。线上的事项是有资金支持的，线下的事项是没有资金支持的。如果一组事项中的各项内容很容易进行比较，并且它们之间几乎没有相互依赖关系，例如潜在产品改进列表、离散研究项目，或者选择对哪一个军事基地进行下一次的营房升级改造，那么这种技术就很有效。当优先级列表上的事项之间存在相互依赖关系时，可以使用相对优先级列表对备选“捆绑”项进行排序。以一个家庭一周膳食的食品计划清单为例。食品清单上，特定一餐所需的物品是按照逻辑组合搭配的，如油条与豆浆搭配，不会与早餐麦片捆绑在一起。

5. 重要性相对效益法

重要性相对效益法是按重要性排列进行相对效益分析的一种方法。通过考虑不同列表上项目的相对效益，将多个优先级列表（通常在具有不同功能或目标的复杂组织中）组合在一起。例如，我们可以将美国海军陆战队的步枪需求清单与配套的基础性支持服务清单合并。最后，我们需要在新建儿童保育中心还是购买步枪之间进行权衡选择。通常，我们通过制定一个共同标准或比较基础来实现。例如，专家可以根据每个项目的军事重要性为其打分，分数为 1—100 分。步枪可能得 85 分，而儿童保育中心可能得 50 分。将该分数除以成本，计算出“每单位军事效益成本”分数，用于排名。

6. 单价成本估算法

单价成本估算法是指将机构的活动或产出分解为组成成本，以便可以说明在给定的资金数额下，可以提供多少活动（或产出单位数）。如果我们知道教育一个学生、播报天气预报、检修一个坦克或在海上操作一艘舰艇一天要花多少钱，我们就可以建立一种算法来为不同级别的活动编制预算。很关键的一点是要理解成本行为，比如哪些是固定成本，哪些是可变成本，固定成本和可变成本是否呈线性或指数关系，或者形成阶跃函数。

7. 全面预算编制法

全面预算编制法是指按比例递增或递减所有项目资金。俗称“撒胡椒面”（在所有账户上增加一定比例）或“切萨拉米香肠片”（按比例削减每个账户），这种方法快速简单，但往往不具有战略意义。当调整对所有项目有同等影响的因素时，如修正的通货膨胀估计值，这种方法是最合适的。当固定上限发生变化，而组织过于懒散或行事匆忙，没有采用一种更深思熟虑的战略方法来制定决策时，这种方法就不合适了。尽管这是一种平均分配资金的方法，但却不一定是最公平的，可能会使精心构建的预算失去平衡。

1.4.5 高效公共预算的特点

高效的公共预算是政府职能部门长期追求的理想目标。如果能够有效地进行公共预算实践，就会显示出坚持问责制和透明、民主、理想的特征，也能反映出专业化管理实践的特点。世界银行在其 1998 年的《公共支出管理手册》中列出了这些特点。

1. 全面性

排在第一位的是全面性。有效的公共预算对社会问题采取全面的方法，征收税收和在资本和运营支出之间分配这些资源的过程应与这些目标适当地联系起来。除了狭义的国家安全理由，所有收入来源和所有支出类别都应在预算中列出。比如，阿尔及利亚民主人民共和国 2013 年的国防预算比前一年增加了 14.2%。国防预算增加的一部分原因是，国防部接管了以前隶属内政部的 90000 名市政警卫人员。

2. 纪律性

纪律性指在预算执行中要具有纪律意识，体现预算约束严肃性。纪律严明的预算过程是一个既支持政府又约束政府的过程。虽然这听起来可能自相矛盾，但预算过程对于有效政府来说至关重要。预算既是计划，也是实现该计划的资源，因此使得政府的工作顺利进行。同时，纪律严明的预算过程能约束政府，使其只执行计划。一项向国防拨款 5500 亿美元的预算决议应该实现 5500 亿美元的拨款并将这 5500 亿美元仅用于军事支出。这些过程应该有条不紊地进行，并且遵循例行程序。纪律严明的预算过程可以以一种可预测的方式实施。决策者、管理者和公众可以依赖标准流程，并相信决策一旦作出，就会得到实施。政府项目的利益相关者可以依靠政府按照适当的顺序采取适当的步骤行事，政府工作人员和他们服务的对象可以有把握地制定计划。一个缺乏纪律性的反面案例是，在印度尼西亚共和国，军方通过广泛的商业利益和其他预算外来源来增加传统资金，这笔收入每年高达 2.5 亿美元。根据相关信息，军方将土地出租给私营企业，向私营企业收取安全费用，并通过基金会和合作社间接持有企业股份。

3. 合理合法性

预算系统应该合理合法。我们在这里采用的定义与我们在讨论阶段模型时使用的定义略有不同。合理合法意味着那些决定预算分配的人会考虑项目实施者和项目直接服务对象的意见。在整个过程中有此类情况，决策就会有异议。也就是说，那些与政策有利害关系的人可以提出反对意见，并提出替代分配方案。

4. 灵活性

所有高效的预算都具有足够的灵活性，允许项目实施者自由应对突发事件，同时仍受到明确战略的约束。高效预算需要具有控制力的上级和具有灵活性的下级之间存在一种“良性的矛盾”。虽然预算是一项计划，但也是在计划实施前两年起草的。事情将会发生变化，预算过程必须包括一种适应性应对方式。1998 年，《世界银行》曾这样描述：“在公共部门，执行往往抓得很紧，但战略管理却很松散。”灵活性实施方法包括预算执行过程中的自由裁量权、资金配置再规划权（在账户之间重新配置资金以改变其用途）、资金循环、分摊和重新分摊权，以及申请补充资金的过程。预算的艺术在于提供足够的细节，使计划获得批准和得到控制，但措辞不能太精确，以此应对未来不断变化的情况。

灵活性可通过问责制和透明度来平衡。决策者和公共管理者对广大公众负有责任，应对政策结果负责。获得预算授权的人必须说明这些资金会如何使用，并经常报告且清楚地陈述这些资金的状态，以确保这些资金按预期目的使用。宪法不仅赋予国会拨款的权力，且以“一切公款收支的报告和账目，应经常公布”结尾。编制可审计财务报表是这一法令的现行要求。

5. 真实准确性

最后，预算必须依靠真实的信息，包括无偏见的预测以及对收入和成本进行技术上合理的分析。可靠的会计系统和成本数据库有助于机构做出准确的估计。有时需要进行独立的成本估算，以进一步确保向决策者提供准确的信息。应当能够确保政府的中央审计机构可以测试信息的真实性。比如，由于预测存在偏差，年度预算估计真实性、准确性不足，美国 2019 财年国防预算为 7170 亿美元，实际支出却为 7320 亿美元。

1.5 小结

本章主要介绍美国国防预算的理论基础，即公共政策理论。掌握该理论对于后续章节具体研究国防预算与财务管理的知识要点，理解其逻辑结构的呈现形式，具有非常重要的作用。国防预算仅仅是更广泛的公共政策领域中一个具体实例，国防预算形成的过程在本质上亦属于公共政策过程。国防预算是公共预算中的一种特殊情形，它符合公共预算的一般理论，具备公共预算系统的一般要求，适用公共预算的一般方法，同时还具有国防预算的自身特点。

第 2 章　美国国防预算的实证基础

在介绍预算编制过程之前，本章力图为预算编制提供一个描述性实证基础。换言之，本章主要研究联邦预算——特别是国防预算的总体结构、规模、范围和历史趋势。通过深入探讨预算结构方式及其原因，并聚焦政府花钱的各方面，分析其预算安排的目的。进一步地，本章还将探讨预算资金的需求数量、来源、预算赤字与盈余问题，分析预算中强制性支出和自主性支出之间的区别等。

关于国防预算，本章着眼于总体收益的历史趋势，以及预算份额的趋势，将预算份额按照军事部门、拨款、军事职能进行划分。本章还介绍了美国从“9·11”恐怖袭击事件以来与战争有关的拨款措施，以及为控制预算赤字所做的努力，研究了预算中用于资本重组的投资部分以及为运行和维护与支付提供资金的情况。

2.1　联邦预算的结构和内容

2.1.1　联邦预算结构

为了便于理解和决策，预算通常具有多种结构。预算编制本质上是在不同用途之间分配资源的过程。国防预算结构的确定过程相当复杂，我们将在第 7 章中详细论述，而在宏观层面呈现出来的联邦预算结构信息则相对简单。

需要注意的是，因为结构决定了信息内容，所以基于一种结构的合理决策可能不会在另一种结构下有效运行。由于预算是按照这些不同的思路制定的，因此也要按照这些思路由组织的领导层和预算人员、总统行政管理和预算局、国会工作人员、独立分析人员和利益集团进行审查。所有这些利益相关者都希望确保预算能尽可能地满足他们的需求。

联邦预算主要以预算职能、预算机构和预算对象种类三种结构列示。

1. 按照预算职能列示

预算职能描述了政府为何花钱，即该预算为政府的哪些职能或公共政策领域提供资金。表 2.1 显示了最高级别的预算职能以及每项职能在 2017 财年联邦预算中所占金额。每项职能细分为更详细的子职能。例如，“运输（职能编号 400）”被细分成四个子职能：地面运输（401）、航空运输（402）、水上运输（403）和其他方式运输（407）。对于这些职能的详细定义，请参见美国政府问责局（Government Accountability Office，GAO）《预算术语汇编》（2005 年）附录四。

表 2.1　　按预算职能划分的 2017 财年联邦预算　　单位：百万美元

职能	2017 财年	职能	2017 财年
050 国防	619466	550 医疗保健	568317
150 国际事务	58129	570 医疗保险	605380
250 科学、空间与技术	31909	600 收入保障	549982
270 能源	8970	650 社会保障	937004
300 自然资源与环境	42167	700 退伍军人福利和服务	179216
350 农业	25485	750 司法行政	59794
370 商业和住房信贷	2130	800 中央政府	31992
400 运输	108823	900 净利息	302697
450 社区与区域发展	29599	920 津贴	15000
500 教育、就业和社会服务	127835	950 坐支收入余额	-108488
合计			4234877

2. 按照预算机构列示

预算职能说明了联邦政府申请资金的原因，也就是说，政府的哪些职能或公共政策领域获得了资金。预算机构描述了政府中哪个部门将接受和管理资金。有些机构支持多种预算职能，有些职能由多个机构执行。表 2.2 显示了美国 2017 财年预算中要求的各机构的预算职权。

表 2.2　2017 财年按机构划分的联邦预算　　单位：百万美元

部门或其他单位	2015 年	2016 年	2017 年
立法部	4506	4582	4959
司法部	7404	7591	7837
农业部	142471	164035	155351
商务部	13819	10132	12133
国防部——军事计划	570861	587090	590577
教育部	87258	77956	79422
能源部	25393	28879	30829
卫生与公众服务部	1045158	1116839	1150141
国土安全部	45272	46876	46964
住房和城市发展部	44115	47890	48227
内政部	12538	13959	15861
司法部	29371	34980	33289
劳工部	45953	46824	64863
国务院	29118	29491	29648
交通部	71898	75810	95350
财政部	485987	530480	622370
退伍军人事务部	160466	163864	178695
陆军工程兵团——土建工程	5477	5916	4558
其他民防项目部	62584	59021	59315
美国国家环境保护局（EPA）	7845	8134	8585
总统执行办公室	3508	397	419
总务管理局	-481	600	3319
国际援助项目部	32730	30145	27763
美国国家航空航天局（NASA）	18009	19272	19012
国家科学基金会	7485	7560	8067
联邦人事管理局	92356	94030	97564
小企业管理局	-734	-503	2077
社会保障管理局（预算内）	89340	94594	95235
社会保障管理局（预算外）	861067	900187	937004
其他独立机构（预算内）	29533	29576	42695
其他独立机构（预算外）	—	-143	277
津贴	—	7500	18303
坐支收入余额	-257594	-252651	-255832
总预算授权	3772713	3990913	4234877

3. 按照预算对象种类列示

预算职能描述了政府为什么支出资金，预算机构描述了政府中获得资金的部门，预算对象种类则显示了正在采购的内容（不考虑机构或职能）。预算对象种类可被视为政府活动的一系列投入，包括人员薪酬和福利、订约承办事务和用品、购置的资产、补助与固定费用和其他项目五大类。表 2.3 显示了按预算对象种类展示的 2015—2017 财年预算汇总表。

表 2.3　　2015—2017 财年预算汇总表　　单位：百万美元

目标等级划分		2015 年	2016 年	2017 年
所有部门				
11.1	长期全职	135106	142266	147566
11.3	长期全职以外	5247	5277	5363
11.5	其他个人补贴	10189	9888	10467
11.6	军人—基础住房补贴	22536	23141	23574
11.7	军人	75722	75130	76474
11.8	特殊人员服务支出	1178	1053	1183
12.1	公民职工津贴	64064	66989	69101
12.2	军职人员津贴	44503	44618	44056
13.0	退休人员补贴	129267	133439	140005
人员薪酬和福利合计		487854	501801	517789
21.0	差旅费	12158	12964	13358
22.0	货物运输费	8261	7606	12608
23.1	向总务管理局支付租金	8667	9006	9198
23.2	其他租金	4402	6739	5050
23.3	交流和其他杂费	14331	14242	13707
24.0	印刷和复制费	1173	1074	1075
25.1	咨询和援助服务	33241	33988	37005
25.2	其他非联邦来源的服务	122964	125852	127447
25.3	其他联邦来源的货物和服务	89430	85765	88407
25.4	设施的运营及维护	33241	33968	37006
25.5	合同研发	59007	65039	66671
25.6	医疗保险	18913	18953	20361
25.7	设备的运营及维护	41238	41931	44831

续表

目标等级划分		2015 年	2016 年	2017 年
25.8	给养保障	1569	2076	2280
26.0	物资和材料	58361	60207	63580
订约承办事务和用品合计		506959	516523	537146
31.0	设备	107136	120739	122477
32.0	土地和建筑	26254	31532	26915
33.0	投资和贷款	25028	11363	11263
购置的资产合计		158418	163634	160655
41.0	补助、津贴和定期缴款	1416681	1505229	1549274
42.0	保险索赔及赔偿	1796176	1905605	1978557
43.0	利息和股息	413522	466643	531840
44.0	偿还款	4557	467	481
补助与固定费用合计		3632936	3877944	4060152
91.0	未授权	89	80	81
92.0	未分配	0	7064	18878
94.0	财政转移	78615	136029	72411
99.0	可偿还债务	480320	480739	482491
其他项目合计		559024	623912	573861

2.1.2　强制性支出和自主性支出

国会给政府项目、机构和职能部门进行拨款主要有两种方式。第一种是强制性支出。强制性支出，是指无须受制于年度拨款法案，而是依据实体性法律进行的支出。该支出方式主要用于支付美国政府承担的各类社会福利和社会保障项目费用，例如文职人员和军人退休、医疗保险和社会保障费用，还有国债利息支出也属于强制性支出。授权这些项目确立其合法性，为财政部对这些项目提供永久拨款奠定了依据。永久拨款无须受年度拨款的限制。

一般而言，由强制性支出计划资助的项目是由资格规则和确定支付水平的规则（如果符合资格）明确的支出项目。以 2018 年开始改革之前军人退休为例，资格规则是服役人员必须服役满 20 年或 20 年以上，确定支付水平的规则是基本工资最高的三年的平均数乘以服役年数。

值得注意的是：图 2.1 和图 2.2 都显示了分配给各类项目的联邦预算的比例。两个图中都没有显示支出的绝对数额。国防支出份额可能会下降，而以美元计算的实际国防支出可能会上升。我们将在本书后续内容中讨论这种情况出现的可能性。

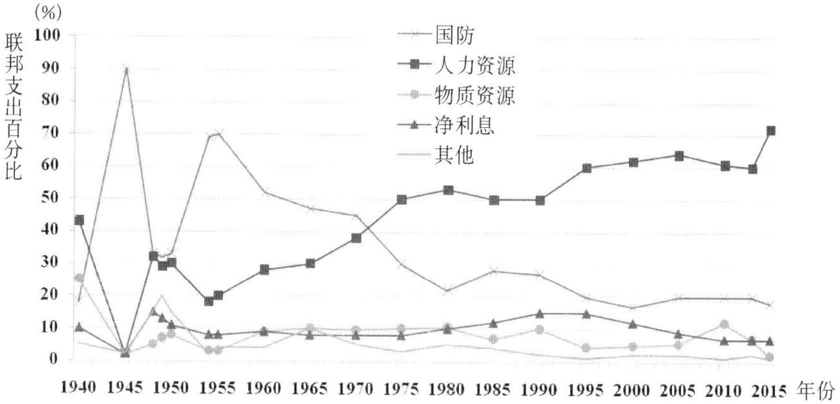

人力资源=教育、就业、社会服务、保健、医疗保险、收入保障和社会保障；
物质资源=能源、自然资源、环境、商业、住房、交通、区域发展、灾害应对；
其他=国际事务、科学/太空技术、农业、司法、一般性政府。

图 2.2　1940—2015 年按职能划分的联邦支出

2.1.3　收入和支出、赤字和债务

1. 美国联邦政府总体收支概述

随着美国人口的增长和经济的扩张，经济学家预测财政绝对支出会依据时间的推移而增长。在过去 60 年中，联邦税收收入占国内生产总值（GDP）的比重平均约为 18%。让我们对以下两年的情况进行比较。1967 年，联邦税收收入占国内生产总值（GDP）的 17.8%，金额为 1488 亿美元。2014 年，联邦税收收入在经济中所占的比例几乎相同，占国内生产总值（GDP）的 17.6%，但金额是 30220 亿美元。2014 年国民经济和联邦政府税收的规模是 1967 年的 20 倍。在支出方面，我们也看到了类似的增长。1967 年，联邦支出为 1575 亿美元，占国内生产总值（GDP）的 18.8%。2014 年，联邦支出为 35050 亿美元，占国内生产总值（GDP）的 20.4%。2014 年与 1967 年相比，联邦支出增加了 22 倍（见图 2.2 和图 2.3）。

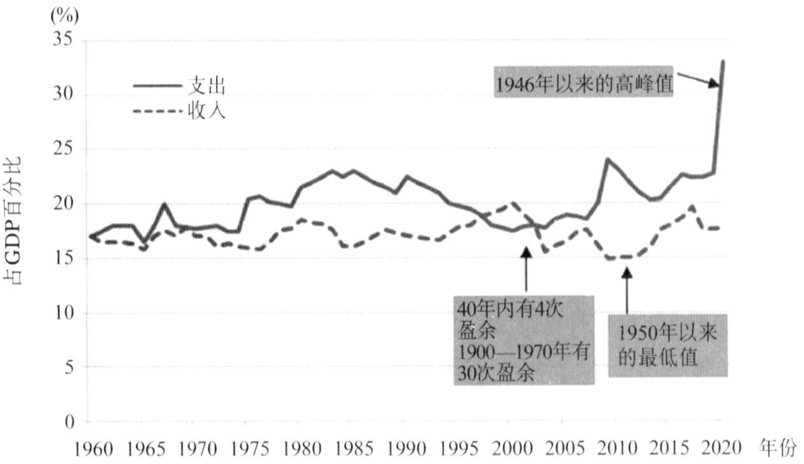

图 2.3　1960—2020 年联邦支出和收入占国内生产总值（GDP）的比例

请注意，1967 年和 2014 年这两年的支出都高于税收收入。1967 年，支出与收入的差额为 87 亿美元，支出占收入的 106%；2014 年，支出与收入的差额为 4830 亿美元，支出占收入的 116%。当支出（流出国库的资金）超过收入（流入国库的资金）时，政府就会出现预算赤字的情况。反之，收入超过支出时，就出现了盈余的情况。因为政府必须进行财政支出，所以当赤字情况出现时，财政部会借入差额。如果政府的盈余和赤字一样多，那么总债务负担就会相当小。但如果它的赤字超过盈余（或更大），债务可能会变得相当大。

图 2.3 显示了 1960 年至 2020 年间联邦收入和支出占国内生产总值（GDP）的比例（考虑到增长的影响）。收入总体呈现平缓化的趋势，约占国内生产总值（GDP）的 18%，但根据经济状况会出现大幅波动。在蓬勃发展的 20 世纪 90 年代，收入约占国内生产总值（GDP）的比重从 18% 上升到 20%。在 2000 年初的经济衰退期间，这一比例降至 14.6%。支出总体呈上升趋势，但也有一些明显下降。从 1960 年支出占国内生产总值（GDP）17.3% 的平衡预算，到 2009 年实施刺激经济措施期间，支出占国内生产总值（GDP）攀升至 24.4%。虽然在 20 世纪 90 年代的经济繁荣时期，税收收入有所增长，但支出占国内生产总值（GDP）的比例从 1983 年的 22.8% 下降到了 2001 年的 17.6%。

良好的经济形势会增加税收收入（主要来自较高的工资和企业收入），同时减少政府支出，因为需要社会救助的人数越来越少。在经济疲软时期，情况正好相反。随着失业率上升和企业利润下降，税收收入下降，与此同时，更多的人需要援助。这就解释了为什么图中的两条线有时会趋同（20 世纪 90 年代末经济繁荣），有时会出现分歧（2001 年和 2008 年经济衰退）。一个典型的情形是，2020 年美国联邦支出出现巨量增长（图 2. 3 中支出线尾部急剧上升），这主要是由于新冠肺炎疫情在美国大暴发所致，美国公共医疗资源严重饱和，导致支出剧增。

2. 预算盈余与赤字分析

在过去 40 年中，只出现了 4 次预算盈余。在此之前，上一次预算盈余发生在 1969 年。在 20 世纪的前 70 年，出现了 30 次预算盈余和 40 次预算赤字。在美国历史的大部分时间里，除了过去几十年，预算盈余通常会抵消危机时期巨额赤字的大部分影响。

当联邦政府通过借款来弥补赤字时，大部分借款来自财政部发行的短期国库券、中期债券和长期国债。短期国库券、中期债券和长期国债都代表着联邦政府的借款，但各自的发行期限不同。短期国库券是政府部门为短期需要而发行的短期债券，发行期限不到 1 年（30 天、3 个月、6 个月），中期债券的发行期限为 2—10 年，长期国债的发行期限为 30 年。与大多数州或市政府不同，该债券与特定项目或支出无关。联邦政府将赤字视为总体现金流问题，每天跟踪资金的流入和流出，并在必要时安排债务拍卖。

可以想象，在企业所得税、个人所得税到期时，资本流入会增加，而在联邦工资、社保支出和其他大额发薪日，资金流出会达到最高值。因此，要对现金流实施动态管控，因为它并不总是符合预算需求。当国会为航空母舰等主要采购项目拨出资金时，资金的实际支出将在未来数年内完成。

3. 联邦政府收入来源与构成

联邦政府收入的四个主要来源分别是个人所得税、工资税、企业所得税、其他税（消费税、关税等）。表 2. 5 摘自财政部 2015 年 9 月的月度报表，显示了相关收支信息。

关于收入来源，以下几条内容值得注意。首先，最大的收入来源是个人所得税。2015 年，个人所得税占联邦收入的 47%。这是相当典型的情况，因为在过去 50 年里，个人所得税一直保持在联邦收入的 42%—48% 之间，在经济繁荣时期上升，在经济衰退时期下降。其次，工资税（用于社会保障和医

表 2.5　　**2015 财年联邦政府收入、支出和赤字**　　单位：十亿美元

债务利息 $223	2015 年的联邦政府财政报告中累计收入、支出和赤字		预算赤字 $439
医疗保险 $546	运营支出	收入来源	其他税收和关税 $293
国防 $591			公司所得税 $344
社会保障 $888			社会保障和其他工资税 $1065
其他 $1439			个人所得税 $154
	收入	支出	赤字
2014 年实际财政年度	3022	3505	-483
占国民生产总值百分比	17.60%	20.40%	2.80%
2015 年预估			
2016 年预算	3176	3759	-583
2016 中期审查	3248	3703	-455
2015 年实际财政年度	3249	3688	-439
占国民生产总值百分比	18.30%	20.70%	2.50%

疗保险）占联邦收入的 33%。从 20 世纪 60 年代中期到 80 年代中期，随着由这些税收专门支持的项目范围扩大，来自工资税的联邦政府收入比例稳步攀升。自此以后，工资税占联邦政府收入的比例一直相当稳定，约为 35%。个人所得税和工资税的总和占联邦政府收入的 80%，这部分联邦政府收入在您的工资单上显示为预扣税款。最后，剩下的 20% 的联邦政府收入来自企业所得税（11%）和其他税（9%）。详见图 2.4。

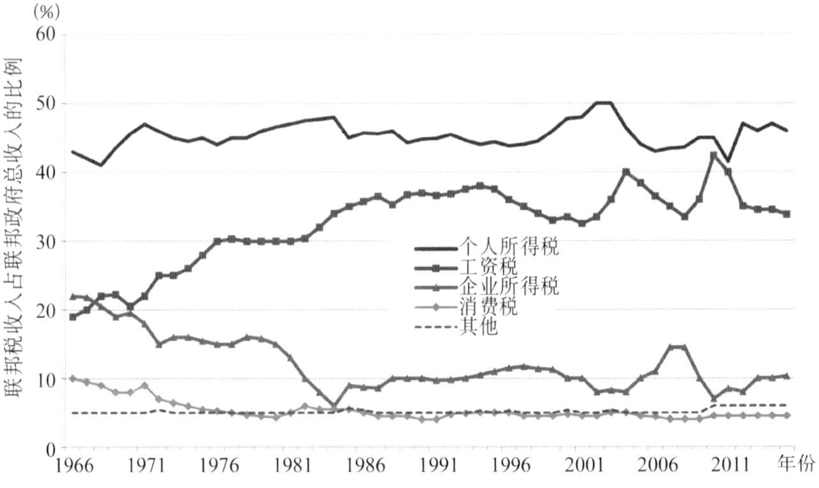

图 2.4　1966—2015 年各种联邦税收入占联邦政府总收入的比例

4. 联邦政府债务负担分析

当政府支出持续超过收入时，国家将承担更多的债务。众所周知，美国长期以来大量超发国债。纵观历史，美国在重大冲突期间承担巨额债务，然后在相对和平时期减轻债务负担。图 2.5 显示了自 1940 年以来联邦政府债务规模占国内生产总值（GDP）的比例。第二次世界大战（以下简称二战）的战争费用在图示中显而易见，美国债务占国内生产总值（GDP）的比例在短短 6 年内就从 50% 左右跃升至近 120%。

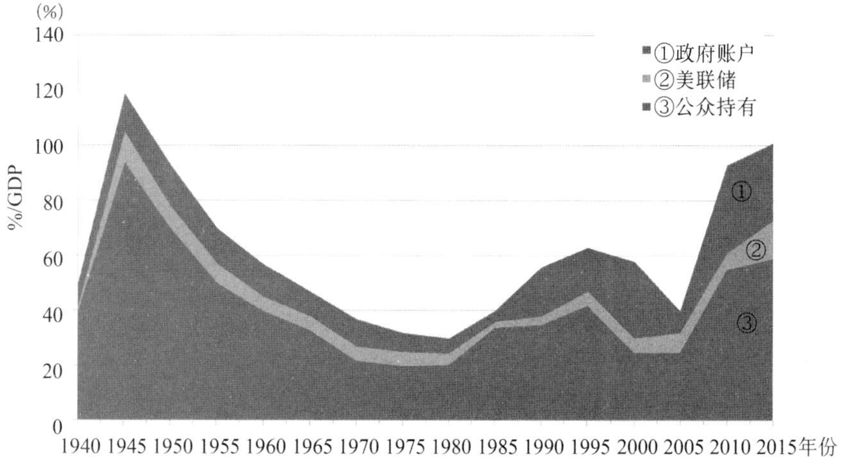

图 2.5　美国联邦政府债务规模占 GDP 比重（1940—2015 年）

直到 20 世纪 80 年代初，由于经常保持预算平衡，或者经济增长超过赤字规模，美国的债务负担才有所下降。试想，如果一个政府每年的赤字相当于国内生产总值（GDP）的 1%，但经济每年增长 3%，那么债务负担就会减小。当然，以美元计算的债务规模将继续增长，但其占国家经济总量的比例将缩小。这就好比，一个年收入 10000 美元、负债 1000 美元的人比年收入 200000 美元、负债 5000 美元的人感觉债务负担更重。

但是，如果赤字的规模超过了国家经济的增长率，那么以美元计算和以国内生产总值（GDP）的比例计算，债务都会增加。自 20 世纪 80 年代中期以来，美国的大多数年份都是这种情况。当然，也存在明显的例外，即 20 世纪 90 年代末和 21 世纪初，美国出现了预算盈余（见图 2.6）。

图 2.6 显示了截至 2016 年 4 月底美国国债的结构和规模，数据来源于美国财政部和联邦储备银行。美国的总债务已经达到了 191870 亿美元。政府账

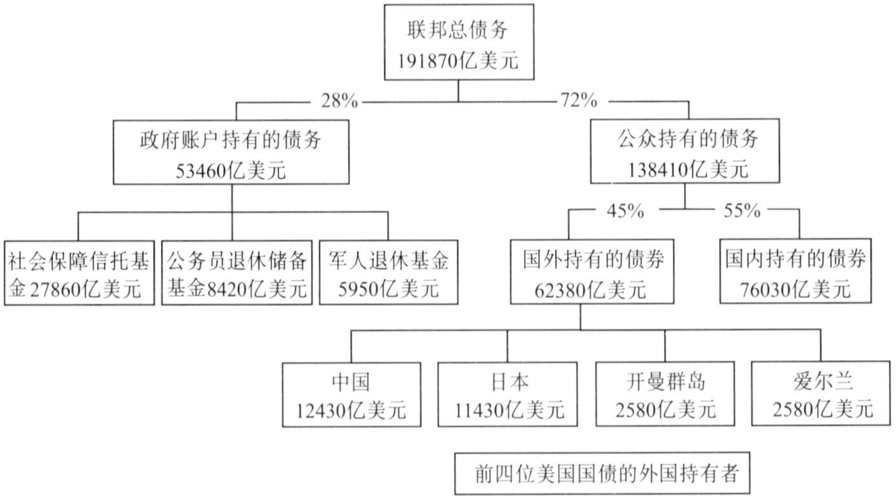

图 2.6　联邦债务的结构和规模（以 2016 年 4 月底为例说明）

户持有的联邦债务也被称作政府内部债务。截至 2016 年 4 月底，政府内部债务总额为 53460 亿美元，占总债务的 28%。图中显示了三个主要账户，分别是社会保障信托基金（SSTF）、公务员退休金储备基金（CSRF）和军人退休基金（MRF）。每年，雇员缴纳税款或从他们的工资中扣除资金，将这些税款或资金存入上述信托基金，以向退休人员或即将退休的人员支付福利费。由于这些账户中有大量现金，账户经理有权使用收益购买支付利息的国库券。政府基本上是从左口袋拿钱装进右口袋，所以这笔债务不被认为是一个重大问题。经济学家倾向于关注另外 72% 的债务，即公众持有的债务。

公众持有的债务是由财政部发行、个人和机构投资者持有的债务。截至 2016 年 4 月，公众持有的债务总额为 138410 亿美元，约占国内生产总值（GDP）的 75%。美国公共部门持有的债务约为 76030 亿美元，由个人、机构（如共同基金或州养老基金）以及美联储持有。在执行货币政策的过程中，美联储有时会增持或削减其美国国债。自 2008 年金融危机以来，美联储（Federal Reserve）实行了“量化宽松”政策，将其国债持有量增加了三倍，从 8000 亿美元增长到了 2.4 万亿美元以上。

大部分债务可由美国财政部拍卖出售，这意味着所有者可以将其出售给其他人。政府发行的短期国库券、中期债券和长期国债可以在金融市场上交易。因此，世界各国的个人、机构和政府都可以购买美国国债。许多人这样做是因为觉得这种债务安全、可靠，美国很少拖欠债务。随着中国经济的快速增长，中国在 21 世纪初大幅增加了对美国国债的持有。2000 年 12 月，中国只持有 600 亿美元的美国国债，而整个国际社会持有 1 万亿美元的美国国债，日本是当时美国第一大债权国。在国外投资者持有的美债中，约 70% 由政府持有，其余部分由私人投资者持有。到 2022 年 5 月，中国持有的美国国债数额达到 9808 亿美元。需要注意的是，这是中国自 2021 年以来对美国国债的持续减持，也是自 2010 年 5 月以来首次跌破 1 万亿美元的关口。

虽然截至 2016 年 4 月底，总计 19 万亿多美元的债务是一个发人深省的数字，但年度预算中显示的债务负担一直是可控的。由于利率较低，联邦预算中用于偿债的部分实际上随着债务规模的增加而减少。事实上，此后数年中，美国的债务总量还在持续攀升，截至 2022 年 2 月底美国的债务总量已达到 30.3 万亿美元。

图 2.7 显示了 10 年期美国国债的利率与用于支付的利息占联邦支出的比例。20 世纪 70 年代末和 80 年代初的高利率使得利息在 20 世纪 90 年代达到联邦预算支出的 15%。自那一次达到利率峰值以后，利率不断下降，从而将债务负担降低到了预算支出的 6% 左右。事实上，2015 年 18 万亿美元债务的利息低于 1995 年的 5 万亿美元债务的利息。

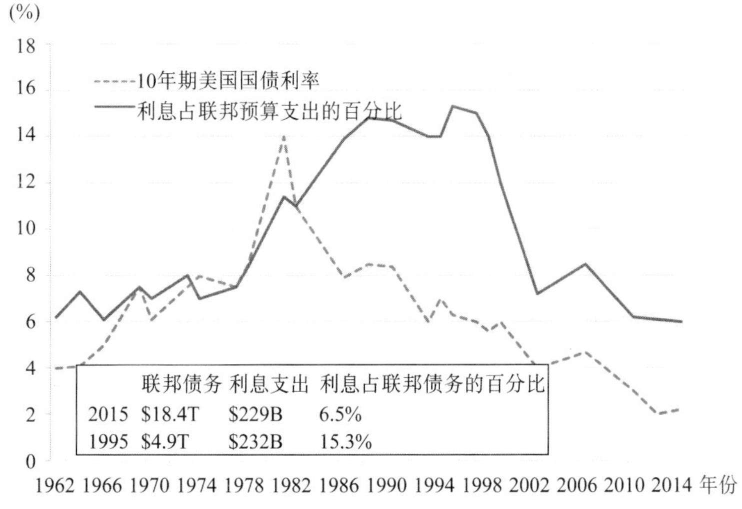

图 2.7　利率和国债负担

2.2 国防预算结构与内容

前面较为系统地对美国整个联邦预算的规模、结构、历史趋势进行了阐述，本节将重点介绍美国历年的国防支出。首先，以国防预算的规模为切入视角，研究国防预算如何随着环境的变化而发生变化，并根据组织结构、拨款和任务领域将预算分成若干部分。其次，分析自“9·11”恐怖袭击事件后反恐战争费用的增加以及随着国家重点转向赤字控制而发生的变化。最后，本节批判性地探讨了与国防支出以及作战支援支出的相关问题。

2.2.1 历史背景和规模

回顾图2.2，国防支出占联邦预算的比例在过去几十年中一直在稳步下降。早在20世纪50年代和60年代，国防支出约占联邦支出的一半，但现在更多的联邦预算被用于强制性支出项目。图2.8重复了图2.2所示的代表联邦国防支出份额的下降趋势线。

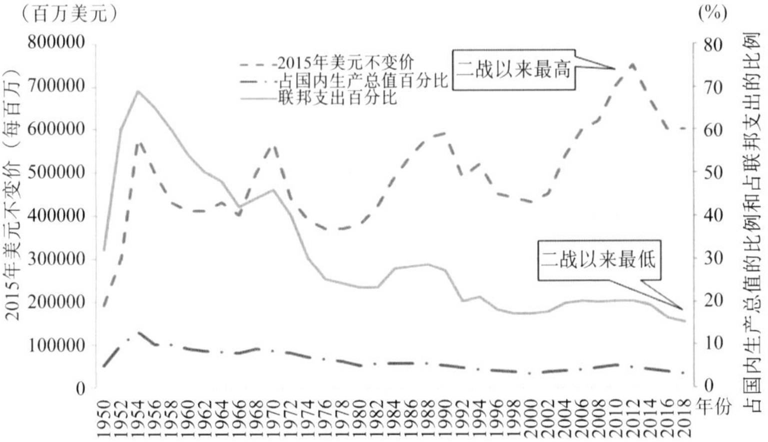

图2.8 1950—2018年国防支出占国内生产总值的比例和占联邦支出的比例

同样，国防支出在国家经济中所占的比例在这一时期也有所下降。在20世纪50年代，军事支出占国内生产总值（GDP）大约10%。越南战争结束后，到1979年，国防支出占国内生产总值（GDP）的比例下降到4.5%，然后在里根总统执政期间，这一比例上升到6%左右。冷战结束后，随着“和平红利”时期的到来，国防支出占国内生产总值（GDP）的比例下降到2.9%。在反恐战争期间，这一比例高达4.7%，2018财年之后该比例会再次降至3.2%。简而言之，国家愿意在出现军事冲突期间将更多的经济产出用于国防，但长期趋势是下降的。

正如国防支出占联邦预算比例的下降受到预算其余部分（强制性支出迅速上升）的影响一样，国防支出占国内生产总值（GDP）的比例也受到经济增长速度快于国防预算需求的影响。由于军方购买坦克、舰艇和飞机时使用的是美元，而不是百分点，因此查看实际支出（经调整通胀后）很重要。

按实际价值计算，国防预算没有下降，但自第二次世界大战以来一直是呈周期性循环，在“热战”和“冷战”时期上升，在相对和平时期下降。以实际（2015年）美元计算，1952年至2005年，国防支出从每年约4000亿美元到6000亿美元不等，峰值出现在1953年（朝鲜战争）、1968年（越南战争）和1989年（冷战结束）。“9·11”恐怖袭击事件后的军费支出峰值打破了以往的“上限”，国防支出在2010年高达7500亿美元，之后有所下降。2016年和2017年的军费支出与里根总统20世纪80年代初期扩大军备高峰期时的支出一样高。军费支出最低点出现在1965年、1976年和1998年。

根据所选用的衡量标准，我们可以认为国防预算既接近历史最高水平（以实际美元计算），又接近历史最低水平（相对于所有联邦支出或国内生产总值）。

2.2.2 国防预算结构比例与趋势

国防支出的顶线（总量）是周期性的，但并不意味着所有支出情况都会像潮汐一样起起伏伏、涨涨落落。在此探讨各军种部门是否按比例增加或减少预算份额，以及拨款名目是否按比例增加或减少。

1. 基于军种部门视角

图2.9显示了从1948年到2017年分配给三个军种部门（海军部门包括海军和海军陆战队）的预算授权，以及国防力量的组成部分。该图表包含了所有拨款的预算授权，包括补充拨款和战争资金。大家应该首先注意到这些线条的周期性。总的来说，随着国防预算的增加，每个军种部门的预算也会增加；同样，随着国防预算的减少，每个军事部门的预算也会减少。但仔细

观察就会发现一些异常现象。

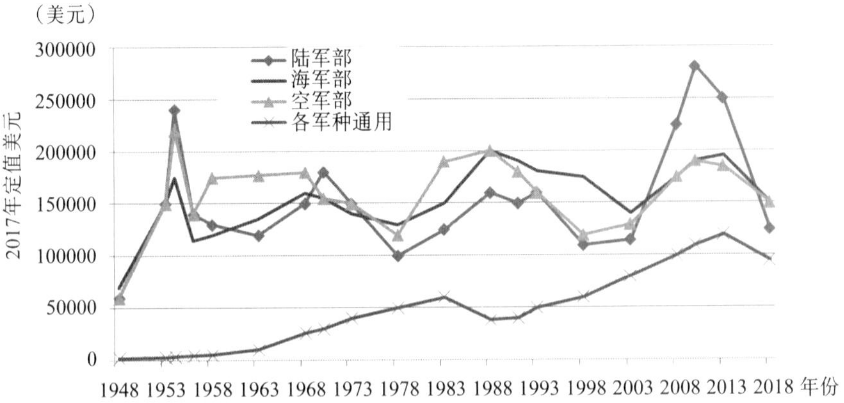

图 2.9　1948 年至 2018 年按军种部门划分的国防总合同/军费（以定值美元计算）

在相对和平时期和冷战时期，国防预算通常是三者中最小的，但在热战期间（朝鲜战争、越南战争、伊拉克战争和阿富汗战争），国防预算迅速上升到最大值，并在“敌对行动”结束时迅速下降。在热战期间，海军和空军的国防预算没有显示出明显的增长。除 20 世纪 50 年代和 60 年代空军在发展国家核武库方面发挥主导作用外，空军和海军的预算基本大致相同。

也许，图表上最引人注目的线是用于国防部预算的那条曲线。1947 年的《国家安全法》创建了国防部，解散了战争部和海军部，将两者归入新成立的国防部。直到肯尼迪政府，总统任命国防部部长代替其负责军事事务，管理不同的军种，并统领海陆空三军。1985 年，“戈德华特 - 尼科尔斯改革”进一步理顺了多军种部队与联合作战司令部之间的关系，并强调了联合军官培养的资格要求。此外，相关的管理改革措施如《首席财务官法案》和《国防部采办队伍改进法案》（这两个法案皆于 1990 年通过），促使了会计和采办计划管理等职能的集中化。各军种都没有单独的会计办公室，而是将这一职能合并到国防财务会计服务局之下。国防部部长办公室则负责重大采办计划的执行管理。国防预算中这些国防支出的比例已从预算的 1% 左右增加到 18%。传统观点（尽管是错误的）认为预算被分成 1/3—1/3—1/3，实际上已经接近 1/4—1/4—1/4—1/4。

2. 基于拨款名目视角

与其从组织结构上检查预算比例份额，不如通过拨款名目了解资金用于购买什么，来检查预算份额。国防预算大体分为六大类：军事人员；运行和维护（O&M）；采购；研究、开发、测试和评估；军队建设和军人家庭住房；其他。随着时间的推移，这些类别之间的份额也会相应调整。在某些时期，当前运行情况（例如，热战、运行和维护）推动国防费的分配；而在其他时期，对未来准备情况（例如，研究、开发、测试和评估以及采购）的担忧推动国防费的分配。图 2.10 显示了 1948 年至 2018 年期间各拨款名目的规模。

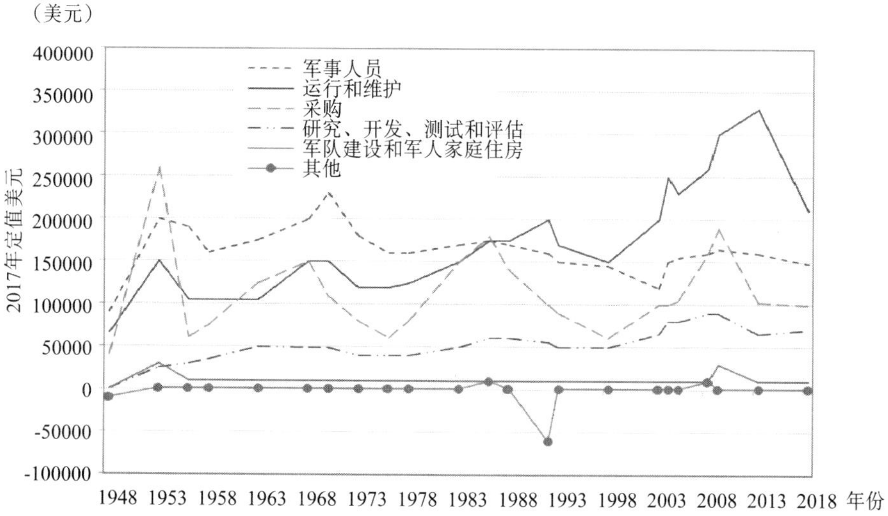

图 2.10　1948 年至 2018 年按拨款名目列出的国防部预算授权（以定值美元计算）

如图 2.8 和图 2.9 所示的强劲周期性趋势在按拨款名目分类时并不明显。采购具有最明显的周期性趋势。事实上，当顶线（总量）上升时，采购往往比其他名目上升得更快，而当顶线（总量）下降时，采购则下降得更快。分析原因在于，第一，快速增加或减少购买物品的数量比增加或减少人员或设施更容易，因此采购活动对顶线（总量）的变化更敏感。第二，随着热战或冷战的爆发，顶线（总量）往往会上升，这些事件揭示或造成需要采购的物资库存短缺。

在运行和维护线中也可以看到周期性趋势，但随着时间的推移，这种趋势在一定程度上被强劲的上升趋势所掩盖。请注意，从朝鲜战争到里根加强军备建设时期（1985 年），军事人员占比最大。从那时起至今，运行和维护成本最高。虽然就舰艇、飞机或装甲部队的原始数量而言，如今的军种比 20 世纪 80 年代或 60 年代的军种要少，但现在的设备要复杂得多，运行和维护成本也要高得多。此外，许多以前的军人已被文职化或由军事外包行为取代。

门卫和行政人员已被文职人员取代，供应商修剪军营草坪并维护设备，士兵也不再需要通过从事“剥土豆”之类的工作来维持生活。军队管理方式的所有这些变化促使资金从军事人员转移到运行和维护。

军事装备的日益复杂化也是研究、开发、测试和评估线不断上升的原因。与过去相比，现在的设备设计成本更高，原型制造成本也更高。随着武器系统之间共享更多数据，开发和作战测试的复杂性和成本也随之增加。

“其他”线为什么在1991年是下降的？请注意，运行和维护线在同一年也达到峰值。那是第一次海湾战争（作战行动代号：“沙漠风暴”行动），许多盟国向美国提供现金和实物支持（例如燃料），而不是派兵。在政府会计中，有时收入被记为负支出，这就是其中之一。

2.2.3　从全球反恐战争到预算控制法案

有人指出，国防预算的顶线在很大程度上取决于美国是否处于战争状态，但20世纪80年代里根总统加强军备建设时期除外。为更好地进行观点阐述，我们以国防部于2016年2月向国会提交2017财年预算时发布的新闻简报为例进行说明，详见图2.11。

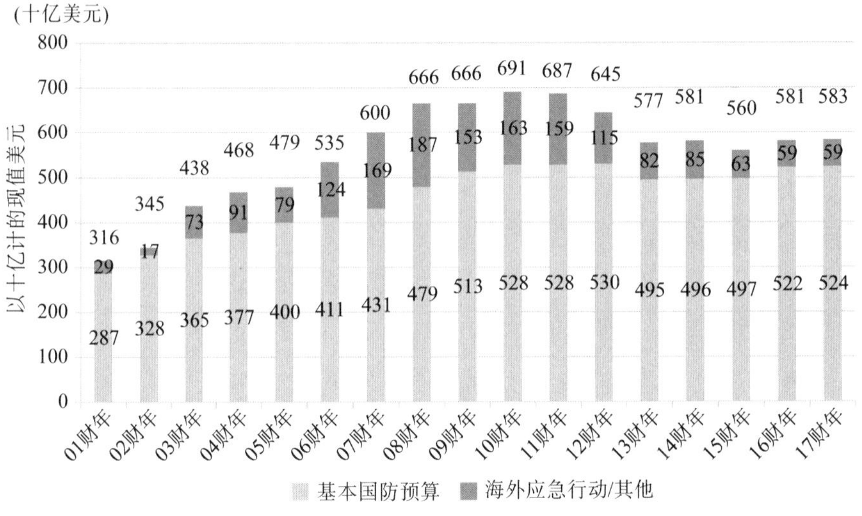

图2.11　2001财年“9·11”恐怖袭击事件至2017财年国防部资金申请
（预算执行过程中的自由裁量权）

资料来源：美国国防部新闻，2001—2017财年（以十亿计的现值美元）

该图表显示了两种类型的资金，即基本国防预算和海外应急行动（OCO）/其他。“OCO”表示海外应急行动，其资金用于此间支持阿富汗、伊拉克针对叙利亚伊斯兰国和黎凡特伊斯兰国等地军事行动成本的增加。基本预算有时被称为“和平时期”预算，代表军队训练、装备和运营部队的核心需求。

当然，并不是所有的基本需求都在基本国防预算之中。例如，此间的大部分时间里，从美国经地中海进入中央司令部作战区（如波斯湾、红海和阿拉伯海）的航母战斗群的费用，本应由基本国防预算作为资金支持，直到中央司令部行使了作战控制权，该费用自此由中央司令部支付。这使我们对预算产生了一种错觉，即海军的基本需求不包括在该地区行动的预算之中，但该预算却一直存在。尽管如此，仍然可以在数据中看到一些明显的趋势。

刚开始时，海外应急行动（OCO）/其他领域的预算很少，但从2003财年开始随着阿富汗和伊拉克战争而显著增加，到2008财年达到1870亿美元。随着奥巴马政府期间对外用兵的强度和频次的急剧下降，海外应急行动（OCO）的资金稳步下降至每年约600亿美元。该图表显示了授予的预算职权与资金使用率并不完全相同。从2001财年到2008财年，非基本资金是在经常性预算周期之外以追加拨款的形式拨付。随着战争资金日渐耗尽，作战指挥官（而非军种部门）将提交预算申请，并在国会作证，提供有关战争和未来计划的最新信息。在某些年份，有不止一项补充资金，通过政府预算支出的资金并不总是与财政年度一致，也不局限于按财政年度计算。到2008财年，这些费用变得更具可预测性，国会指示将海外应急行动（OCO）的资金与基本支出一起编入预算，并作为标准预算流程的一部分一并提交。

从2001财年到2010财年，基本国防预算稳步上升，年增长率从3%升到14%，但此后一直相对平稳。由于2011年的《预算控制法案》，2013财年的资金有所减少（稍后讨论），这些资金大部分在2016财政年度恢复如前。虽然国防预算在反恐战争期间的峰值后逐步降低，但下降部分的预算几乎完全来自于海外应急行动（OCO）。当然，平稳的预算意味着随着时间的推移，由于通货膨胀和加薪的影响，购买力越来越弱。这也意味着扩大基地的愿望将无法实现。

有时会有人提出这样的问题：“是战略推动了预算还是预算限制了战略？”答案是“两者皆有”，这取决于政治目的和军事力量的运用。从2001国防年开始，美国持续了大约十年的反恐战争，从而得出了一个结论，即“战略推动了预算”。随着美国军方对“9・11”恐怖袭击事件做出回击并参与中东战争，政府和国会倾向于按军方需求提供一切支持。但在经历了十年的战争、作战行动的节奏放缓，以及经济衰退期间对赤字和债务的担忧不断增加之后，美国民众的看法发生了转变。

2011 年，国会通过了《预算控制法案》（BCA），恢复了 20 世纪 80 年代中期的赤字控制措施。这些措施为国防类自主性支出和非国防类自主性支出设定了上限。为了确保预算得到管制，上限是通过一种称为“自动减支”的措施强制执行的，如果自主性支出的总额超过上限，该措施将自动取消预算授权。除了 2013 年各联邦机构的预算都按比例削减之外，每年都避免了自动减支。在国防部，一些行动被缩减，文职人员被迫休假一段时间。

图 2.12 显示了从“基于战略的预算”到“受战略约束的预算”的转变，以及《预算控制法案》（BCA）产生的影响。标有 2013 年的那条线是 2013 财年总统预算的资金概况，反映了《美国国家安全战略》和《美国国防战略规划纲要》的相关采办成本。该预算于 2011 年提交，就在国会通过《预算控制法案》之前不久。《预算控制法案》对国防基准预算设定的上限用虚线表示。

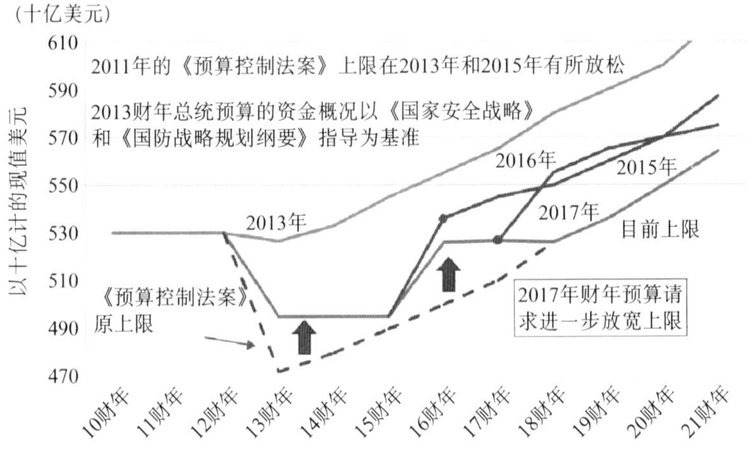

图 2.12　国防预算和《预算控制法案》

资料来源：美国国防部（2016 年）。

《预算控制法案》基本上将国防预算的 10 年预测额削减了约 1 万亿美元。国防官员在国会作证说，战略中存在风险或无法实现的部分。请注意，在图

2.12 中，总统 2015 财年、2016 财年和 2017 财年的预算要求的资金超过了《预算控制法案》允许的上限。每一年中，国防部和白宫都向国会提出这样的论点，即国防基准预算设定的上限太严格，需要提供补充资金才能将国家安全战略风险降至最低。在《预算控制法案》通过后的 5 年中，国防基准预算设定的上限曾有两次略微提高。2013 年的《两党预算法案》提高了 2014 财年和 2015 财年的预算上限；2015 年的《两党预算法案》提高了 2016 财年和 2017 财年的预算上限。

预算重点从"不惜一切代价支持战争"转向"控制赤字"并非史无前例。在所有重大冲突之后和冷战接近尾声时，也都发生了类似的情况。自动减支是 20 世纪 80 年代末使用的一种机制，最初创建于 1985 年《平衡预算与紧急赤字控制法》和 1987 年《平衡预算和紧急赤字控制重申法》。关于自主性支出的上限也是 1990 年《财政预算执行法》的一部分。

具体看一下海军在预算中所占的份额，可以看出这种重点转移的影响。图 2.13 显示了海军从 2001 财年到 2017 财年的年预算请求。从图中可以看出，海军从 2001 年到 2011 年收到了全部所需的资金，平均每年增长约为 5%。尽管海军继续要求每年增加拨款，但实际拨款没有增加，而且在某些年份有所下降。这意味着在每个预算周期，海军都需要及时将这些资金线所代表的计划转移到更远的时间段。

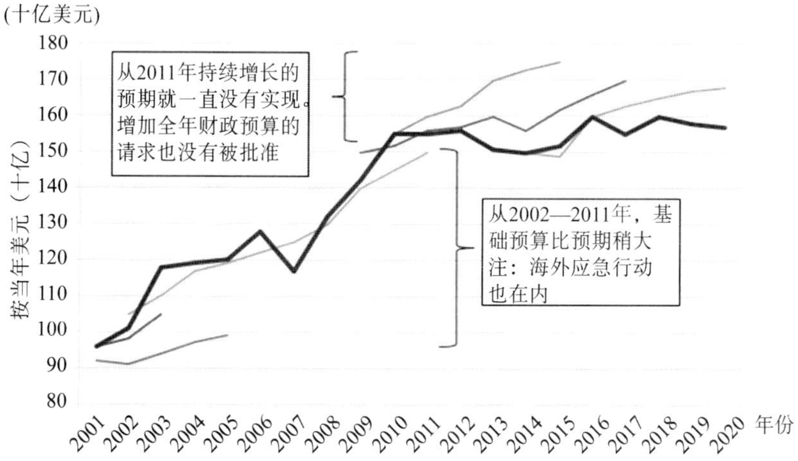

图 2.13　2001—2017 财年美国海军的预计和实际基本支出预算

注：不包括海外应急行动（OCO）；粗线条代表实际数据。

在预算方面，虽然从 2001 年到 2011 年情况不错，但并不是所有的计划都实现了。第 1 章曾指出，预算有多种用途，其往往既代表精心设计的计划，也代表政治妥协。即使在经济繁荣时期，由于预算在本质上带来的乐观前景、可能意外增加成本的动态环境，以及在整个预算编制过程中出现的必要妥协和重新确定优先顺序，也会产生财政压力。接下来，我们要带着这个理念来研究资本重组预算和运营预算。

2.2.4　预算和资本重组

美国海军每年都会发布一份预算概要，其中包含大约 100 页关于年度预算请求的信息，包括舰艇、飞机和武器的计划生成速率。表 2.6 显示了 2017 财年预算中的舰艇生产计划。图 2.14 是通过计算从 2001 财年预算到 2012 财年预算的所有计划中的所有舰艇，然后查看实际建造的舰艇数量。

表 2.6　　2017 财年海军造船预算

计划项目	2016 财年	2017 财年	2018 财年	2019 财年	2020 财年	2021 财年	总计
俄亥俄替代潜艇项目	—	AP	AP	AP	AP	1	1
CVN－21 福特级航空母舰	—	—	1	—	—	—	1
弗吉尼亚级攻击核潜艇首艇 SSN774 “弗吉尼亚”号	2	2	2	2	2	1	9
阿利·伯克级驱逐舰	2	2	2	2	2	2	10
美国濒海战斗舰	3	2	1	1	1	2	7
LHA－R 两栖攻击舰	—	1	—	—	—	—	1
圣安东尼奥级船坞运输舰	1	—	—	—	—	—	—
LX（R）两栖攻击舰	—	—	—	—	1	—	1
拖船 T－ATS	1	—	1	1	1	1	4
远征快速运输（前联合高速船）	1	—	—	—	—	—	—
远征移动基地（前浮动式前沿前进平台机动登陆平台）	1	—	—	—	—	—	—
新一代舰队补给舰	1	—	1	1	1	1	4
新建工程总数	12	7	8	7	8	8	38
新建工程总价	$16.5	$14.7	$16.8	$16.2	$16.9	$16.8	$81.4

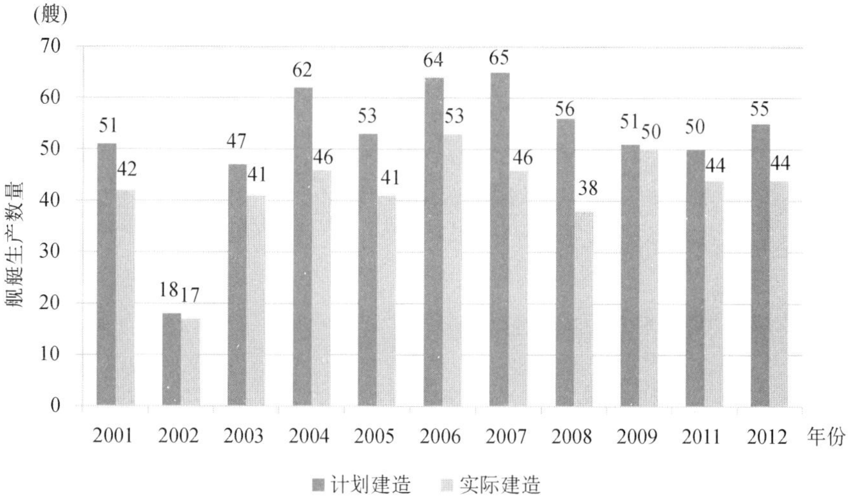

图 2.14　预算中计划建造的舰艇数量与实际建造的舰艇数量

在任何一个预算周期内，海军都没有完成其计划要建造的所有建造任务。实际情况是，有些计划很接近目标（2009 财年计划 51 艘，建造 50 艘），但有些计划与目标相差甚远（2004 财年、2007 财年和 2008 财年的计划被夸大了约 40%）。总的来说，海军建造了其计划建造舰艇的 81%，在这些年的大部分时间里，该战略推动了预算，并且获得了尽可能多的预算。

未能实现预期的部分原因是决策者对于预算需求趋于乐观。在预算中，造船计划显示出生产速率的上升。例如，2007 财年预算计划在 2007 财年至 2011 财年的 5 年内分别建造 7 艘、7 艘、11 艘、12 艘和 14 艘舰艇。在 2007 财年至 2011 财年的 5 年内，海军实际上分别建造了 7 艘、7 艘、7 艘、8 艘和 9 艘。过去几年中，大多数造船预算计划，都预计会出现类似的增长，但这些增长并未实现。

在这段时期的大部分时间里，海军要求至少有 300 艘舰艇执行任务。假设一艘舰艇可以使用 30 年，该计划需要每年建造 10 艘，以维持舰队规模。从 1993 年到 2010 年，海军没有达成过一年建造 10 艘舰艇的目标。事实上，他们平均每年只建造了 5.2 艘舰艇。在此期间，在役舰艇库存从 454 艘降至 285 艘。2011 年到 2016 年期间，海军计划平均每年建造 10 艘舰艇，但 2017 财年到 2021 财年的计划要求每年只建造 7.6 艘。由于过去海军每年只建造了其计划建造舰艇的 80%，所以 2017 年至 2021 年可能每年实际建造仅 6 艘。

如果国会强制执行预算上限，不提供 2017 财年预算中要求的更高金额，情况可能会更糟。对海军来说的实际情况是，从 2012 年到 2016 年，国会每年在造船方面的拨款都超过了海军在年度预算中的要求，但他们仍然没有采购 2012 财年计划中的所有舰艇。主要原因是，濒海战斗舰（LCS）、DDG－1000 型“朱姆沃尔特”级驱逐舰和 LPD－17“圣安东尼奥”级两栖船坞登陆舰等项目的高成本增长和生产延迟。

海军向国会提供了一份 30 年造船计划，并与空军一起提供了一份战术一体化计划。据 2017 年美国国会预算办公室（CBO）对造船计划的分析预测，海军每年需要的造船预算将超过过去 30 年的平均预算。这可能是一个不切实际的计划，对海军舰队进行资本重组的预算前景不容乐观。

2.2.5　作战与支持

图 2.10 显示了第二次世界大战后对“运行和维护”项目国防预算投入的稳步增长，前面分析中给出了一些原因。“作战与支持”（O&S）包括运行和维护以及军事人员项，大约占国防预算总量的 66.7%。它包括所有人员的薪金和福利、招募和训练以及医疗保健费用的总和，以及设施运行、部队作战和设备维护的费用。可以将其视为国防部的总成本，减去投资支出（采购，研究、开发、测试和评估，军队建设）。在这 70 年里，投资组合占预算的比例从 22% 到 48% 不等，平均为 36%。2017 财年，这一比例为 31%。这意味着作战与支持（O&S）占 69%，自冷战结束以来，其份额稳步增长。

1. 医疗保健预算增长成因

预算中增长最快的部分之一是医疗保健。图 2.15 显示了从 1980 财年到 2016 财年医疗费用的增长情况，并对 2030 财年医疗费用进行了预测。尽管目前的兵力只有 1980 年的一半（从 300 万人降到 150 万人），但总成本实际在不断增长。

军队卫生系统的通胀率低于普通民众，但仍然相当大，高于作战与支持（O&S）其他要素的成本增长率，并受社会总体医疗保健成本趋势的影响。另外还有两个因素也导致了预算增长。其中一个因素是扩大福利，最重要的是创立了退役军人医疗保险，这是一项针对 65 岁以上退伍军人和退休人员的医疗保险补充计划。每年，国防部都会向“应计制项目基金”支付款项，以满足部队未来的需求。所有这些费用都不会用于现有部队，而是用于退役人

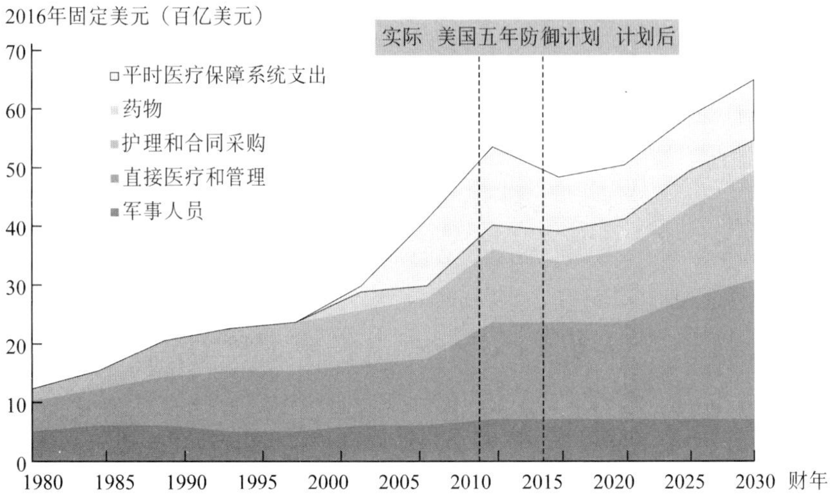

图 2.15　国防部军队卫生系统计划成本

员。另一个因素是，军队医疗保健的免赔额和共付额在过去 20 年中几乎没有增加。美国国会预算办公室估计，军事人员家庭支付的医疗保健费用约为文职人员家庭的六分之一。2002 财年，43% 的军队退休人员拥有私人保险；到 2014 财年，这一比例不到 20%，其余完全依赖军人医疗保险。在从 2010 财年开始的大部分预算中，国防部要求授权提高共付额和免赔额，但国会并未批准。

2. 薪酬体系预算增长成因

作战与支持（O&S）成本增加的另一个因素是薪酬体系。与级别相近的文职人员相比，军官的工资约为第 83 百分位，士兵的工资约为第 90 百分位（美国国防部，2012）。美国权威工资收入调查机构 PayScale 在 2019 年的一项报告称，就薪酬潜力而言，海军学院和陆军学院均位列美国大学前 10 名。一名工作经验不到 5 年的毕业生的工资中位数略高于 78000 美元。这一金额比所有 25 岁以上大学毕业生的收入中位数（50944 美元）高出 53%（美国人口调查局，2019）。服兵役还附带丰厚的退休养老计划和教育福利。由于这些部门最近没有出现招聘问题，也没有出现人员留用问题，因此可以得出一个结论，薪酬即使不算丰厚，但也足够多。

3. 基础国防预算增长驱动因素对比分析

2014 年，美国国会预算办公室（CBO）研究了基础国防预算（不包括战争成本）的所有增长驱动因素，发现用于军人自身的预算增长率（46%）高于运行和维护（34%）或采购（25%）。推动成本增长的因素之一是基本住房补贴，主要是因为军人住房已由原来的公房转为私房；另一个原因是政策的转变，即为预计住房成本提供 100% 的资金，而不是 20 世纪 90 年代常见的 80%。基本工资上涨了 18%，部分原因是加薪幅度高于通胀率（以弥补 20 世纪 90 年代低于通胀率的加薪幅度），以及薪酬等级的攀升。在此期间，军官人数增长了约 7%，入伍人数下降了约 2%。穿制服的人平均军衔较高。上述退伍军人医疗保险计划（TRICARE）的医疗福利增加了 16% 的成本。该计划扩大了福利政策，允许残疾退伍人员同时领取残疾津贴和退休津贴，这也增加了成本。会计制度的改变使得这一隐藏的成本显现出来，这部分成本为 10%。与过去的成本（如奖金和特殊津贴）相比，现在各军种更多地将资金作为塑造军力的工具，详见图 2.16。

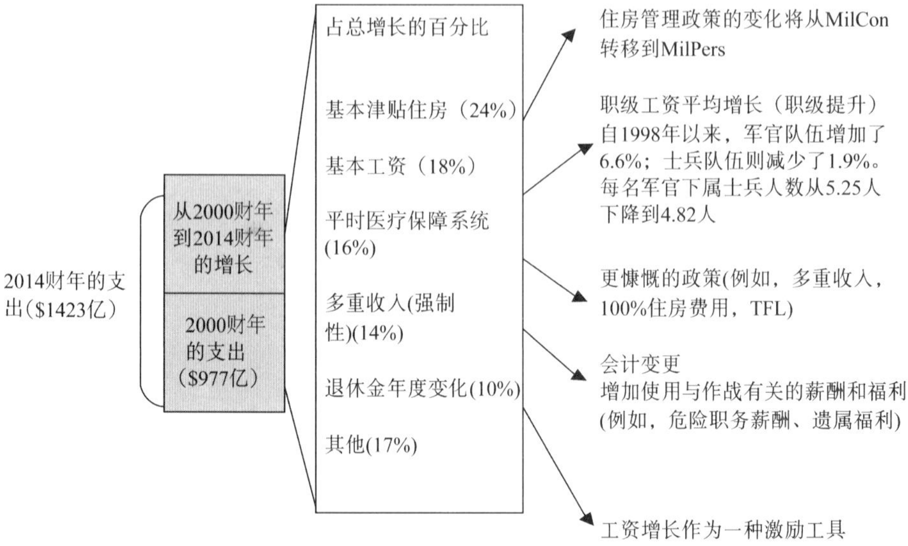

图 2.16　2000—2014 财年军事人员费用的增长

2.3　国防预算的国际比较

因为军队的存在是为了保护国家不受外部威胁，所以与其他国家进行比较是必要的。2020 年，美国在军事上的支出相当于其之后 12 个国家的总和（SIPRI，2021）。美国长期以来维持如此庞大的国防支出，充分说明美国政府仍然抱有“冷战”思维，着力构建“假想敌”，赤裸裸地体现了美国的全球霸权主义和强权政治。长期以来，美国的国防支出相当于其之后10多个国家的总和，具体数据见图2.17。

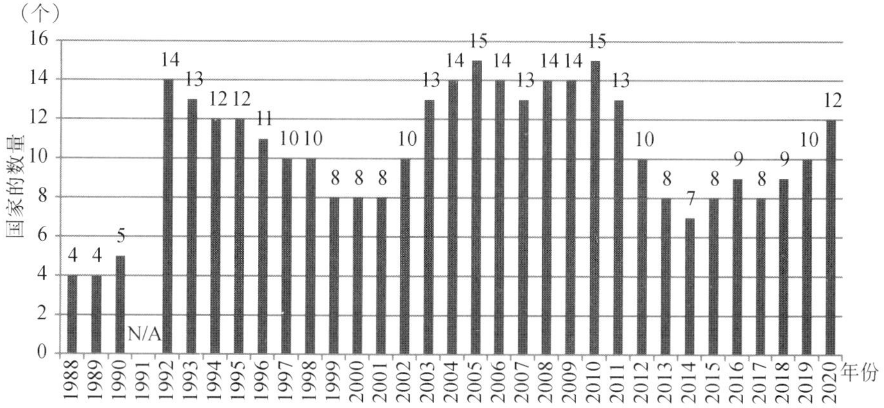

图2.17　美国与其他国家的国防支出对比

鉴于各经济体结构的巨大差异，按绝对值计算的国防支出并不能够完全说明问题。要了解一个国家对其军事投入的重视程度，还需看一下相关的衡量标准，如国防支出占国家财政预算的百分比和占国内生产总值（GDP）的百分比。根据瑞典斯德哥尔摩国际和平研究所（SIPRI）2018年以来的有关统计数据，西欧国家在国防上的平均支出最少，分别占国内生产总值（GDP）的1.3%和国家财政预算的2.7%，但东欧国家的国防支出是西欧国家的两倍多，分别占国内生产总值（GDP）的3.0%和政府支出的8.6%。亚洲国家的平均国防支出占国内生产总值（GDP）的1.8%和政府支出的7.6%；非洲国家的平均国防支出和亚洲国家差不多，分别占国内生产总值（GDP）的2.1%和政府支出的6.9%。美洲国家的国防支出较少，分别占国内生产总值（GDP）的1.4%和政府支出的4.2%。中东国家的国防支出要高得多，平均占国内生产总值（GDP）的5.5%、政府支出的14.7%。

2.4　国防支出的决定因素

一个国家在军事上的支出取决于许多因素。预测一个国家的国防支出的首要因素是其前一年的国防支出，运行平稳的国家其国防支出的年度变化通常不大。第二个关键因素是该国是否实际或预计会卷入武装冲突。发生武装冲突的可能性越高，国防支出占比就越高。第三个主要因素是国家支付国防费用的能力，即经济是否足够强大并为国防建设积累了足够的资金，以及与所有其他对政府资源的需求（如教育、医疗保健、基础设施、养老金、偿债）相比，国防建设是否是最优先事项。与第三个因素相关的一个简单衡量标准是国家的人口规模——大国可以负担得起，也可能需要更大规模的军队。

还有许多其他因素也可能影响国防支出水平。如果某国领导人希望在国际社会中获得更高的地位或威望，该国可能会加强国防建设。如果一个国家承担着国际责任，例如条约，要求一定程度的支出，那么这个国家可能会觉得有义务履行这一责任。如果盟友受到威胁，这种情况会变得更加严重。与竞争对手的军备竞赛也可能会影响国防支出水平。

建立军事联盟好坏参半。在某些情况下，一个强大的军事联盟可能会产生巨大的经济压力，因为需要花费足够多的资金来满足联盟的需求。在其他情况下，替代效应可能会让一个国家在其他国家的军事投资上“搭便车”，如果他们坚信其他国家会来帮助他们。一些国家可能认为，一支强大的军队可展现军事威慑力量来确保国家和平的必要投资。压力集团（指通过经济等手段对政府施加压力，从而影响政府公共政策的利益集团），包括武器制造商、经销商、退伍军人、现役部队和其他人可能或多或少地会对国家的国防支出产生影响。然后，政府的腐败程度和外国直接军事援助的水平也会在一定程度上影响国防支出。

对许多西方国家来说，国防开支受到民众意愿的影响。也就是说，如果民众认为国防开支过低，国家就会增加国防开支。如果民众认为国防开支过高，国家通常会削减国防预算。在美国，民意调查与次年的国防开支水平之间存在着很强的相关性（Hartley & Russett，1992；Higgs & Kilduff，1993；Brook & Candreva，2007；Smith，2007）。

2.5　小结

本章通过实证数据，为理解国防预算奠定了基础。第二次世界大战后的美国国防开支一直呈周期性趋势，随着冷战和热战的爆发，国防开支不断上升，之后随着国家的担忧从实体安全（物理安全）转向财政安全，国防开支也随之下降。在国防预算中，我们可以看到，若要维持一支日益复杂和花费不菲的军队，其运行和支持成本需要不断增加，但这支军队的人员和主要装备（舰艇、飞机、坦克）数量却在减少。我们还看到，提供给军事部门的预算份额会根据部队的使用情况不均等地上升和下降；由于国防机构国防支出占比提升，提供给各军种的预算份额有所下降。

从长期来看（自二战以来），美国经济不断增长，维持一支军备力量强大的军队的国防支出逐渐减少，因此国防支出占国家经济的比例有所下降。但与此同时，在提供医疗和社会保障等其他政府服务方面占据了更大的份额。结果，联邦的国防预算份额急剧下降。

在历经了预算总体平衡的漫长历史之后，过去50年呈现的预算特征为极少的盈余预算和巨大的结构性赤字，这主要是由于强制性支出计划的增长和糟糕的经济时期的影响导致的。其结果是国民债务不断增加，如果不是低利率，这将对预算的其余部分构成沉重负担。

第3章　美国联邦预算的编制程序

美国总统每年都会向国会提交下一个财年的财政预算方案，其中概述了他对来年规划的政策提议，且大致地概括了实施这些提议的成本，并为联邦政府的各项计划、投资、活动、战略等提供了详细的成本分析、规划方案和合理理由。

本章重点讲述联邦政府预算的收入来源、总体预算编制流程，为后续章节更具体地讨论国防预算提供深入的背景知识。政府的税收收入是编制联邦预算的经济基础，预算编制程序则决定了政府把钱花在了哪里。

3.1　美国联邦预算的法律基础

1.《美国联邦宪法》关于预算管理的规定

《美国联邦宪法》第1条第7—10款赋予了立法机关关于联邦政府税收和支出决策方面的重大权力和限制。《美国联邦宪法》第1条第8款明确规定，“国会有权规定和征收直接税、间接税、进口税与货物税，以偿付国债、提供合众国共同防御与公共福利”，然后列举了一系列具体的权力，条款还明确“制定为执行以上各项权力和依据本宪法授予合众国政府或政府中任何机关或官员的其他一切权力所必要的和恰当的法律”。关于对国会的限制，《美国联邦宪法》第1条第9款明确规定，“除依照法律规定的拨款外，不得从国库中提出任何款项，一切公款收支的报告和账目，应经常公布。”综上所述，除非有拨款授权，否则就不能支出，而立法机关是唯一有权制定这些法律的机构。

对于总统的具体权力，《美国联邦宪法》第2条赋予总统“行政决策权”，如第3款所述，“总统的主要职责为监督法律之忠实执行”。总统对国会通过的法案可行使否决权，但国会可以以三分之二多数同意再行通过总统所否决的法律（第1条第7款）。总统作为武装部队总司令掌管军队，负责主要的外交政策事务，还任命政府重要官员。《美国联邦宪法》第2条第3款规定总统“应不时向国会提供国情咨文的信息，并建议国会考虑他认为必要和适当的措施”。提交年度预算属于这一范畴，而预算通常在年度国情咨文发布后约2周提交至国会，这并非偶然。国情咨文是美国政府的施政方针，主要是讲明美国总统每年面临的国内外情况，以及政府即将采取的政治措施；而年度预算就是用来支持这些提案的资金。

2. 联邦预算的法律框架——产生与发展完善

从美国的前130年的历史看，预算是在特定基础上完成的。过去，联邦政府的职能有限，主要职能部门只有几个，包括国务院、农业部、行政部、内政部、司法部、海军部、邮政部、财政部和战争部。如今，美国有15个内阁部门和大约2000个机构（如环境保护局、国家航空和航天局）、政府公司（如联邦存款保险公司、美国国家铁路客运公司）、委员会（如联邦贸易委员会、证券交易委员会）、管理委员会（如国家安全运输委员会、联邦会计标准咨询委员会）、理事会（如首席信息官委员会）、临时委员会（如国民邮票咨询委员会）和其他实体机构。当政府规模较小时，每位内阁部长都可以与各自的国会委员会开会讨论部门需求，以寻求拨款来满足这些需求。但是，20世纪以来，联邦预算慢慢变得越来越不堪重负。

1920年第一次世界大战时，美国已经成为了世界强国，但是还是承担着大量的债务（255亿美元，而国内生产总值约为750亿美元），美国有1亿人口，但其联邦预算已经增长到60多亿美元（是10年前预算的10倍）。战争的债务负担，加上科学管理和公共行政领域的出现，促使国会立法，实现预算程序专业化。1921年《预算和会计法》（BAA）为联邦政府的行政部门建立了现代预算编制程序和结构，该法案和其他重要预算立法的要点见框注3.1。

《预算和会计法》的一个作用是它能赋予总统影响联邦政府规模和形态的重大权力。如今，总统可以授权一名官员审议联邦政府的全部活动，在这些活动中进行资源分配，并向国会提出建议。这使得总统权力不断扩大，正如一位政治学家所说，“从制度责任的角度判断，现代总统制始于1921年6月10日，即哈定总统签署《预算和会计法》的那一天”（Sundquist，1981）。

框注 3.1　　美国预算编制程序的关键性法律法规一览

1921 年《预算和会计法》（公法 67－13）建立了现代行政部门预算程序。通过以下方式将预算权力统一到总统的行政办公室：

- 创建一个国家预算体系；
- 创建预算局（如今称为行政管理和预算局）；
- 要求总统每年都向国会提交一份联邦政府的综合预算。

为了平衡行政权力的扩张，在组织结构上与立法机构保持一致，国会还设立了一个中央审计机构：总审计局，即现在的美国政府问责局。

1974 年《国会预算和扣留控制法》（公法 93－344）规范了国会在美国预算编制程序中的作用。此项立法通过以下方面赋予了国会更多的预算权力：

- 建立了美国国会预算办公室；
- 在每个议院设立预算委员会；
- 创建了预算决议和协调程序；
- 通过将财政年度调整了三个月来增加国会行动的时间。

取消总统权力或扣留拨款，代之以总统可以要求撤销拨款的机制。

1996 年颁布的《总统择项否决法案》赋予总统立法否决权。这种权力在州政府中很常见，州长可以否决州议会提案中的个别“支出项目”。但这项法律昙花一现，因为美国最高法院在 1998 年的“克林顿诉纽约市”案（载于《美国最高法院判例汇编》第 524 卷第 417 页）中宣布该法违宪。

1985 年《平衡预算和紧急赤字控制法》（格拉姆拉德曼霍林斯法第一版）、1987 年《平衡预算和紧急赤字控制重申法》（格拉姆拉德曼霍林斯法第二版）、1990 年《财政预算执行法》、1997 年《平衡预算法案》、2005 年《赤字削减法案》、2011 年《预算控制法案》、2013 年《两党预算法案》和 2015 年《两党预算法案》——这些都是试图通过各种机制将预算赤字降到最低的法律，其中包括如支出上限、自动减免、自动减支、随收随付制等机制。

在随后大约 50 年的时间里，国会允许预算权力的分配。在那段时间里，联邦政府的发展有两大浪潮：20 世纪 30 年代的罗斯福新政和 20 世纪 60 年代约翰逊总统的“伟大社会”计划，可以说行政部门拥有极具压倒性的权力。但到了 20 世纪 70 年代初，一系列因素，包括“经济大萧条”以来最严重的经济衰退、石油危机、一场不受欢迎的战争以及一位不受欢迎的总统（指尼克松总统），使得国会不得不开始采取行动。

其中导致国会和尼克松政府关系紧张的一个事件是尼克松总统主导扣留

了规模巨大的国会拨款。扣留是指拒绝按照国会通过的拨款法案进行开支。尼克松给出的理由是：宪法规定禁止使用未拨款的资金，但不包括使用已经拨款的资金。1975 年，“特雷恩诉纽约市”一案（《美国最高法院判例汇编》第 420 卷第 35 页）涉及地方社区所指望的国家环境保护局（EPA）资金被扣留。社会群体控诉并强烈要求国家环境保护局（EPA）拿出资金，该案被提交到最高法院，最高法院裁定总统不能通过扣留（或拒绝拨款）来扼杀原定计划，从而阻挠国会意愿。此外，国会在 1974 年将这一思想编入《国会预算和扣留控制法》（见框注 3. 1）。

1974 年通过的《国会预算法》对国会的预算编制程序进行了重大改革。自从 20 世纪 20 年代起，总统提出的预算方案会分解为其职能部分，由国会的几个委员会制定实施。国会没有制定总体预算和财政政策决策的机制。因此，《国会预算法》确认成立预算委员会，预算委员会的任务是为国家制定一个整体的预算政策，并创建了一个联邦机构（美国国会预算办公室）来进行分析，以支持决策，以及将联邦财政年度往后调整了 3 个月（以前是自 7 月 1 日起至次年 6 月 30 日止，现在改为自 10 月 1 日起至次年 9 月 30 日止），以给预算委员会更多的时间来完成其他任务。

据统计，美国 50 个州中有 44 个州赋予州长择项否决权。从本质上讲，这种权力可使州长批准大部分法案的同时，否决个别支出法案项目。这也是美国总统多年来所要求的，国会于 1996 年通过了《总统择项否决法案》。然而，这项权力只维持了很短的时间，因为在颁布后不久就被宣布违宪。美国最高法院在 1998 年“克林顿诉纽约市案”（载于《美国最高法院判例汇编》第 524 卷第 417 页）里指出美国国会不应授予总统“择项否决权”，因为这项权利违反了宪法的精神。法院认为，根据《美国联邦宪法》第 1 条第 7 款规定，国会两院（众议院或参议院）通过的每一项议案，均应送交合众国总统，但是总统仅享有批准和否决的权力。在参众两院投票通过议案后，国会不应授权总统修改法案的权利。

美国联邦和地方政府都有超出其收入能力的需求和渴望。财政赤字是很常见的现象，与此同时债务在不断增加。由于很多原因，联邦和地方政府未能平衡预算。因此，国会和总统也偶尔会通过立法来控制赤字。框注 3. 1 列举了过去 30 年来一些用来控制赤字的法律。政府采用了不同方法，例如支出上限、自动减支（如果超过目标则自动削减），或者限制将会加重债务的新计划。

3.2　联邦预算的主要收入——税收

政府需要收支平衡。根据政府法律，有时每年都需要调节平衡，有时可能需要几年或者一个经济周期才可以。有时，尽管在法律上不做要求，但财政需要良好的治理，即债务不能超出剩下的预算，不应产生经济或安全风险。大多数州和市政府都有平衡预算的要求，但联邦政府却没有这种要求。本章主要讨论联邦政府的税收政策，概述税收历史，解释税收概念，如累进税和税收支出等。在描述了美国税收的本质后，将讲述决策者税收作为政策工具背后的影响因素。

3.2.1　税收机制的本质

税收是一种政策工具，而不仅仅是一种征收税收的机制。税收再分配了社会资源，希望以此满足社会所需。例如，如果社会要捐款给高等教育机构，那么这种捐款可以在应缴税款前从个人收入中扣除。政府放弃部分税收收入，以吸引纳税人，实现教育的目标。政府本可以收税并交给学校，但有时决策者更愿意把更多的控制权放在个人手中。

3.2.2　税收收入的来源与构成

在联邦政府层面，税收收入有四个主要来源：个人所得税、个人工资税、企业所得税和其他税收（消费税等）。如图 2.6 所示，在过去 70 年里，美国个人所得税在联邦总收入中所占的份额相当稳定，平均约占总收入的 45%。个人工资税的作用越来越大，工资税的比例从 7.6% 提高到 42%。这反映了福利增加项目日趋成熟，以及受益于这些项目的人数也有所增加。

不过，在过去 30 年里，所有类别的税收比例都更稳定，个人所得税和工资税的平均税率分别为 45.7% 和 35.6%；企业所得税率平均为 10.0%，消费税率平均为 8.7%。这意味着超过 80% 的联邦税是在个人层面征收的，其余 20% 是作为他们收入的一部分或作为产品销售，如汽油、香烟和酒精从企业征收。还有联邦其他的杂税，比如州际卡车司机支付的高速公路税、游戏税、机场税等，这些税仅作了解，不再详细展开论述。

大部分的收益都来自个人所得税和工资税，这两种税值得讨论。在宪法第十六修正案获批之前，联邦层面征收所得税是违宪的。联邦政府成立到1913年第一次征收所得税期间，收入有着其他不同来源。当然，当时美国联邦政府规模小，也没如今这么多需求。比如南北战争期间，曾短暂采用过联邦所得税，但学者们普遍认为这是违宪的。税收的一个主要来源是国际贸易关税（州际贸易关税是违宪的）。在南北战争之前，关税占联邦收入的80%—95%。另一个收入来源是对各种商品（酒、烟草、糖）以及经济和法律交易征收消费税。所有类型的交易都要征税，比如写银行支票、遗嘱检验、签订合同、抵押贷款、租船、购买人寿保险等。扑克牌、葡萄酒和啤酒、大麻和其他麻醉剂的产品也要征税。

3.2.3 累进税制与累退税制

个人所得税发展成了累进税制。这意味着那些挣得更多的人，不仅因为收入更高要缴纳更多的税（2.5万美元的1%比1.5万美元的1%多），而且随着收入的增加，税率也会增加。我们以表3.1中的个人所得税纳税表进行配合说明。例如，一对应纳税收入为6万美元的夫妻，对前2万美元支付1%的税率，对后3万美元支付2%税率，最后的1万美元则支付3%税率。累进税的主要作用是减少收入不平等的影响，随着收入的增长，他们代表美元的边际效用递减，他们从政府服务中能获得更多的利益（建造更多的道路，军事保护更多的“东西”），累进税为政府筹集了更多的收入。

表3.1　　1913年美国第一个所得税等级　　单位：美元

已婚联合申报		
边际税率	税级	
	超过	不超过
1.0%	$0	$20000
2.0%	$20000	$50000
3.0%	$50000	$75000
4.0%	$75000	$100000
5.0%	$100000	$250000
6.0%	$250000	$500000
7.0%	$500000	—

在实行累进税制的情况下，理解边际税率和实际税率之间的区别很重要。仍以上述夫妻为例，他们的边际税率是 3.0%，也就是每赚一分钱，实际可得 97 美分，而支付 3 美分的税，而实际税率仅为 1.83%。他们在最初的 2 万美元上支付了 200 美元；他们为接下来的 3 万美元支付了 600 美元，为最后的 1 万美元支付了 300 美元；在 6 万美元的收入中，总共支付了 1100 美元，即 1.83%。

随着时间的推移，税率等级也有很大的变化。同样是这对夫妇，在 1918 年，也就是第一次世界大战期间，其应税收入为 6 万美元，本应属于 40% 的纳税等级，实际税率为 25.1%。在短短 5 年里，这样的增税幅度很大了。如果不考虑通货膨胀因素，这对夫妇在 1945 年第二次世界大战期间的纳税等级将达到 78%，而实际税率为 60.2%。如今，一对应纳税收入为 6 万美元的夫妇的税率为 15%，实际税率为 13.4%。当然，这对夫妇今天也要支付 7.65% 的工资税，1945 年只有 1%，甚至 1918 年还无须支付。图 3.1 显示了随时间的推移最高和最低税收等级是如何变化的。在 20 世纪的某些时期，税率是累进的，而其他时期则并非如此。

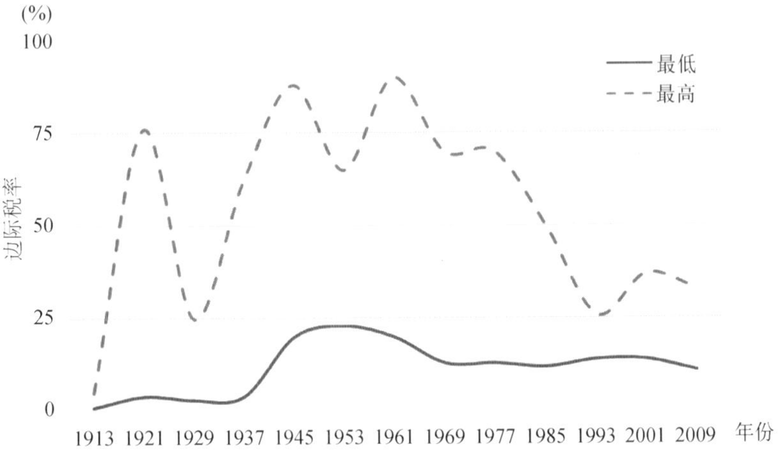

图 3.1　最高和最低边际税率

所得税是累进的（税率随着收入的增加而增加），而工资税是累退的（税率随着收入的增加而降低）。这是什么原因呢？这是因为，工资税资助的对象最终可能会成为支付者本身，而且潜在的利益是有限的，因此纳税金额也有类似的上限。例如，根据 2015 年数据，工资税结构中，用于社会保障的老年、痊愈者和残疾收入项目（OASDI）占工资额的 6.2%，用于健康保险（医疗保险）占工资额的1.45%。这些费用由老板和员工共同支付，而自主创业的人则单独支付两部分费用。

这项政策的结果就是工资为5万美元薪酬的人和工资仅1万美元薪酬的人所交的税率都为7.65%。但赚15万美元的人要付6.35%的税，50万美元的人要付2.92%的税，而赚500万美元的人仅支付1.60%。这就是累退税，由于对低收入者所征的税最高，这种税收结构在一定程度上抵消了所得税的累进性。正因如此，低收入者（例如年收入低于4万美元的家庭）在考虑了扣除和抵免之后，他们可能没有缴纳所得税的义务，但仍然要支付工资税。

消费税也是累退的，但取决于个人消费多少征税的产品或服务。累退的原因可以解释为，穷人倾向将大部分收入进行花费，储蓄只占少部分。假设一个高收入者和一个低收入者每人每天抽半包烟，低收入者将比高收入者花费更高比例的收入在香烟上，但他们将支付相同的税。

3.2.4 税式支出的结构

税收的目的是顺应公共政策，税式支出的结构是最好的说明。加拿大著名的经济学家基尔恩斯称税式支出为“税收与财政上的主要发明”，税式支出又称税收支出，是指国家为了实现特定的政策目标，通过制定与执行特殊的税收法律条款，给予特定纳税人或纳税项目以各种税收优惠待遇，以减少纳税人税收负担而形成的一种特殊的财政支出，或简单理解为因税法规定产生的收入损失。表3.2显示了不同类型的税，并举了不同的例子。以住房贷款利息专项扣除为例。如果你处于25%税级，并支付了28000美元的抵押贷款利息，那么你的税单将减少7000美元。如果你是一个理性的经济人，你不会关心你是否付了全额的税，政府给你一张7000美元的支票补贴住房，或只是少付了7000美元的税。人们可能会认为这是政府通过税法实施的住房政策。

表3.2　　税式支出类型

税式支出类型	示例
排除	医疗保险福利、雇主提供的医疗保险、公共援助福利、身故资本收益和房屋销售
免除	军队住房津贴，战区收入，市政债券利息
扣除	慈善捐款，房屋抵押贷款利息，缴纳的财产税

续表

税式支出类型	示例
抵免	劳动所得税抵免，儿童税收抵免，领养税收抵免
优惠税率	资本利得和股息的征税
延期	退休账户缴款

税式支出也是一大笔钱。数据显示，美国仅 2015 年的税式支出损失收入就达 1.24 万亿美元。取消税式支出可以平衡预算，并产生大量盈余。然而，税式支出往往比财政支出计划更受青睐，因为税式支出与受众个人息息相关。只有儿童税收抵免金适用于低于一定收入水平的家庭，且有不能自理的孩子，而且该项目的管理成本非常低。政府为退休储蓄提供税收激励，其理论依据是，如果个人没有储蓄而需要政府援助，这将导致以后联邦支出负担加重。虽然美国税法出奇地复杂，但复杂性的本质是为了提供有价值的社会福利。

3.2.5　税收制度的设计

1. 征税对象

本节重点讨论美国联邦政府在设计一种新税收或修改一种现有税收时需要考虑的因素。首先，要考虑的是征税的基础——征税的对象是什么？除前面阐述的所得税、工资税、消费税和关税外，还可以对财产、遗产、资本利得、将原材料转化为中间产品或成品的增值等征税。其次，应考虑任何形式税收支出是否有必要，或特殊情况应该存在。是否有一部分应税项目应该被排除在外，或者存在特殊的税率？美国许多州的销售税中不包括生活必需品，如杂货、药品和服装。如果政府政策是为了鼓励可替代燃料，那么可能会对汽油动力汽车、混合动力汽车和全电动汽车征收的税率不同。

2. 税率结构

接下来，需要讨论税率结构。这是一种累进税、累退税还是单一税？该税对行为或财富或收入分配的作用会影响决定。如果所讨论的税收是销售税或消费税，人们可以观察供求的价格弹性，以评估影响最大的是生产者还是消费者。

3. 效应影响

税收制度设计者必须考虑税收制度设计的效应。如果税收因非财政原因而改变——也许税收被认为分配不公但需要同样的收入，税收应该是在财政上是中立的。一方面，一些国家税收的削减，需要用其他国家的税收来抵消。从财政收入的角度来看，增税是可取的。增税意味着税收会随着人口或者经济的增长成比例地产生利益。系统地提高工资税的工资上限，来解释社会上的工资增长，这就是增税。另一方面，在美国，为公路信托基金提供资金的汽油税没有与通货膨胀挂钩，25 年来都没有上涨，说明美元税收的购买力随着时间的推移而下降。更糟糕的是，随着汽车燃油经济性标准的提高，每行驶 1 英里所需的汽油量下降。税收不高，没有跟上高速公路的使用需求，高速公路信托基金出现了偿付能力问题。

4. 税收的可征收性

好的税收制度设计应该考虑到可征收性问题，可征收性由以下部分组成。

第一，设计税收制度应该尽量减少逃税行为。销售税可以从商家收取，然后商家有动机在销售时增加销售税。事实上，通过雇主预扣收入和工资税的方式，更能保证政府收到支付税款，而这种做法直到 20 世纪 40 年代才开始实行。在此之前，纳税人报告其收入，然后支付接下来一年所欠的税款，这里面可能会存在逃税风险。而外界因素变化，如经济衰退，或者人去世，会更难征收税款。

第二，政府管理税收的成本应最小化。正如前面我们讨论的，关于美国法律交易和经济交易的各种税，比如写支票或申请抵押贷款。这种税是通过印刷邮票贴到有问题的物品上来征收的。美国联邦政府印制了数百枚这样的邮票，美国民众所写的每一张支票上都贴上一种类型的标签，税款的数额取决于支票的大小。同样，舱单、遗嘱、抵押、合同和股票转让也会贴上其他印章。毒品、葡萄酒和啤酒、扑克牌、土豆、烟草和枪支等产品也存在税票。与邮票产生的收入来源相比，设计、印刷、分发和跟踪邮票的成本很高。

第三，公众应具有接受该税的自觉认知。首先，是公众的支付意愿。公众是否认为税收物有所值？在美国 2007—2009 年的经济衰退期间，许多市政预算紧张，削减了一些非必要的服务。而为恢复图书馆等公共服务，选民投票提出增税战略，这种情况并不少见。在加利福尼亚州的蒙特雷，选民们通过了一项将营业税提高 1% 的议案，为期数年，所得收入将用于道路和人行道的维修。那次投票需要 2/3 的大部分人通过，显然选民认为这项税收物有所值。其次，是公众对税收公平性的看法。公众的认知不仅受到税收制度最终设计的影响，还受到税收改变交易中相对的受益者和利益受损者的影响。如果税收的变化导致每个人支付的税减少，但富人比穷人受益更多，这可能不会被接受，尽管每个人支付的都更少，但这种交易似乎更偏向富人而不是穷人。在某些政策问题中，这种相对变化尤为重要。

3.3　联邦预算编制程序阶段

美国联邦政府（以及许多州和市政府）的预算编制程序包含四个阶段。第一阶段，行政部门制定预算和政策建议，并将其提交给立法机构；第二阶段，立法机构接受或者修改这些提议，授权这些计划并拨款给这些机构；第三阶段，行政部门执行这些计划，并支出所拨资金；第四阶段，对计划执行情况进行审计和评估。尽管这四个阶段是一个线性过程，但也是一个历经多年的长期过程，对当年预算执行的分析会影响明年预算的制定和下一年预算计划的拟定，具体编制程序详见图 3.2 所示。

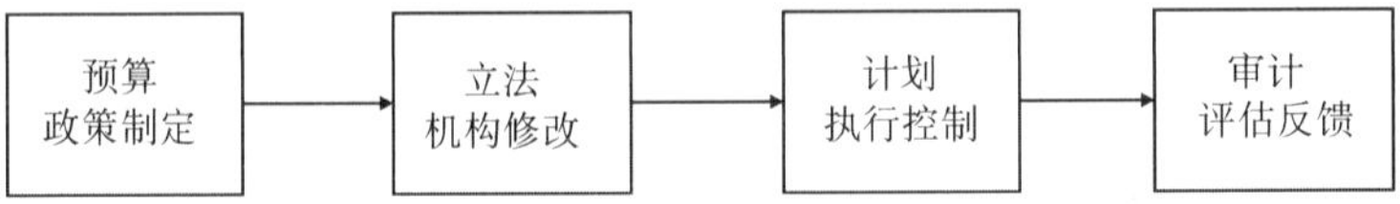

图 3.2　联邦预算编制程序

3.3.1　预算政策制定阶段

在每年二月份的第一个星期一，美国总统都会向国会提交下一财政年度的预算方案。在提交此预算方案之前，须由联邦政府的各个部门、机构和单位制定预算请求。由于机构和预算环境的复杂性，这项预算过程需要 10 个月到一年多的时间。正因为如此，每个机构的预算编制可能都要历经多个财政年度：业务正在执行的财政年度（当拨款的期限超过一年时，这个执行过程可能包含多项预算）、国会正在决议预算方案的财政年度以及正在制定预算但未提交给国会的财政年度，如图 3.3 所示。

假设现在是 2022 年 7 月，各机构正在支出 2022 财年和之前的资金，当下正在与国会就 2023 财年的预算方案进行协调，并正在制定 2024 财年的预算

图 3.3　联邦预算日程

申请。这些预算都是相互关联的。国会在讨论 2023 财年的预算需求时，会询问 2022 财年的执行情况；反过来，各机构也在根据 2022 财年发生的情况和国会对 2023 财年的预算决定来制定 2024 财年的预算方案。

在本阶段早期，需阐明总统的预算计划和财政政策。财政政策是指政府通过对财政收入和财政支出的调节来影响总需求。总统可以选择扩张性财政政策来刺激经济或启动新的计划，也可以选择紧缩性财政政策来抑制经济过热或积累盈余以偿还债务，或者选择相对中立的方法。明确财政政策，可以为行政部门和机构在其早期预算草案中应计划的支出总额设定规划目标。

行政部门工作流程受到美国总统行政管理和预算局（Office of Management and Budget，OMB）通告 A－11《预算编制、提交和执行》的管制。这通常被称为年度“预算要求”。该通告向行政部门中的各机构以及同样需要编制预算的立法机构和司法机关提供了详细的指导。在对该过程的概述中，通告 A－11 指明：预算主要关注预算年度，即国会需要拨款的下一个财政年度。然而，预算年度包括最近完成预算的年度、本年度和预算年度之后的数据，以反映预算决策在较长时期内的影响。除了预算年度的拟议拨款外，预算可能包括对本年度拨款的拟议修改（补充和撤销），以及会影响本年度、预算年度或未来多年的立法提案（见图 3.4）。

图 3.4 描述了制定阶段的主要步骤。一旦 OMB 向行政机构提供指导之后，各机构就会使用它们制定的内部程序来起草其概算。在国防部内部，美军使用规划—计划—预算—执行系统（PPBE），联邦政府的其他机构则使用其他不同的预算编制系统。

在夏末，各机构会将其预算提交给 OMB 以供审查。工作人员根据总统提出的优先事项、项目绩效和预算限制来分析各机构的预算方案。他们会确保这些提案符合 OMB 通告 A－11，并把“经济假设”的任何变化（例如，通胀

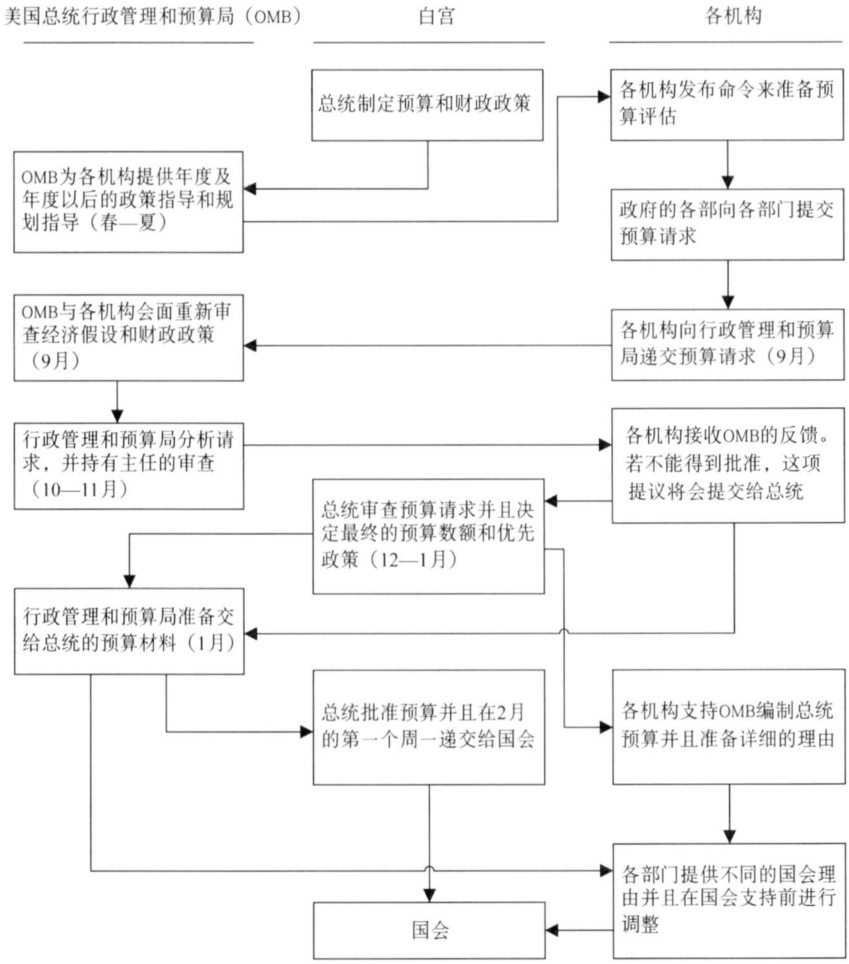

图 3.4 预算制定过程

预期变得更高或更低，或拟议的联邦雇员加薪）通知至各机构，以及根据国会对上一年预算的处理情况进行预算调整。在获得行政管理和预算局审查后，这些机构将完善它们的预算，并在 12 月或次年 1 月提交最终提案。行政管理和预算局（OMB）汇编政府部门的预算材料（可在 OMB 官网查阅），各机构则编制其各自项目的预算理由（可在各机构官网上查阅）。

3.3.2 立法机构修改阶段

美国总统提交预算的行为是一个请求，或者说是一项提议。国会拥有宪法赋予的“财政权力”（即财政权），可以接受和批准全部预算方案或否定全部预算方案，也可以删除一部分预算方案、添加一部分预算方案，或者按照它们认为合适的方式修改预算方案。由于国会参与了预算编制的多个步骤，因此总统预算方案被广泛分发。其主要使用者是美国国会预算办公室、预算委员会、相关授权委员会以及拨款委员会。按照预算过程的正常程序，预算工作应该按照一定的顺序有条不紊地进行，但是实际上大多工作是同时进行的。图 3.5 总结了关于预算的立法程序。

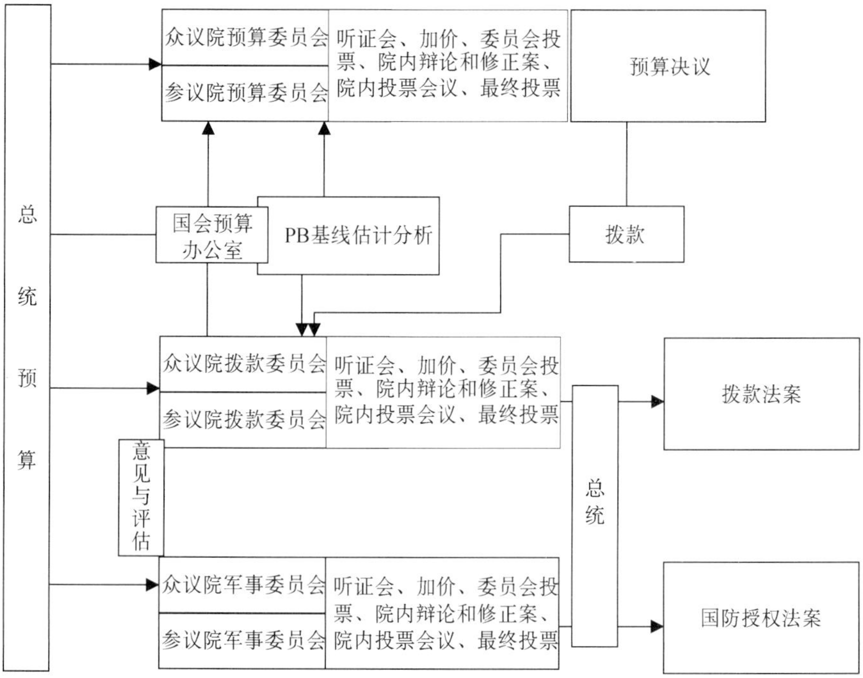

图 3.5　国会预算、授权以及国防拨款程序

1. 美国国会预算办公室

美国国会预算办公室（The Congressional Budget Office，CBO）是美国国会下设机构，其职责是为国会两院提供关于预算和经济问题的独立分析。在收到总统预算之前，CBO（通常在每年的 1 月份）会发布《预算与经济展望》报告，其中包括根据现行法律法规和当前经济状况对未来十年联邦收支做出的预测。这份报告构成了评估总统预算方案的基准，所有的预算都基于假设，此报告是基于美国 CBO 的假设。

在收到总统提交的预算一个月之后，CBO 会发布总统预算年度分析报告，其中分析了预算方案对联邦收入、支出、债务和经济的影响（见表 3.3）。

表 3.3　**美国国会预算办公室对总统预算的分析**　单位：十亿美元

项目＼年份	实际												合计	
	2015	2016	2017	2018	2019	2020	2021	2022	2023	2024	2025	2026	2017—2021	2017—2026
2016 年 3 月美国国会预算办公室（CBO）的基线														
收入	3250	3364	3508	3645	3772	3931	4082	4247	4423	4615	4825	5042	18937	42089
支出	3688	3897	4058	4194	4482	4729	4972	5290	5504	5709	6051	6385	22434	51373
赤字	-438	-534	-550	-549	-710	-798	-890	-1043	-1080	-1094	-1226	-1343	-3497	-9283
美国国会预算办公室（CBO）对总统预算的评估														
收入	3250	3369	3672	3871	4035	4205	4377	4541	4713	4920	5155	5395	20161	44885
支出	3688	3897	4105	4254	4554	4790	5028	5332	5539	5733	6072	6367	22732	51774
赤字	-438	-529	-433	-383	-518	-585	-651	-791	-826	-813	-917	-972	-2571	-6889
美国国会预算办公室（CBO）对总统预算的评估和美国国会预算办公室（CBO）基线的差别														
收入	不适用	5	164	226	264	275	296	294	289	305	330	353	1224	2795
支出	不适用	*	48	61	72	61	56	42	35	24	21	-18	298	401
赤字[a]	不适用	-5	-116	-165	-192	-213	-240	-252	-254	-281	-309	-372	-926	-2394
备忘录：														
赤字占 GDP 的比重														
美国国会预算办公室（CBO）的基线	-2.5	-2.9	-2.8	-2.7	-3.4	-3.7	-3.9	-4.4	-4.4	-4.3	-4.6	-4.9	-3.3	-4.0
美国国会预算办公室（CBO）对总统预算的评估	-2.5	-2.9	-2.2	-1.9	-2.5	-2.7	-2.9	-3.4	-3.4	-3.2	-3.5	-3.5	-2.5	-3.0
公众持有债务占 GDP 的百分比														
美国国会预算办公室（CBO）的基线	73.6	75.4	75.5	75.4	76.2	77.2	78.3	79.8	81.2	82.4	83.9	85.6	不适用	不适用
美国国会预算办公室（CBO）对总统预算的评估	73.6	75.4	74.9	74.1	74.1	74.3	74.4	75.0	75.7	76.1	76.7	77.4	不适用	不适用

来源：美国国会预算办公室；税收联合委员会工作人员。

注意：GDP 表示国内生产总值；* 表示 0 至 5 亿美元；[a]此数表明赤字相对于国会预算办公室的基线有所下降。

表3.3反映CBO向国会委员会提供的预算分析信息。根据分析结果，2016—2026年间总统预期的预算收入远远高于CBO的基线，而支出稍低于这个基线；净赤字比CBO预计的要少。

除此之外，CBO为几乎每条国会委员会批准的法案都提供了正式的成本估算，评估随后5至10年里这些法案对收支的影响。CBO也会提供非正式的初步估算，同时国会委员会考虑立法。

2. 预算委员会

国会的工作大多通过委员会完成，众议院和参议院的预算委员会最早完成预算工作。它们通过举办听证会开启工作，借此检验总统的经济设想和优先支出事项。它们也会听取CBO主任关于总统预算的分析。然后它们也会征求对联邦项目有管辖权的其他国会委员会对收入和支出水平的观点和评估意见。例如，众议院和参议院军事委员会针对国防预算提议表达它们的观点和评估意见。

综合以上建议，众议院、参议院两级预算委员会将同时各自起草一份关于预算的决议，其中列出了预算年度和接下来4年按职能类别划分的新预算权限、支出、收入、赤字或盈余、公共债务和支出的总水平。与大多数立法和决议一样，一旦众参两院都通过各自的预算决议版本后，两份决议就会提交给协商委员会来解决两个版本之间的分歧。各议院必须对会议报告进行投票表决。会议报告包含给授权委员会和拨款委员会预算授权和支出的分配，以便在小组委员会之中进行细分（虽然设有十几个授权小组，但只有一个拨款委员会进行细分，起草不同拨款法案）。每年的4月15日是通过预算决议的预定日期。

由于这仅仅是一项决议而不是法案，因此预算决议不用递交给总统批准或者否决。然而，执行总统决议的个人授权机构和拨款立法机构需要得到总统的批准或否决。有时，预算决议中还包括和解指示，是为了加强预算纪律。这样的设计旨在改变税法和许多福利项目所依据的永久法律。例如，如果预算决议准备降低社会保障的增长率，负责社会保障的委员会需要提供立法来满足新的预算目标（例如改变税收或调整救济金）。两院预算委员会合并这些变化为单一的和解法案，根据国会规则，该法案只能进行有限的辩论，不能包含任何额外的信息。和解法案成为法律后，提交给总统签字（见框注3.2）。

框注 3.2　　关键术语

预算授权：通过法律赋予预算权利，通常直接会导致政府资金近期支出或未来的支出。

支出：为满足政府预算由财政部实际支付的现金或签发的支票。与付款和花费同义。

收入：政府因有收税的权力或通过强制支付方式所获得的收入。

赤字/盈余：支出和收入之间的差额。支出大于收入，就是赤字，余额通常是借入的，增加了公共债务。

公共债务：这是联邦政府之外的债务，是联邦政府债务总额的一部分。（一些债务以政府信托基金持有。）

职能分类（或预算职能）：根据国家需要对预算权限、收入、支出与税式支出进行分类的制度。例如，国防预算的职能分类号是050；国防部的军事支出项目分类号是051；医疗保障的职能分类号是570；联邦雇员退休金的职能分类号是602。

3. 授权委员会

国会不仅拥有财政权力，还有广泛指导行政部门活动的权力。这些权力包括：调控税收与支出，提供共同防御和公共福利，调节贸易，制定归化条例，设立邮政局，促进科学和实用技艺的提高，建立和维持陆军、海军，制定管理陆军、海军的规则等。对于以上职能，国会已经设立了委员会，授权它们实现这些目标。在军事方面，众议院军事委员会和参议院军事委员会非常关键，还有其他委员会也对国防政策有一定的影响。

授权委员会每年都会制定国家国防授权法案，包括以下目的：首先，它为法案中明确规定的计划拨款授权。其次，它为各个项目授权；换句话说，这项法案允许这些项目的存在。按照2005年美国政府问责局（GAO）的定义，授权指"由参众两院拨款委员会以外的一个司法委员会提出的实质性立法，旨在无限期地或在一段特定时期内建立并继续运作一个联邦项目或机构，或批准一个项目中特定类型的付款或支出"。

4. 拨款委员会

虽然授权委员会数量较多，但是在参众两院中都只有一个拨款委员会（众议院拨款委员会和参议院拨款委员会）。它们被分成12个小组委员会，负责起草法案规定年度自由支配拨款。如果参议院和众议院均同意这项预算决议，拨款委员会就会按照《美国法典》第2编第633条的要求将预算授权和支出的分配分配给每个小组委员会。宪法规定所有增长收入的法案都由众议院拟定而不是参议院，拨款法案也是由众议院拟定。

虽然理想情况是拨款方根据授权法案拨出相应资金，但分歧不可避免。委员会由不同的人组成，他们有着不同的政策偏好和代表着不同的选民需求。“橡皮图章”式授权（指不经审查就予以批准）也违背了设立两个委员会的目的，一个委员会侧重于计划内容，另一个委员会侧重于预算和详细计划。这种安排在某种程度上反映了国防部的《计划目标备忘录》和预算之间，以及军种人员和国防部部长办公室人员的双重计划和预算审查之间的区别。

当拨款和授权存在差异，该计划将延迟执行。例如，如果授权一个建造10个单位的计划，但得到12个单位拨款，计划办公室通常会获得10个单位的资金，国防部审计长将扣留差额，直到授权更高的数字，或者资金被重新规划以满足更紧迫的需求。与之相反的情况，如果授权建造12个单位的计划，但只有10个单位的拨款，将获得10个单位的相应资金，但如果对它重新规划获取额外资金，则可能能够再建造2个以上（见框注3.3）。

框注3.3　　　　12个拨款小组委员会名单

- 农业和农村发展部门，食品药品监督管理局和相关机构；
- 商业部，司法部，科学及相关机构；
- 国防部；
- 能源水利开发部和相关机构；
- 金融事务部和政府小组委员会；
- 国土安全部；
- 内政部，环境保护局和其他相关机构；
- 劳工部，卫生与人力资源服务部，教育部和其他相关机构；
- 立法部；
- 军队建设，退役军人事务部和其他相关机构；
- 国家、国外业务及相关项目；
- 交通、住房和城市发展及相关机构。

5. 中期评估

因为预算于2月份提交，而财政年度从10月份起算，所以预算可能不够及时。为赶上2月份的最后期限，许多规划预算早在11月或12月就已经确定。因此，在夏季（通常在七月），行政管理和预算局会发布一份中期审查报告，根据2月份预算发布以来的经济、立法和其他发展情况，更新政府对支出、收入和赤字的评估。

例如，2015 年 7 月，发布了 2016 年中期评估报告，预计 2015 年赤字为 4550 亿美元，占 GDP 的 2.6%，比上年的赤字低了近 300 亿美元，比 2015 年 2 月预计的 2015 年赤字低 1280 亿美元。虽然这是个好消息，但它也预测 2015 年 GDP 增长率为 2.0%，而不是 2 月份预测的 3.0%，并预测通货膨胀率为 0.2% 而不是 1.4%。虽然这些数值看起来很低，但对预算和拨款有重大影响。如果预算为 4 万亿美元，1.2% 的通胀率差异意味着政府可以少花 480 亿美元，但购买力不变。但 GDP 增长预期下调 1% 也可能意味着税收收入大幅减少，而且赤字可能会高于预期。拨款委员会酌情考虑这些因素做出调整。国会预算办公室将提供拟议授权和拨款的成本估算，作为对立法程序的进一步完善。

6. 及时性和预算进度倒置

由于美国宪法要求对任何财政资金必须通过国会拨款法案后才能由财政部拨出，因此必须在 10 月 1 日财政年度开始之前颁布常规拨款法案。拨款太迟往往是常态，为避免政府停摆，国会必须要么提出权宜之计，要么继续拨款。这些临时资助措施通常被称为“持续决议法案”，以保证政府服务继续运作，但不提供任何尚不存在的新授权。这意味着任何提高生产率的收购计划都继续保持上一年的状态，并且不会提供拟议中的加薪。

因此，政府管理者应将持续决议法案视为上一财政年度的延续，而不是本年度的预付款项。多年来，国会发现通过一系列持续决议法案是必要的，因为它们正在努力解决阻止最终法案通过的问题。图 3.6 总结了 2003—2016 财年国防持续决议法案的数量和持续时间。

理想情况下，授权法案应先于拨款法案，因为拨款法案应为已获得授权的计划提供资金。然后这两个法案都应于下一个财年开始前实施。然而，通常情况下并非如此。在过去的 45 年里，两个法案都按时通过的情况（1977 年、1978 年、1997 年）只有 3 次，有 20 年这个过程是颠倒过来的，拨款法案是在授权法案之前通过的。平均差异时间大约为一周，但差异很大。在过去 15 年中，差距最大的是在拨款法案通过后 84 天（2005 财年）以及通过前 98 天（2011 财年）通过的授权法案。2021 年 12 月 27 日，美国总统拜登签署了 2022 财年的《国家国防授权法案》（7680 亿美元），直到 2022 年 3 月 10 日晚，美国参议院以 68 票赞成、31 票反对的结果通过了 2022 财年高达 1.5 万

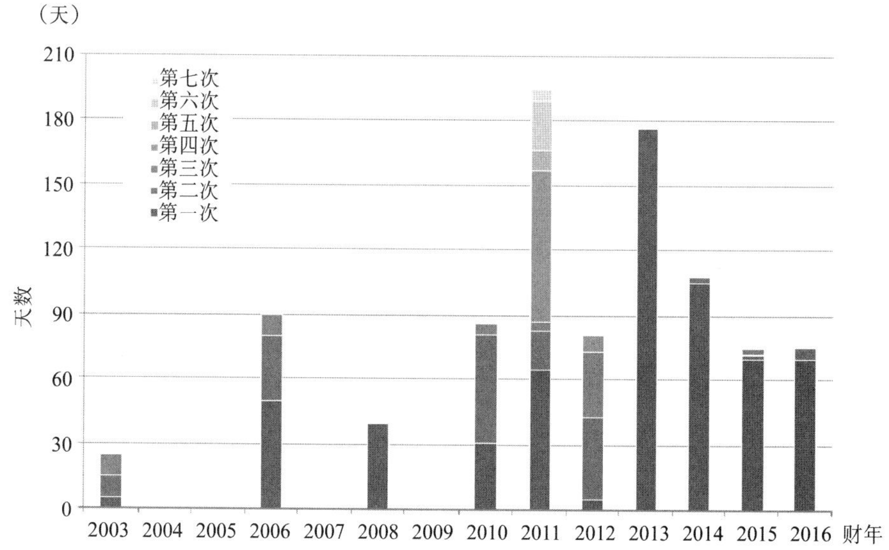

图 3.6　2003—2016 财年没有年度《国家国防拨款法案》情况下的持续决议法案

亿美元的拨款法案，两项法案前后相差 74 天。翌日，拜登政府即签署持续决议法案，以避免政府在 1.5 万亿美元拨款法案最终通过前停摆。我们总结了 1990—2016 财年国会关于年度国防授权和拨款法案详细情况，见表 3.4—表 3.5。

3.3.3　计划执行控制阶段

预算编制程序的第三个阶段即为计划执行和控制。这个阶段包括政府实施制定的计划和政策，该阶段的重点转移到执行部门，该阶段的名称叫法是因为它们承担执行责任。但需要注意的是，“执行者”负责执行法律规定的计划，即授权和拨款，而不是它们最初提议的计划。鉴于预算执行的重要性和复杂性，在此我们只侧重于宏观层面进行简要探讨。

政府机构执行任务不仅是使用国会给它的钱来执行授权的计划，而且必须按照财政法规的要求去做。多年来，随着美国财政制度愈发成熟，用以规范政府机构如何使用拨款的法律框架已形成。这项基本框架包括拨款中规定的三个方面：

（1）拨款的目的；

（2）获得预算授权的时间范围；

（3）对象机构所受限制的数额。

表 3.4 **1990—2016 财年国会关于年度国防授权和拨款法案（一）**

财年	授权法案				拨款法案				授权和拨款相差天数
	签署日期	众议院投票（差额）	参议院投票（差额）	授权法案推迟天数	签署日期	众议院投票（差额）	参议院投票（差额）	授权法案推迟天数	
1990 年	1989 年 11 月 29 日	99	91	59	1989 年 11 月 21 日	207	94	51	（8）
1991 年	1990 年 11 月 5 日	101	63	35	1990 年 11 月 5 日	225	63	35	0
1992 年	1991 年 12 月 5 日	107		65	1991 年 11 月 26 日	168		56	（9）
1993 年	1992 年 10 月 23 日	30		22	1992 年 10 月 6 日	234	76	5	（17）
1994 年	1993 年 11 月 30 日	106	85	60	1993 年 11 月 11 日	223		41	（19）
1995 年	1994 年 10 月 5 日	102		4	1994 年 9 月 30 日	239	72	（1）	（5）
1996 年	1996 年 2 月 10 日			132	1995 年 12 月 1 日	169	27	61	（71）
1997 年	1996 年 9 月 23 日	119	37	（8）	1996 年 9 月 30 日	152	45	（1）	7
1998 年	1997 年 11 月 18 日	184	90	48	1997 年 10 月 8 日	217	90	7	（41）
1999 年	1998 年 10 月 17 日	297	84	16	1998 年 10 月 17 日	297	95	16	0
2000 年	1999 年 10 月 5 日		89	4	1999 年 10 月 25 日	334		24	20
2001 年	2000 年 10 月 30 日	290	94	29	2000 年 8 月 9 日	309	92	（53）	（82）
2002 年	2001 年 12 月 28 日		99	88	2002 年 1 月 10 日	386		101	13
2003 年	2002 年 12 月 2 日	301		62	2002 年 10 月 23 日	395	92	22	（40）
2004 年	2003 年 11 月 24 日	293		54	2003 年 9 月 30 日	380	95	（1）	（55）
2005 年	2004 年 10 月 28 日	357		27	2004 年 8 月 5 日	386	98	（57）	（84）
2006 年	2006 年 1 月 6 日	351	98	97	2005 年 12 月 30 日	379	97	90	（7）
2007 年	2006 年 10 月 17 日	365	96	16	2006 年 9 月 29 日	388	98	（2）	（18）

表 3.5　　**1990—2016 财年国会关于年度国防授权和拨款法案（二）**

财年	授权法案				拨款法案				授权和拨款相差天数
	签署日期	众议院投票（差额）	参议院投票（差额）	授权法案推迟天数	签署日期	众议院投票（差额）	参议院投票（差额）	授权法案推迟天数	
2008 年	***2008 年 1 月 28 日***	323	88	119	2007 年 11 月 13 日	382		43	（76）
2009 年	2008 年 10 月 14 日	361	80	13	2008 年 9 月 30 日	118	85	（1）	（14）
2010 年	2009 年 10 月 28 日	367	80	27	2009 年 12 月 19 日	370	86	79	52
2011 年	2011 年 1 月 7 日	293	17	98	2011 年 4 月 15 日	93	62	196	98
2012 年	2011 年 12 月 31 日	226	73	91	2011 年 12 月 23 日	406	95	83	（8）
2013 年	2013 年 1 月 2 日	179	98	93	2013 年 3 月 26 日	116	47	176	83
2014 年	2013 年 12 月 26 日	281	69	86	2014 年 1 月 17 日	206		108	22
2015 年	2014 年 12 月 19 日	181	78	79	2014 年 12 月 16 日	13	16	76	（3）
2016 年	***2015 年 11 月 25 日***	312	88	55	2015 年 12 月 18 日	203	32	78	23
	中位数	***286***	***87***		**中位数**	***234***	***86***		***−8***
	平均数	***234***	***80***	***57***	**平均数**	***259***	***74***	***67***	***−10***

注意：**加粗斜体**显示的日期是该法案被否决和重写的年份。差额投票是为了让法案生效。票数差等于赞成票数减去反对票数。如果票数一致，那就口头投票或一致同意。

预算授权应被认为是一种由授权人限制的法律许可，类似于委托代理，即委托人允许代理人在有限的情况下代表其行事。例如，他们允许房地产中介办理房屋相关的业务，比如雇佣验房师或估价师，但无权雇佣修理工检查汽车。预算授权类似于与房地产经纪人的关系，而不是充斥着同质化美元的银行账户。

控制资金预算执行的一个方式是规范资金的使用速度，以降低计划办公室或机构缺少资金并需要补充的可能性。为了推行这一措施，行政管理和预算局（OMB）全年都在向各个机构拨款。进行编制预算时，各机构预估日后所需资金数额。对于费用类型的账户（例如，国防部的运行和维护、军事支出），行政管理和预算局根据国防部要求的支出速度按每季度分配资金。在机构内部，通过指挥链中一系列配置、分配和目标保持控制。

有时，突发事件可能导致资金不足，该机构可能会要求行政管理和预算局重新分配。其他情况下，资金优先事项可能已更改，该机构可以改变最初的目标，设立新目标重新分配（见表3.6、表3.7）。

表3.6　　2015财年累计收入　　单位：十亿美元

主要项目或分类	2014财年	2015财年（估）	预计差异	
			十亿美元	百分比
个人所得税	1233	1379	146	11.8
工资税	941	977	36	3.8
公司所得税	247	269	22	8.8
其他收入	247	258	11	4.4
合计	**2669**	**2884**	**215**	**8.0**
备忘录：				
结合个人所得税和工资税				
扣缴税额	1888	2003	116	6.1
其他，不包括退款	287	353	66	23.1
合计	**2175**	**2357**	**182**	**8.4**

不仅各个办公室、高级司令部和军种主计长监督预算执行情况，每月发布预算报告的国会预算办公室和财政部也会监督。以2015年为例，图2.5、表3.6、表3.7显示了两个办公室截至2015年8月底的汇总数据。报告通常提供月度数据、年度至今的数据、当前年度与前年度的比较和预算估计。需要注意一点，由于数据源、方法和舍入的不同，这些数字往往会略有不同。

表 3.7　　2015 财年累计支出　　单位：十亿美元

主要计划或分类	2014 财年	2015 财年（估）	预计差异	时移调整后的预计差异[a]	
				十亿美元	百分比
社会保障福利	769	802	34	34	4.4
医疗保障[b]	466	499	34	34	7.2
医疗补助计划	273	324	51	51	18.6
小计，最大的强制性计划	**1507**	**1625**	**118**	**118**	**7.8**
国防部—军事[c]	531	510	-21	-15	-3.0
公共债务净利息	252	240	-12	-12	-4.8
外汇补贴[d]	11	24	13	13	118.4
政府资助企业净支出	-68	-14	54	54	n. m.
其他	1025	1026	1	15	1.5
合计	**3258**	**3412**	**153**	**172**	**5.3**

注意：n. m. = 没有意义的。[a]调整后的金额不包括本应在周末支付的转移付款的影响。如果没有这些调整，到 2014 财年的前 11 个月，支出将达到 3.24 万亿美元。[b]医疗保险支出为扣除收入的抵减额。[c]不包括国防部在民用计划上的少量支出。[d]根据平价医疗法案，通过交易所购买医疗保险的补贴。

3.3.4　审计评估反馈阶段

预算编制程序的第四步是审计和评估反馈。该阶段的作用与第 1 章中介绍的阶段模型中的评估阶段非常相似，即评估当前的国家事务并为未来的预算方案提出建议。虽然宪法中没有明确提到这一点，但国会有权监督行政部门，确保其通过的法律得到忠实执行，并了解联邦政府的运作情况。这些权力来源于财政部的权力（第一条第 9 款）、组织行政部门的权力（第一条第 9 款；第二条第 2 款）、制定所有法律以执行国会和行政部门的权利（第一条第 1 款和第 8 款）、确认官员的权力（第一条第 8 款）和弹劾的权力（第二条第 4 款）。

1921 年的《预算和会计法》不仅在行政部门设立了预算局（现为行政管理和预算局），还在立法机关设立了总审计局（现为政府问责局）。大多数政府都有一个中央审计机构，美国政府问责局（GAO）就是联邦政府的审计机构。GAO 最初成立时是不依赖行政机构的，并具有调查"所有与公共资金的收支和使用有关的事项"的权力。它的权力后来扩大到包括对每个行政部门机构的管理实践的分析，其中包括 1946 年的立法重组法案，并对 1974 年国会预算法案中政府计划和活动的结果进行审查和评估。在预算评估要批准的计划和政策、资金水平、授权程度或对计划施加控制时，要考虑 GAO 的审查结果。

在行政部门，行政管理和预算局（OMB）对执行机构进行监督，主要在机构绩效、采购惯例、财务管理、信息技术、私密性、文书削减工作和安全等方面。各机构还通过内部审计员、监察长、审查委员会和执行人员进行大规模的审计和评估。

政府审计往往在三种审计方式中采取一种。首先，是财务审计，这种方法与上市公司类似。审计员审查会计业务和文件，就机构的财务报表是否合理、准确地反映其财务状况，给予评估意见。其次，审计员可以进行绩效审计。审计内容为评估组织或计划完成任务的效果，以及这样做经济是否高效。绩效审计提供关于改进管理做法的意见。最后，合规审计检查一个机构或计划是否遵守相关法律法规。这三种类型的审计都可能影响预算执行，包括它们可能暴露出资源浪费或不足，可能暴露出需要新授权或不同授权的风险，可能在完成任务方面成功或失败，可能会引发有关该计划是否应继续的问题。

3.4　联邦预算授权和支出

1. 关于联邦预算授权

《美国联邦宪法》规定，“除非依法拨付款项，否则不得从国库中拨出任何款项。”拨款是由国会起草，总统签署的一项法令，为政府的特定职能提供预算授权。年度《国防拨款法案》就是一个例子，它为运行和维护、采购、军事支付等提供了预算授权。

预算授权指的不是资金或现金，但是它的单位还是用“美元”。事实上，法律认为政府官员有权要求政府支付所收到的商品和服务的费用。当签订货物或服务合同、雇用人员、征用物资等时，需要预算授权。我们在会计记录中将这些行为记录为“债务合同”。它们代表的是授权，而不是代表现金支付。债务合同是一种承诺，即政府有义务为所接受的商品和服务付费。债务合同是法律行为，不一定与财务相关。如果债务产生应付账款（例如，使用购买卡在简化的购买程序下购买东西），那么它可能是财务上的，但如果合同已经签署（属于债务合同）但尚未执行（没有应付账款），则可能不是财务上的。

2. 关于联邦预算支出

收到货物或完成服务并向政府提交发票，员工履行职责并获得薪水。此时，通过付款清偿债务，资金从国库中进行支出。这里的支出是第一次涉及实际资金。在此之前，只有行使职权和记载承诺。现在的预算会计记录需要反映资金的支付（花费、支出）和预算权限用尽的情况。

我们应该清楚地认识到支出是在签署合同之后。所以今天收到预算授权，可能会在明天、下周或者下个月支付。但是，如果使用预算授权购买大型复杂的东西，比如建造一艘航母，那么可能需要几年。

图 3.7 以联邦政府 2017 财年预算来说明两者间的关系。在左上方，显示 2017 财年预算要求新一轮预算授权，拨款为 42350 亿美元。从顶部看，新一轮预算授权支出中，预计在 2017 财年将支出 33290 亿美元，剩下的 9060 亿美元在未来几年支出。同样，2017 财年之前获得的预算授权将在 2017 财年支出 8180 亿美元。2017 财年之前预算授权中未清算的约 1.5 万亿美元，预计将在 2017 财年后结转。

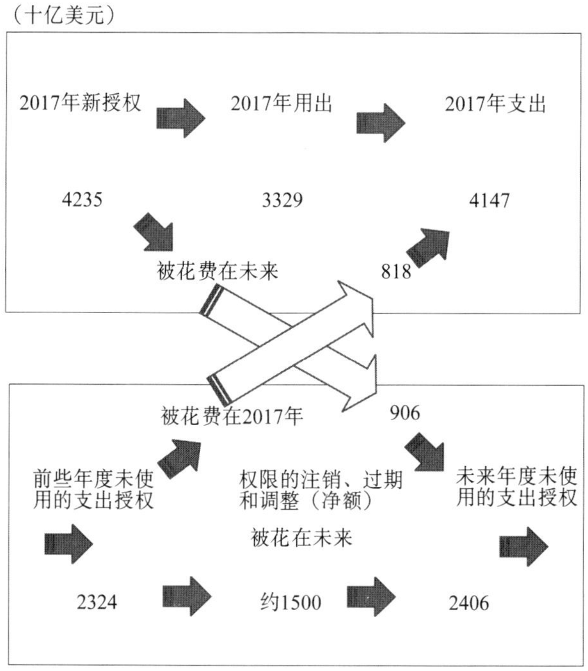

图 3.7　预算授权和支出的关系

那些为政府工作的项目管理者最担心预算授权。预算授权表明了他们可以在当年“可以花费”多少钱。美国财政部则关注支出，支出表明财政部需要多少收入（或借款）才能保持政府的偿付能力。

3.5　联邦财政部的作用

虽然本章的重点是预算过程的各个阶段，但仍需要补充说明美国财政部的作用。由于我们讨论的是政府的资金流入和流出的问题，因此财政部的作用尤其重要。财政部主要参与预算的执行阶段，因为它是处理实际资金的机构。立法与支出请求授权相关，在行使这一权力之前，不会有实际的资金流动。国防部的主计长追踪预算授权时——谁拥有预算以及使用了多少预算，财务主管则同时追踪流入和流出政府的资金。

财政部有很多职能，包括铸造硬币和货币，保护国家金融系统的健全，协助执法部门追踪非法资金流动，这里的利益职能是管理国家的财政资源。在财政部内部，财政服务局（Bureau of the Fiscal Service）负责为政府运作融资，对公共债务进行核算，为各机构提供财政和行政服务，包括付款、收款、现金管理、融资、中央会计和债务催收。

当拨款颁布时，财政部会签发一份授权，证明其已经为引用拨款的交易开设了一系列会计科目。当支付凭证提交时，如薪水（对于国防部，这通常由国防财务会计服务局完成），该凭证将引用授权支付的拨款，财政部也会相应地解释该支出。除了跟踪这些支出外，财政部还通过税收所得获取政府收入。每天，财政部都会比较每日收入和手头的余额支付的资金流转。当出现短缺时，资金可以从银行或通过发行国债（票据、票据和债券）借入。表 3.8—表 3.9 是 2015 年 10 月 23 日（星期五）《每日财政部声明》的第一页，注明的是联邦发薪日。当日，31.48 亿美元从工资支票中提取。国防部供应商的付款总额接近 10 亿美元。当天开始时，财政部有 471.9 亿美元，当天结束时，财政部有 478.56 亿美元（由于涉及内容繁杂，文中未对完整声明进行展示，仅列出运营现金的存取部分表格）。

表 3.8　　每日财政部声明——首页模板（一）

单位：十亿美元

节选表格：《每日财政部声明》——运营现金的存取

存入	今日	本月至今	本财年至今	支出	今日	本月至今	本财年至今
联邦储备账户	11	738	738	联邦储备账户	52	1988	1988
农业贷款（杂项）偿还款项	1	19	19	企业商品信贷计划	994	16199	16199
空中交通安全费	7151	144741	144741	国防供应商付款（EFT）	528	10438	10438
已收到的现金 FTD	50	165	165	教育部门计划	278	2285	2285
企业商品信贷计划	2225	3590	3590	能源部门计划	433	4828	4828
关税和消费税				联邦就业保险付款	371	1057	1057
各州存款：				联邦高速公路管理计划	3148	11008	11008
补充安全收入	2	60	60	联邦工资（EFT）	90	1728	1728
失业	118	668	668	食品和营养服务（杂项）	47	1234	1234
教育部门计划	130	3526	3526	GSA 计划	295	5212	5212
能源部门计划	21	682	682	健康和人力服务拨款（杂项）	142	5307	5307
遗产及赠与税	24	1411	1411	住房和城市发展计划	0	1688	1688
美联储收益	0	5971	5971	国债利息	56	2377	2377
国外存款、军售	39	2532	2532	美国国家税务局（IRS）商业退税（EFT）	193	2330	2330
住房和城市发展计划	6	222	222	美国国家税务局（IRS）工业退税（EFT）	67	1048	1048
个人所得税和就业税（不得截留）	1042	18154	18154	司法部门计划	42	887	887

续表

节选表格：《每日财政部声明》——运营现金的存取							
存入	今日	本月至今	本财年至今	支出	今日	本月至今	本财年至今
现金投资利息	0	0	0	劳工部门计划（失业除外）	559	24734	24734
司法部门计划	19	288	288	医疗服务以及其他医疗保险和医疗补助服务中心（CMS）付款	1542	24749	24749
邮政服务	331	6104	6104	医疗保险优良计划—部分 C&D 付款	0	19356	19356
公债现金发行	966	297969	297969	商业活动付款	0	2454	2454
其他存款	52	1533	1533	美国航空航天局（NASA）计划	120	1046	1046
联邦住房管理局：票据销售	243	2055	2055	邮政汇票和其他	123	2357	2357
医疗保险	1	3	3	公债现金赎回	999	394947	394947
铁路失业保险	71	2780	2780	社会保障福利（EFT）	49	53042	53042
节俭储蓄计划转移				补充营养协助计划（SNAP）	145	5192	5192

表 3.9　每日财政部声明——首页模板（二）

单位：十亿美元

节选表格：《每日财政部声明》——运营现金的存取							
存入	今日	本月至今	本财年至今	支出	今日	本月至今	本财年至今
				对贫困家庭的暂时性补助（HHS）	16	714	714
				美国运输安全管理局（DHS）	4	128	128
				失业保险金	43	1650	1650

续表

节选表格：《每日财政部声明》——运营现金的存取

存入	今日	本月至今	本财年至今	支出	今日	本月至今	本财年至今
				退伍军人事务计划	210	3833	3833
				其他支出	53	832	832
				互联网发展机构	55	25	25
				联邦融资银行	94	204	204
				HHS：印第安人健康服务局	58	286	286
				各州部门	188	896	896
				节俭储蓄计划转移			
其他存款总计	367	11796	11796	未分类	872	12823	12823
未收资金余额变更	0	0	0	其他支出总计	1321	45572	45572
存款转移	0	0	0	存款转移	0	0	0
联邦储备账户总计				联邦储备账户总计	11837	649488	649488
短期现金投资	12504	496629	496629	短期现金投资			
联邦储备账户转移	0	0	0	联邦储备账户转移	0	0	0
存款总计（转移除外）	12504	496629	496629	存款总计（转移除外）	11837	649488	649488
				营运现金余额净差额	667	－$150860	－$150860

3.6　小结

本章介绍了联邦预算过程的收入、基本编制程序、支出、参与者和其他术语。整个联邦预算过程的基本理解中，有必要了解预算运行，以充分了解国防预算的动态。本章涉及几个主题：预算的收入、预算的结构、预算编制程序阶段、主要政府机构的作用、行政和立法部门之间的责任和权力划分、财政部职能作用等主要理论。

第4章　美国国会和国防预算的关系

在现代社会中，军政关系的挑战最初集中于这样一个两难境地：组建一支强大到足以威慑和击败国家敌人的军队，同时又足够从属到只做授权的事情，而不对国家本身构成威胁（Feaver，1996）。在军政关系上两位最权威的学者——萨缪尔·亨廷顿（Samuel Huntington）和莫里斯·简诺维兹（Morris Janowitz）两人都对这一话题提出了重要见解。亨廷顿是一位政治学家，主张建立一个专业的军官队伍，使其服从于文人统制，并成为维持文人控制和军事力量之间平衡的关键（Samuel Huntington，1957）；简诺维兹是一位社会学家，他主张专业军人理论，但是也看到了来自高度集中的国防部的危险（Morris Janowitz，1960），并建议预算过程有必要采用文人统制。

现代国家很少发生军事政变，军方和文官当局之间的关系比传统的形式更加微妙。军政关系学者现在对军政关系的研究，主要集中在利益、控制机制、决策权的授权和代理问题方面，进行制度分析。费弗（Feaver，2003）提出了一种代理理论，该理论指出在何种条件下，平民会以干扰方式监控军队以及军队会朝着文化建设目标执行或者通过抵制追求其他目标，甚至过分追求文化建设目标来逃避其他目标。该理论既有决定因素（对军队的要求以及相关能力），也有相关因素（权力授权和政策决策的地点）。

一些西方学者认为，立法机构和议会在政策制定、监督和资源分配对军队实行控制方面发挥着重要作用。这种控制不止是宪法对权力的划分职能，还是立法机构有效行使权力的能力（Cottey，Edmunds & Forster，2002；Croissant，Kuehn，Chambers & Wolf，2010；Pion - Berlin，2005）。人们期望国家的立法机构更成熟、监督能力更强，但这种关系的加固可能不需要经常行使权力。本章围绕以下话题展开讨论，即宪法赋予美国国会管理国防政策和资源的权力，国会通过预算以及它这样做的倾向对军队行使控制权的能力。

4.1　宪法权力框架下的国防政策和资金分配

《美国联邦宪法》明确规定国会在国防事务上有重要且具体的权力，而总统和行政部门的明确权力则相对较少。国会被赋予了“财政权力”，这意味着它单独拥有创造税收来增加收入的权力，其中包含“规划共同国防和增进一般福利”的计划，分配资金用于这些计划并明确资金上限。有趣的是，宪法从未使用“预算”一词——这个词是多年后才出现的。大多数涉及资金的条款是以限制而不是权力的形式出现的，而宪法中涉及政策的条款通常被称为权力的授予和授权。宪法第一条规定了国会的权力和限制。国会关于国防的大部分权力可以在第一条第8款中找到。为更加直观地进行说明，现将部分条款摘录如下，详见框注4.1。

框注4.1　　美国国会关于国防的权力与限制

★权力部分：

● 规定和征收直接税、间接税、进口税与货物税，以偿付国债、提供合众国共同防御与公共福利；

● 界定并惩罚海盗罪、在公海所犯的重罪和违背国际公法的罪行；

● 制定有关管理和控制陆海政府的各种条例；

（这表现在许多方面，例如：有关采办的规定，制定了从《国防采办队伍加强法》到纳恩－麦克柯迪成本控制再到购买美国货法案的条款；还有有关人员的规定，如女性禁止参加战斗、同性恋公开服役、部队总体结构数量和补偿；有关管理指挥规则的规定，就如20世纪80年代中期的戈德华特－尼科尔斯法案重组；有关军事纪律和法庭的规定，例如与关塔那摩湾反恐战争囚犯有关）

● 募集和维持陆军，但每次拨充该项费用的款项，其有效期不得超过两年；

● 维护海军生计；

（这两项规定是让国会承担起维持武装部队的责任，而不是国防部部长或总统的责任。我们应该把总统提交的年度国防预算看作是一系列供国会审议的提案，而不是一份必须支付的账单。还要注意的是语言的差异——其目的是挫败常备军的维持，同时认识到海军的必要性，资本投资和较小的国内威胁。考虑到当代的服务结构，这种差异基本上已被历史所遗忘）

续表

● **宣战，对民用船颁发掠夺许可令，并制定有关在陆地和水上虏获战利品的规则；** ● **规定号召民兵执行联邦法律，支持起义和击退入侵；** ● **规定民兵的组织、装备和训练，以及民兵为合众国服务时的管理办法，但各州保留其军官任命权，和依照国会规定的条例训练民团的权力；** （制定者们认为，民主原则最好通过划分和服从军事力量来得到保护。民兵制度在各州之间划分了权力，但在必要时还是联邦政府持有资源调配权。虽然宪法赋予国会宣战的权力，但在没有明确声明的情况下，行政当局发动战争的意愿却越来越强。国会上一次真正宣战是在第二次世界大战期间，支持使用军事力量的授权。一些法律评论员认为，国会宣布战争［国家之间的法律地位］和行政当局开战，两者是有区别的［Sidak，1991；Turner，2001］。法院一直不愿审理考验这些权力极限的案件。历史上，当国会想要阻止总统的军事活动时，它们就用它们最行之有效的方法——切断资金） ● **对经州立法机关同意购买的用于建造堡垒、杂志、军械库、船坞和其他必要建筑物的所有场所，也握有同样的权力；** （宪法设想只有一个联邦区［即现在的华盛顿特区］，所有其他土地都归各州所有，要求联邦政府购买土地用于建造堡垒和军火库。联邦所有土地也来自向西扩张和购买的土地［如路易斯安那购地案］。这一条款赋予国会管理联邦土地和设施的权力。行政当局提议关闭基地或减少仓库，降低其他有大量平民就业的地方的工作量，管理这些联邦土地和设施的人捍卫了自己的权力。基地的调整和关闭过程就是行使这个权力的例子） ● **制定一切为执行上述权力必要的和合适的法律；** （我们必须广泛理解“必要的和合适”。虽然关于这些问题的大多数立法可以在年度授权和拨款法案中找到，但国防政策受到许多其他政策领域的影响，如能源、环境、商业和劳工） ● **管理与外国的贸易、各州之间的贸易以及与印第安部落的贸易。** **★限制部分：** ● **除法律规定的拨款外，不得从国库中提取任何款项，所有公共资金收支的定期报表和账户应不时公布；** （这一规定产生的正面影响：必须有拨款才能动用资金。这一条款规定，当年度拨款逾期时，需要一项持续决议。没有拨款，政府的许多职能就无法运作。这一规定也为国会对于可审计财务报表要求提供了依据） ● **总统为合众国陆海军的总司令，并在各州民团奉召为合众国执行任务的担任统帅，他可以要求每个行政部门的主管官员提出有关他们职务的任何事件的书面意见；** （这一条款支持了参谋长联席会议在军事问题上对总统有建设性作用的观点）

续表

● 他有权提名，并于取得参议院的意见和同意，任命大使、公使及领事、最高法院的法官，以及一切在宪法中未经明定、但以后将依法律的规定而设置合众国官员；国会可以制定法律，酌情把这些较低级官员的任命权，授予总统本人，授予法院，或授予各行政部门的首长。 （总统提名军官并由参议院批准。这往往是0－8级及以下军官提名的形式（偶尔有例外），但影响更多的三星军衔和四星军衔的任命）

总而言之，宪法赋予国会权力建立武装部队，审查和修订与军事有关的政策，批准与国防有关的条约，确认国防部（DoD）的政治任命和军官，宣布战争或授权使用武力，授权和拨付国防活动和采购的资金，监督国防计划，对军火库、堡垒、造船厂和其他军事设施行使权力。

4.2　国会机构及其成员对国防预算的态度

多数美国民众提起国会时，会直接联想到当选的参议员和众议员。这种想法是自然产生的，因为这些人是代表国会的公众人物，是公民投票选出的对国家负责任的人。美国众议院席位按人口比例分配，所以美国的每个人都遵循比例代表制。参议员是按州分配的，因此每个州都有平等的代表权。因此，人口较少的州（如佛蒙特州、南达科他州、怀俄明州、蒙大拿州和阿拉斯加州）只有一名众议员，但有两名参议员。然而，人口较多的州就有更多的众议员。例如，加利福尼亚州就有55位众议员。

4.2.1　委员会

为了进行监督和通过法案，国会两院组成委员会。在第3章中，我们讨论了预算、授权和拨款委员会的作用。每一个委员会都能影响年度国防预算的规模和形式。其他委员会也对国防政策有影响，比如外交事务、能源、国土安全、情报和退伍军人事务等。在20世纪50年代和60年代，国防事务主要由军事委员会负责，但现在的立法环境要复杂得多。

1. 常设委员会

总体来讲，每个议院都有同级的常设委员会，但不完全一样。众议院的规章制度和行政都有单独的委员会，参议院则将这些委员会合并为一个。众议院有一个能源和商业委员会、一个交通和基础设施委员会，参议院则将这些组织分为能源和自然资源委员会及商业、科学和交通委员会。因此，授权立法可能需要一个议院的多个委员会处理，这自然会引发新的问题（见表4.1）。

表 4.1　　　　众议院和参议院的常设委员会

众议院常设委员会	参议院常设委员会
• 农业委员会	• 农业、营养和林业委员会
• 拨款委员会	• 拨款委员会
• 军事委员会	• 军事委员会
• 预算委员会	• 银行、住房和城市事务委员会
• 教育和劳动力委员会	• 预算委员会
• 能源和商业委员会	• 商业、科学和交通委员会
• 伦理委员会	• 能源和自然资源委员会
• 金融事务委员会	• 环境和公共事务委员会
• 外事委员会	• 财务委员会
• 国土安全委员会	• 外交委员会
• 众议院行政常设委员会	• 卫生、教育、劳工及养老金委员会
• 司法委员会	• 国土安全和政府事务委员会
• 自然资源委员会	• 司法委员会
• 监督和政府改革委员会	• 规则和行政委员会
• 规则委员会	• 小企业和创业委员会
• 科学、空间和技术委员会	• 退伍军人事务委员会
• 小企业委员会	
• 交通和基础设施委员会	
• 退伍军人事务委员会	
• 筹款委员会	

表4.1列出了截至2021年众议院和参议院的常设委员会名单。各议院的领导层决定如何组织委员会。无论哪个政党占多数，都将担任参议院所有委员会的主席，委员会成员将倾向于支持多数党。

2. 其他委员会

除常设委员会外，每个议院还可以设立“遴选”或“专门”委员会，这些委员会在特定的时间开会，通常存在一段时间处理某一特定事项。遴选和专门委员会有 2012 年众议院班加西恐怖袭击事件特别委员会和参议院老龄问题委员会，参众两院都有一个情报特别委员会。还有一类是联合委员会，其中的成员既有来自众议院的也有来自参议院的。其中，包括联合税务委员会、联合经济委员会、联合印刷委员会和联合图书馆委员会。

4.2.2　党团

委员会是国会的正式组织，但国会中也有重要的但不太正式的组织。国会议员除了代表他们所在的地域，还被赋予了主要的委员会职责，并根据对其州或地区重要的问题或他们自我定义的优先事项来承担主要的选区工作。例如，海军研究生院坐落在一个农业经济价值数十亿美元的地区，该地区还包括重要的旅游业、几个军事基地和大学，并与海洋保护区接壤。无论什么人当选为本区的代表，都需要关注农业、海洋事务、旅游、教育和军事有关的问题。例如，众议员山姆·法尔（Sam Farr），在成为该地区的第 12 次代表后，于第 114 届国会的年底退休，他同时也是农业拨款小组委员会的高级成员，曾服务于小组委员会的军事建设和退伍军人事务部，当选过众议院海洋党团、国会旅行和旅游党团、国会有机党团、国防团体党团和未爆弹药党团的联合主席。

几乎所有位于沿海地区的选区的国会议员都会关注海事问题，那些拥有大量农业业务的选区代表则关心农业问题，中西部农场的代表与加州山谷的代表联合起来推进农业立法十分有益。因此，从海洋到农业再到枪支管控、外交政策、蒸馏饮料、医疗病痛，甚至自行车等，国会已经建立了数百个党团来处理这些各种各样的问题。其他的党团是由种族或民族团体组成的，如国会黑人党团或美国锡克教社区。有些是按照意识形态组织的，如蓝狗民主党或木屋共和党。这些组织协助其成员通过对其认为重要的主题进行有意义的立法或监督。

许多这样的党团会对军方产生影响。例如，空军、陆军工程兵团、购买美国货法案、军队中的女性力量、直接能源、空军拆弹部队、联合打击战斗机、军事心理健康、军人家庭、“9·11”后退伍军人、宪法战争研究、造船等党团。这些党团可以对年度授权或拨款法案施加压力，迫使议员在法案草案中加入立法条款，或在法案提交表决时提出修正案。

4.2.3 国会专职人员

国会成员被指派到委员会去做立法机关的立法和监督任务。但他们事务繁忙，既要指派到几个委员会中去，又要处理组织事务。因此，每个委员会都有一名具有相关领域主题和立法专门知识的职业公务员长期在委员会工作。比如，众议院和参议院军事委员会大约有 50 名工作人员，他们在审查国防计划和立法方面有着丰富的经验。无论哪个政党执政或谁是该委员会的当选成员，他们都为众议院军事委员会（HASC）和参议院军事委员会（SASC）的成员工作。在许多情况下，这些工作人员在具体的国防政策问题上比国防部的同行更有经验。

此外，每个当选议员都配备私人助理进行选民服务（接听电话、信件和处理当地问题），处理对议员重要的问题，向行政工作人员提供帮助，等等。私人助理并不多，一名国会议员每年有大约 130 万美元的预算，用于支付在华盛顿和家里的办公场所租赁费用、办公室相关的费用（文具、电话、邮费、复印等）、通勤和私人助理的工资（Brudnick，2015）。

4.2.4 国会成员态度对国防预算与政策的影响

国会成员在国防政策方面的立场很复杂。其受两个主要因素影响：一是该成员是否在国防相关委员会或小组委员会任职；二是该成员所在州或地区的军事存在范围。在海军方面，代表诺福克、弗吉尼亚或加州圣地亚哥等地区的成员拥有庞大的军事部署，并希望积极参与与军事有关的立法事务。这样的国会议员希望加入“四大”国防委员会（这里指众议院军事委员会、参议院军事委员会、众议院拨款委员会国防小组委员会和参议院拨款委员会国防小组委员会，简称依次为 HASC、SASC、HAC－D 和 SAC－D）之一，以便以对其选民有利的方式影响政策。

其他议员对国防的看法可能更有限。一些人会从财政角度来看待国防部，并对其产生兴趣，主要是因为它是联邦预算的重要组成部分；另一些人则是从外交政策的角度来看待国防部，并将国防的地位与外交、情报、经济和其他外交政策工具相比。有些人可能只关注国防问题，但立法关注的领域可以涵盖从环境问题到公民权利问题的各种各样的主题，而国防问题其实也与立法关注的其他领域重叠。还有些人可能认为国防部主要职责是监督。由于美国军队的活动，议员们可能或多或少地对国防问题感兴趣——但是在战争时期关注更多，而在相对和平时期则不那么关注。有些人可能更关心军人及其家属的福利，而不是战备或能力问题。还有些人可能只把军事问题视为政治上的战场，比如对执政党或国会与行政部门之间的争端（Candreva & Jones，2005；Jones & Bixler，1992；Lindsay，1990；Owens，1990）。

由于军方提出的预算仅从军方有限的角度来看是最佳的，但政府要在提交给国会前对其进行修改，国会没有义务通过所提交的预算。相反，从国会的角度来看，国会认为有义务批准最佳的预算。这可能意味着资源从硬实力向软实力转移，或者愿意接受降低军备力量以降低预算赤字。国会可能就非财政问题对国防预算方案作出回应，从而影响年度国防计划安排。比如，虽然海军可能认为，就资源和准备情况而言，使用主动声呐在鲸鱼分娩附近是最理想的，但那些由更关心动物权利、环境问题和海洋政策的选民选出的决策者可能会反对，并限制这种做法。

4.3　国防事务与预算监督的制度设计

在宪法中，国会监督行政部门的权力是一种制约和平衡的问题，在逻辑上也是必然存在的。为了制定行政部门执行的法律，国会需要有关现有计划执行情况的信息。因为国会有制定法律的权力，所以它有权力评估这些法律是否得以实施以及实施情况，这也是合乎逻辑的。这种监督可以采取多种形式，包括调查、听证会、报告需求、审计和访问。在极端情况下，立法机关可以将行政部门的官员告上法庭。例如，2016年5月，哥伦比亚特区的美国地区法院裁定在美国众议院诉主任西尔维亚·马修斯（卫生和人类服务部的部长），某些支出报销医疗费用在保险公司“平价医保法”的规定下是禁止的，因为资金实际上并没有拨给该计划。据此，法院命令政府停止支付该款项。

4.3.1　国防事务与预算监督的主体

除了对政府的各种职能具有管辖权的授权委员会（如军事委员会和国家安全委员会），还有一些委员会的主要职能是监督政府的其他部门。例如，众议院监督和政府改革委员会对以下事项具有管辖权：

（1）联邦公务员制度，包括政府间工作人员，以及美国官员和雇员的地位，包括他们的补偿、续级和退休事务；

（2）联邦政府减少文书工作；

（3）一般的政府管理和核算措施；

（4）政府运作和活动包括联邦采购的整体效率、经济管理；

（5）公告和记录；

（6）联邦政府与各州和市政府的关系；

（7）政府行政部门的重组。

这意味着，如果国防部想要重组，它可能需要获得军事委员会的批准，来自拨款委员会的资金也可能受到监督和政府改革委员会的管辖。根据重组内容的不同，其他委员会也可能在能源（核事务）、国土安全、外交事务、退伍军人事务等事务上有发言权。

因此，国会有动机和权力监督国防事务及预算。在历史上的不同时期，国会或多或少地选择将权力下放给军方，权力下放的多与少通常会受到美国军队卷入军事冲突的程度的影响。它在危机时期会下放更多权力，在相对和平时期就相对较少了。

4.3.2 国防事务与预算监督的目标

根据《国会监督手册》（Dolan，Halchin，Garvey，Oleszek & Ginsberg，2014），国会监督目标包括：

（1）确保行政部门符合立法意图；

（2）提高政府运作的效率、效益和经济性；

（3）评估计划效果；

（4）防止行政部门侵犯立法特权和权力；

（5）调查对管理不当、随意武断行为、滥用、浪费、不诚实和欺诈行为的指控；

（6）评估机构或官员管理和执行计划目标的能力；

（7）审查和确定联邦财政优先事项；

（8）确保行政政策能反映公众利益，并且保护个人权益和自由。

显然，国防部在政策制定和预算编制时，根据《国会监督手册》的相关要求，必然会受到国会对相关国防事务及预算安排的可行性、合法性、必要性、经济性等内容的监督与管控。

4.3.3　国防事务与预算监督的方式

1. 控制资金投向投量

在国会可用的对军队施加影响的工具中，最强大的力量是钱袋子——提供、拒绝或安排财政资源以激活、阻止或影响军队的政策、活动和武器装备的能力。虽然数以万计的国防部员工以各种方式参与制定年度国防预算，但国会只有几百名分析师可以支配预算，因此预算的用途有限。

在预算中列出的大约6000个项目单元中，大多数是没有争议的常规活动，很多只消耗了国防预算的一小部分。这包括军事人员费用、日常医疗、军事院校、招募和基本技能培训、基础研发、组织层面维护、总部人员管理、日常操作培训等。只有提出重大改革时，国会才会积极参与。这些项目的授权和拨款说明需要符合预算要求。虽然有专业的工作人员会审查这些预算，会质疑这些预算，但当选的代表既没有意愿也没有时间去深入研究这些项目。

但国会议员和委员会工作人员确实注意到了一些项目。这可能是因为这些项目本身是有争议的，它代价高昂、充满变化且具有战略性，并且它的效果显著关系到大量的就业机会，或影响到国防工业基地的规模。在国会行使财政权力时，可以对个别项目的预算做调整，即对预算项目的金额或数量的改变。

表4.2取自参议院拨款委员会2016财年《国防拨款法案》草案报告。它列举了海军飞机采购中调整预算的例子。第2行增加了9.7875亿美元，用于采购海军无资金需求清单上的12架F/A－18E/F战斗攻击机（大黄蜂）。在制定预算时，海军没有为这些计划提供资金，但海军作战部长表示，如果有更多资金他就购买这些项目，之后参议院就提出购买这些项目。第7行表明，委员会选择不为CH－53K直升机提供4130万美元的资金，说明要求采购资金为时过早。第8行表明，从V－22与鱼鹰运输机项目中削减了1500万美元，因为这个项目成本增长过快。值得注意的是，并不是每一个项目都进行了预算调整，那些实际调整的项目是影响数千个工作岗位的大型项目，总额达数十亿美元，因此需要加强审查（见表4.2）。

表 4.2　　参议院军事委员会提议的分项目调整（部分）　　单位：千美元

行号	项目	预算预估	委员会建议	差额
……	……	……	……	……
2	F/A－18E/F 超级大黄蜂战斗机	……	978750	+978750
	授权调整：新增 12 架飞机—海军 UFR	……	……	+978750
3	JSF“联合攻击”战斗机—航母型（CV）	897542	778142	－119400
	采购问责制：延长合同授权	……	……	－105000
	采购问责制：单位成本增长	……	……	－14400
5	短距起飞/垂直着陆联合攻击战斗机（STOVLJSF）	1483414	2213714	+730300
	授权调整：增加 6 架飞机和支持设备	……	……	+846000
	采购问责制：延长合同授权	……	……	－95000
	采购问责制：单位成本增长	……	……	－20700
7	CH－53K 重型直升机	41300	……	－41300
	采购问责制：提前采购满足需求	……	……	－41300
8	V－22 倾旋转翼直升机（中远程）	1436355	1421355	－15000
	采购问责制：单位成本增长	……	……	－15000
10	H－1 升级计划（UH－1Y 多用途/运输直升机/AH－1Z“蝰蛇”武装直升机）	800057	795405	－4652
	维持项目可承受性：项目变更单资金超出需求	……	……	－4652
14	MH－60R［MYP］“海鹰”反潜直升机	969991	964991	－5000
	预算文件差异：生产线停工的理由不充分	……	……	－5000
17	P－8A 海神（Poseidon）反潜巡逻机	269568	250568	－19000
	维持项目可承受性：提前采购超出需求	……	……	－19000
……	……	……	……	……

2. 限制预算实施方案

除了调整项目的数量和金额外，国会还可以通过限制预算实施方案来行使监督权力。这些规定对数量和金额之外的要素进行限制。一个经常出现在拨款法案中的案例记录为：

本法案的任何资金都不可用于购买美国国防部（包括它的部门和机构）的焊接船用锚和直径 4 英寸的系泊锚链，除非其组件是由美国本土大量生产的。

这是一个经典的“购买美国货”法案条款。它有效地将锚链的供应商来源限制在两家国内钢铁供应商，即使同样质量的钢铁可以在海外以更低的价格采购。再比如，来自2015财年综合拨款法案的例子，它来源于国防部和一些地方政府的争端，具体表述为："国防部部长不得使用本法案提供的任何资金来占用133号基地调整和关闭项目提供的3000多个停车位（残疾人预留车位除外）。"

限制预算实施方案还可以通过设置某些活动的最低和最高开支水平的方式实现。这里的最低和最高开支水平通常被称作底线和上限。比如，2015财年的《国防拨款法案》中第8035条款规定如下："在拨给国防部的'国防部的运行和维护——作战范围'款项中，超过1200万美元计划仅用于减轻国防部的活动对印度领土环境的影响。"虽然负责该计划的官员可能具有花费少于1200万美元的自由裁量权，但如果认为需求较少或更大，则这种自由裁量权受到此资金底线的限制。

国会明白，预算是在资金执行前1—2年制定的，所以预算必须经过审慎思考，应具有一定的灵活性。它们通常提供在账户之间流动（重新调配）有限资金额度的能力。这种权力范围每年都在变化，受灵活性需求和人们对过去国防部管理相似权力的程度的看法的影响。有时，国会认为国防部滥用职权，因此国会降低了门槛。有时，国会会拨款给一般总账户，但是要注明它的用途。例如，2015财年拨款法案第8009条规定："未经提前30个工作日通知国防委员会，本法案拨款不得用于启动特殊接触项目。"我们把这类规定称为在遵守之前限制接触资金。

3. 信息共享

信息共享是另一种有效的监督手段。2019财年《国防拨款法案》对联邦资助研究与发展中心（Federally Funded Research and Development Centers，FFRDC）进行限制，包括以下条款："国防部部长应在提交该部门2020财年预算请求后，提交一份报告，说明该财政年度内分配给每个国防联邦资助研究与发展中心的技术工作的具体数量以及相关的预算估计数。"在这里，国会要求在下一年的预算中提供一份包含特定信息的报告。这些额外的信息将有助于它们监督这些联邦资助研究与发展中心。

其他形式的信息共享还包括举行听证会。委员会在收到年度预算后应尽快举行听证会，旨在提高国防预算与事项透明度，让委员会成员就预算的内容及其理由向国防部官员提问。听证会通常可以为委员会成员提供提出与其国家安全议程相关的观点的机会。国会也会以其他方式进行沟通和信息收集，例如国会代表团访问军事设施和供应商设施，或通过立法事务办公室或拨款联络处直接向该部门提问。

4. 公开发布研究报告

最后，国会也会利用它自己的机构来监督。2016 年 11 月，大致浏览政府问责局（GAO）网站，上面显示在过去 12 个月中，它发布了 97 份与国防部有关的报告，即大约每周两份。国会预算办公室（CBO）报告了另外 27 家与国防部相关的机构。这 27 家机构中，每隔一个工作日就会发布一份报告。此外，国会研究服务中心每年提供数十份关于国防相关问题的报告。虽然国会研究服务中心的报告不是由国会公开发布的，但国会也能容易拿到。2016 年，美国科学家联盟建立了一个网站（http：//www. fas. org/sgp/crs/natsec/index. html），内容是与国家安全主题相关的国会研究报告。

因此，我们可以知道国会有很多方式来行使监督权。然而，特别是与国防部的数千名分析师相比，国会没有大量的工作人员来进行监督。参众两院军事委员会的专业人员各只有 50 名左右，国会预算办公室只雇用了大约 235 人，而整个政府问责局现在雇用了大约 3000 人，但在 20 世纪 70—80 年代曾有 5000 多人。

4.4 国会监督职能的变化趋势

4.3 节介绍了国会监督国防部的制度设计，重点是通过拨款过程进行监督。本节将通过实例分析来研究国会行使其监督职能的情况以及随时间推移的变化趋势。

1. 听证会监督愈加频繁

在越南战争时期（1966—1972 年），众议院军事委员会（HASC）和参议院军事委员会（SASC）平均每年分别举行 22 次和 19 次会议。但在“9・11”事件后的十年里，查阅立法日志了解到，这两个委员会平均分别召开了 81 次和 51 次会议。因此委员会召开会议的次数越来越频繁。众议院军事委员会（HASC）成员一直保持在 53 人左右，但是参议院军事委员会（SASC）成员增长了约 50%，从 35 人增加到了 51 人。成员们似乎更多地利用听证会来监督国防部。

2. 授权法案内容显著增加

尽管没有更多的工作人员，年度授权法案的内容已经显著增加。从 1962 年到 1980 年，任何授权法案都不超过 20 页。当国会开始更多地使用该法案作为监督和影响的工具时，该法案内容得到了扩充（Jones & Bixler，1992）。到 1984 财年，该法案增加到 95 页；2 年后，它达到了 197 页，到 1990 财政年度已经超过了 300 页。2016 财年法案为 584 页，最长的是 2009 财年，长达 888 页。详见图 4.1 所示。

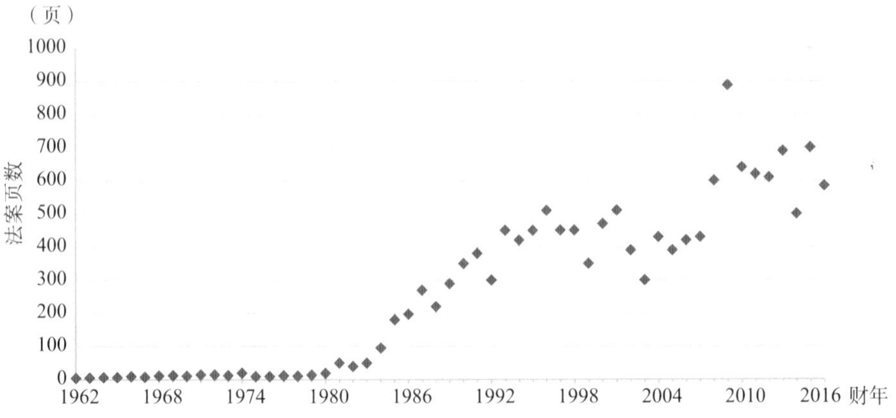

图 4.1　1962—2016 财年年度国防授权法案内容

除此之外，委员会还为一些立法准备报告。该报告不具有法律效力，但解释了法律背后的基本原理，通常认为它是具有指导意义的，报告还包括更详细的支出数据。从法律上说，各机构可以无视这项报告，但这样做会带来政治风险。在 1980 年之前，这项报告 60 页不到，但是现在内容也增加了。1986 财年，该报告长达 500 多页（Jones & Bixler，1992）。在 2007—2016 的 10 年间，报告页数平均为 970 页。最长的报告是 2008 财年的报告，长达 1396 页。授权委员会把 20 世纪 70 年代的法案和报告加在一起，平均每年有 53 页的指导意见；到了 20 世纪 80 年代，这一数字增长到了平均每年 371 页。在 20 世纪 90 年代，报告页数是 1275 页，而在 2006—2015 的 10 年间，报告页数平均为 1583 页。

年度授权法案增加内容的部分原因是，过去 50 年来，国会在授权国防预算的各个方面发挥了更多的作用。从 1965 年起，国会坚持在拨款前授权所有研发项目。到 20 世纪 60 年代，国会授权了 50%—75% 的采购项目。到 1972 年，国会可以任命人员级别，到了 1983 年，国会甚至可以授权整个国防计划（Blechman，1990）。

3. 拨款法案内容持续增长

不仅授权委员会增加了更多的规定，拨款机构也是如此。前一节中，年度《国防拨款法案》的一般条款中列举了其中专项拨款、项目调整、方案限制等例子。使用这些条款的方式类似于增加年度授权的规模。有关统计显示，在 20 世纪 70 年代，年度《国防拨款法案》平均有 51 条一般性条款。在 20 世纪 80 年代，这一数字翻了一番，达到平均每年 110 条，而在 20 世纪 90 年代，这一数字再次增加到每年 153 条（Jones & Bixler，1992）。这个数字在 2001 财年达到峰值 193 条后略有下降，并保持在 130—140 条范围内。截至 2015 财年的 10 年里，平均水平为每年 135 条。具体数据详见图 4. 2。

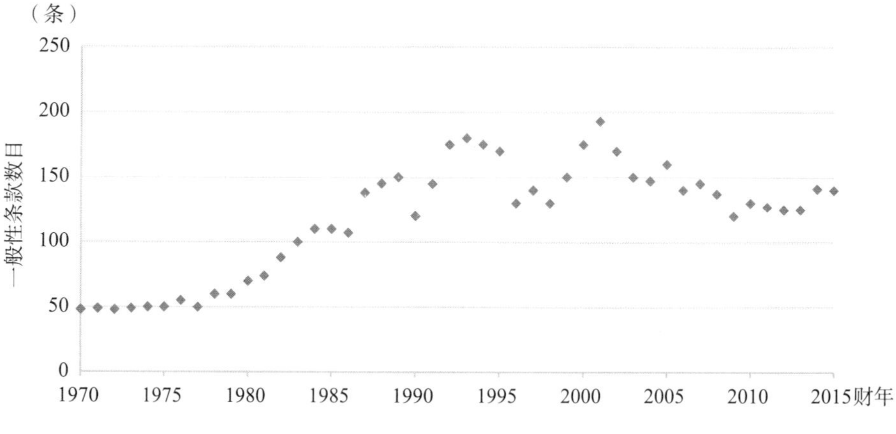

图 4. 2　1970—2015 财年年度国防授权法案一般条款

在过去的 45 年里，国会越来越多地使用授权和拨款作为监督工具。这项立法内容的扩大不断完善了政策指示和资金，限制了国防官员的自由裁量权。虽然其中一些条款规定了新的权力，但总的来说它们增加了国防部的行政负担。同时也反映了一个事实，除非在危机时期，否则国会不愿将太多的权力下放给国防部。

4. 专项拨款使用监督并未显著增加

监督内容增加中一个显著例外就是专项拨款的使用。Doyle（2011）讲述了 20 世纪 90 年代和 21 世纪初专项拨款使用的增加，以及行政和立法机关的改革举措。他还说道，从 1991 年到 2006 年，专项拨款的数额增长了 154%，在此期间，它们的美元价值增长了 52%。从 2000 年到 2006 年，它们约占自主性支出预算的 2.5%。但随着改革举措的实施，从 2008 年到 2010 年，专项拨款数量有所下降，仅占自主性支出预算的 1%—1.5%。

在专项拨款金额最高时，国防部总监察长（2008）报道称，国会在 2007 财年国防部拨款法案会议报告中包括 2656 项专项拨款，资金水平总计 121 亿美元。有人可能会认为这是一大笔无用的开支，但国防部总监察长并不这么认为。他们审查了专项拨款的资金是否与完成的国防部任务一致，得出的结论是基本一致。也就是说，他们并不是在干扰军队的任务，而是反映了一组不同的计划偏好。这也从侧面说明，专项拨款本身并不是一件坏事。

5. 注重国防预算编制质量审查

对于国防部预算说明书的内容编制，国会在参与过程中履行监督职能。具体来讲，国会通过审查国防支出类别的合理性来行使监督权。例如，国会规定投资的门槛为 25 万美元，超过 25 万元就被视为投资，并被单独列为采购项目。低于 25 万元，该项目即可列入运行和维护（或其他）拨款。以美国某船厂的一件机器设备为例，如果一台钻床的成本是 7.5 万美元，它是在运行和维护项下的资金，没有单独列出。国会为船厂基地级的维护活动提供资金，船厂被授权从这个账户中购买钻床。此时，国防部不想为批准一项 7.5 万元的采购项目而自找麻烦。但是，如果仓库想购买一辆价值 30 万美元的新起重机，这不属于基地经费项目的一部分，需要在预算公示中单独列为采购项目。国会将审查所有高于这一门槛的采购项目。

6. 畅通国防预算信息沟通渠道

国会国防委员会的工作人员偶尔会向国防部提供反馈意见，以提高国防部预算的质量。军官和国防官员每隔几年轮换一次，可能会对预算产生严重影响，因为这可能导致预算不一致的情况。然而，国防部的职业文职人员需保持工作的连续性和拥有专业知识。在国会方面，授权和拨款委员会的专业工作人员通常任期较长，见证了计划和预算的变化过程。

2021 年，一些专业人员就国防官员如何更好地与国会就预算问题进行沟通向国防部提供了反馈。他们认为，预算说明书为国会提供了重要的第一印象，它讲述了计划的始末，并解释了每年的任何异常情况。由于专业人员阅读这些文件，因此国防部人员应该知道它们的重要性。在预算理由范围内提供一个良好的解释可以避免可能误解导致的预算标记。在任何当面汇报之前，国会工作人员会将书面问题发送给国防部。这些问题给国防部提供了就委员会的想法和担忧的一些见解，因此可能会有预算标记产生。准确清楚并完整地解释该计划和预算请求是避免预算标记最好的方式。

如果国会确实标记了预算，可能还有上诉的机会。上诉很少得到批准，但赢得上诉的最佳方式是彻底理解标记的基础，并解决委员会的理由中任何错误或错误的假设。影响声明是次要关注的，通常不会影响委员会的决定。

为了便于与国会准确地交换预算和计划信息，每个军种在其预算办公室中都设有拨款联络办公室。这个办公室和法制办公室不同，法制办公室是处理所有其他法务事宜的办公室。

国防部和白宫可以使用一些工具来影响授权或拨款立法的内容。前文第 3 章中曾介绍过预算编制的中期审查有关内容，在审查中，政府根据自预算首次提交以来可能已经发生的事情，修正了经济估算和优先事项。国防部部长可以向各国防委员会主席写一封信，表达自己对草案内容的意见。部长可能会强调某些受影响的计划或政策的重要性，他可能会讨论影响，也可能会告诉委员会如果不做出改变，建议总统否决该立法。此外，总统也可以写信给国会，发表行政政策声明。这些声明还告诉国会，该法案的哪些条款是有利的或不利的，总统是否打算支持还是否决该法案。

4.5 小结

国防官员经常抱怨，美国国会对国防部进行微观管理或改变预算计划，扰乱精心设计的计划。这种抱怨可以理解，因为制定计划和估计预算需要大量的工作。与微观管理相比，政府官员更喜欢自由裁量权。但是，许多对国会行为的抱怨是不恰当的。国会有宪法赋予的权力和责任，来决定行政机构如何运作，并为这些运作提供资源。

当国防部将年度预算提交给国会时，它希望国会以书面形式批准。为了实现这一目标，国防部必须承担起起草国会能接受的预算的责任。为了避免国会使用预算或授权来纠正不足的情况，国防部必须制定一个足够好的预算计划。国防部有义务让国会了解情况，并就其能力、计划、结构、关注点和操作对国会进行游说。值得庆幸的是，总的来说，这个过程它们是合作得比较好的。国防部官员应该认识到影响国会决策的非国防因素，并做好应对的准备。

当国会改变了预算或是授权，从本质上来说可能并不是一件坏事。无人机最初是通过国会的专项拨款所研发出来的，因为国会早在国防部之前就看到了这项技术的潜力。航空预算是从飞行员的角度制定的，而不是无人机操作员的角度。如今，无人机是美国军械库中十分重要的部分。在一个建立在文官控制军队原则基础上的现代社会，国会在制定国防政策和通过预算影响军队方面发挥着重要作用。对于高级官员或文职人员来说，了解这种作用非常重要，这样他们才能最有效地发挥作用。

第 5 章　美国国防预算与政府其他职能的比较

国防的性质在于政府其他部门都没有与之相同或相同程度的预算考虑，国防是独一无二的。国防的独特性导致国防预算在政策和编制程序具有自身的侧重点。前面章节，我们已经全面阐述了美国联邦预算理论、系统、技术和过程，本章的重点将放在国防预算上。本书的第 7 章讨论制定和执行国防预算的国防部所用的规划—计划—预算—执行系统（planning，programming，budgeting and execution，PPBE）。本章旨在论述 PPBE 系统发生的具体背景。在预算方面，国防与政府其他职能的差异主要体现在政策和过程上，下面将围绕这种差异进行比较和分析。

5.1　职能间的政策差异

政策差异主要体现在影响国防预算的规模和范围上。政策差异产生的原因，主要受到预算决策中的政治行为者、公共预算的性质、国防的独特性以及预算过程外部力量的影响。

5.1.1　国防的外部性制约

当美国联邦政府为诸如农业、运输、林业、教育、卫生、科学研究等业务职能制定政策和确定预算时，影响这些活动开展的深度与广度的因素主要在联邦政府的控制范围之内。在这些领域，一国的行动往往不会受到另一国的影响。国际社会甚至可以借助自己的国家力量以促进合作，中间很少有竞争。然而，军事是外交政策的工具。它不仅可以用来动摇对手国家的意志，同时也是对盟友国家军事能力的补充。因此，一个国家的国防预算也是对对手和盟友预算的反应。当其他国家改变它们的国防拨款或发展新的军事能力时，美国的决策者必须了解到这些改变将如何影响美国自身的国防支出。同样，美国的国防支出也影响着其他国家的选择。但是，当其他国家关注着美国国防支出的同时，并没有把注意力放在美国在教育或卫生方面的总开支上。这说明相比之下，教育或卫生可能显得就不那么重要了。

国防的外部性制约因素，有许多具体表现的例子。2011 年的阿拉伯之春革命，特别是北约在利比亚的行动，导致国防预算发生变化，预算中所列出的行动也相应改变。应付自然灾害的人道主义救援任务不仅消耗当前资金，而且自然灾害的频繁程度和重要性也决定了必须得先进行救援任务，因此投资决定也随之改变。对美国政府和行业信息技术系统的非法入侵，促使了美国网络司令部和海军第十舰队的成立。美国假想对手和反舰导弹的进步，亦促使美国发展远程反舰导弹。2022 年爆发的俄乌战争，美国立刻制定了针对乌克兰的安全援助计划，截至 2022 年 7 月 8 日前，拜登政府已向乌克兰援助了超过 80 亿美元的军火，并授权国务卿布林肯缩减最多 4 亿美元的国防物品和服务以及军事教育和培训开支。

美国政府认为，国防预算是为了阻止和对抗目前存在或未来可能出现的威胁，目的是锻炼超越其他国家的能力。美国国防预算释放出微妙的信号，资金的变化是威胁情况正在发生变化的早期预警，对威胁情况的反应措施也必须改变。美国近代史上对这一事实的认识是很明显的。里根总统要求，国会在 20 世纪 80 年代用于国防的拨款水平要高于苏联的承受能力，因此这就基本上将苏联推向破产并加速了冷战的结束。冷战结束后，布什总统和克林顿总统与国会一起，在国防支出问题上苦苦挣扎。消失的竞争对手和生存威胁导致人们要求“和平红利”，因此国防预算下降。后来，2001 年 9 月 11 日的恐怖袭击迫使美国采取新的姿态来应对一种新型威胁，其结果是增加了 21 世纪头二十年的国防预算支出计划。

5.1.2　国防的认识差异性

显然，随着人们普遍认识现存的危险存在或消除时，国防支出会随之上升和下降。在 2001 年 9 月 11 日美国遭受恐怖袭击后不久的几年里，决策者们一致认为，恐怖主义是一种威胁，有理由投资数千亿美元。如今（2022），决策者好像意见没有那么统一了。经过二十年的战争，主要的恐怖分子头目已经消灭了，他们的组织网络也破坏掉了，人们认识到伊拉克没有大规模杀伤性武器，以及随着恐怖的“9·11”事件的过去，有些人就会质疑是否仍需要增加国防支出。2011 年的《预算控制法案》是一个转折点，法案中说的重点已从不惜一切代价发动战争转向限制国防支出的赤字控制措施。

美国的政策网络非常庞大，在正常情况下很难达成共识。该网络包括民选官员、智库、倡导团体、国际机构、国防供应商、政党、军队服役人员、退伍军人等。无论国防支出是增是减，都有部分人受益。同时，美国社会普遍存在严重的意识形态差异。对同一个事实，不同民众会有不同解读，进而得出不同的结论：美国海军比排名其之后 10 个国家的海军加起来还大的海军是太大了，还是这已经是 1914 年以来最小的海军？

当然，政策分析和利益集团在政府事务的其他领域有所不同。对公立学校增加拨款或提高教师工资是否能带来更好的教育效果，这个话题一直存在着争论。但是涉及国防支出的利害关系——国家安全、生命危险和数千亿美元的开支——会使这样的辩论更加激烈，达成共识的可能性更加困难，而且成本也更高。

5.1.3 国防的需求上限不确定性

在公共部门，供不应求，经常是这种情况。无论国防预算是多少，它都是有限制的。供不应求是因为美军每天都在渴望进步，把军队体系维护得更好，让军人受到了更好的教育。美国为保持领先全世界的军事地位，需要开发新技术，并不断扩大竞争优势。

美国认为，很少有什么重要事件能够表明国防支出已经是足够的了。对国防支出的研究发现，经费水平的主要决定因素是前一年的经费水平、在武装冲突中的实际或预期参与程度，以及国家向军队分配资源的经济能力。为了追求国家威望和地位，一些国家希望拥有更强大的军队。它们需要或渴望履行国际责任，它们要么从事军备竞赛，要么存在地区安全问题。其他国家则需要保护政权不受政变或平息内部冲突。一些人简单地认为，一支强大的军队有必要维护和平，因为威胁和担忧几乎是说不完的。

自特朗普政府以来，美国政府的国防支出一直呈上升趋势。2017 财年美国国防支出是 6187 亿美元，此后 2018—2020 财年期间，美国国防支出逐年增长，总额分别为 6920 亿美元、7160 亿美元和 7380 亿美元。2021 年初，拜登政府上台后，由于几乎全盘接受特朗普政府的国家安全战略与国防战略，国防需求居高不下，达到了 7405 亿美元，2022 财年更是达到了 7680 亿美元的新高。而 2022 年 3 月 28 日，美国政府公布的 2023 财年国防预算，居然达到了破纪录的 8133 亿美元。世界是危险的，我们的生活是宝贵的。强如美国尚且不可能完全感到安全，其他国家恐怕更是如此。因此，一个国家在军事上的支出可能没有上限。

5.1.4　国防中的国家安全性

有学者认为，国防预算不同于国家安全预算，“全政府”的措施将更好地整合和协调国家安全政策和计划（Brook，2012）。他建议，人们可以想象，国家安全预算是围绕手段或计划、政府职能或组织制定的。基于广义上的国家安全考虑，除了军事力量还有其他手段，诸如外交、经济激励和制裁、国际执法、信息共享、条约和联盟等等；除了军事行动政府还有其他职能，诸如执法、边境安全、情报收集和分析、国土安全；美国除了五角大楼之外还有其他机构，诸如国务院、国土安全部、联邦调查局和中央情报局、联邦应急管理署、司法部、美国国际开发署。因此，国家安全预算可以从职能、编制程序或组织等角度来审查。

Brook 认为，国家安全支出总额要比国防预算高 20%—50%，这取决于国防预算包括什么内容，这个预算内容的边界框架是比较模糊的。公共管理人员和那些希望看到美国运用不同平衡手段的人都要求采取更广泛和更协调的办法。人们对如何平衡国防预算的态度会影响到预算上限和国防预算的构成。与之相比，大多数其他公共政策领域都有更明确的框架。

5.1.5　国防支出的经济效应

2013 年，美国的国防供应商提出可能会裁员，以此作为停止自动减支机制削减国防预算的理由。有趣的是，联邦预算的其余部分也受到了自动减支的影响。然而，建筑行业并没有因为高速公路资金削减对经济的影响方面成为类似的新闻头条，教师工会也没有公开讨论教育经费削减对经济的影响。如果农业补贴被削减，农民们也不会在晚间新闻中讨论食品价格上涨对经济的影响。有人坚持认为，国防支出对经济是唯一有利的因素。这种看法在很大程度上源于 20 世纪 40 年代的经历，人们当时认为第二次世界大战将美国从大萧条中拯救了出来。军用开支占了整个国家生产总值的30%多，在那时候是可以实现的。但是，如今国防支出对美国经济还有如此大的影响吗？

关于这个问题，保罗·波斯特在《战争经济学》（Paul Post，2006）一书中给出了基本答案，结论是“没有那么大的影响了”。总的来说，波斯特认为在以下条件下，国防支出的增加对经济来说是有好处的：（1）缓慢的经济增长、低使用率的资源和大型持续的军事开支；（2）存在一个本国领土之外的短期军事冲突；（3）国防支出的增长拥有可靠的资金支持。2021年，美国著名智库兰德公司发布一篇名为《国防支出如何影响经济增长》（*How Does Defense Spending Affect Economic Growth?*）的研究报告，认为美国当前仍处于2019年新冠病毒大流行导致的衰退之中，如果国防支出优先于基础设施建设投资，可能会抑制经济增长，进而从长期角度削弱可用的国防资源。

但是，国防支出是否真的有利于经济增长，拥护这一点的政治决策者确实会影响预算。例如，经济刺激方案在奥巴马政府早期颁布的时候，国防部审计员推出了一个网上互动地图，显示了所有的军事设施，其中把正在发生额外的军事建设项目作为创造就业机会的信号。如果国会担心国防资金的削减会导致国防供应商中工作岗位的流失，尽管需求会减少，但开支水平还是会持续增加，军方领导人或许会建议改变开支，指定投资于特定计划。

5.1.6 国防预算背后的利益冲突

国防预算属于资本密集型，这导致在安排国防预算时官员会优先考虑地方利益。在美国，只有总统是唯一全国关注的民选官员，而所有其他的官员，包括行政部门的州长和市长以及立法机构的代表，都是通过选举来维护地方或州的利益。虽然国会总体上应该为国家的共同利益而行动，但它的设计构成却刻意围绕着我们是一个由50个主权州组成的联邦这一事实而建立。这种政府设计构成，自然催生出一系列基于地方主义利益的观点与结论。例如，弗吉尼亚的代表希望确保潜艇在当地建造而不是在康涅狄格，而来自康涅狄格州的参议员试图提出反对意见。尽管，国防部将提出对军事目的最有效、最经济的计划，但这并非最终决定时的主要考虑因素。

早在19世纪海军第一支队伍创建时，这种考虑已经存在了（Toll，2006）。美国决定建造最初的六艘护卫舰时，当时美国的造船中心在费城，如果所有的船都在那里建造，这将是最经济的方法，造出的船也有一致的设计和质量。但是最后这六艘护卫舰却是在六个不同的地方建造的。诺克斯（Knox）部长给华盛顿总统写信说，“虽然在一个地方连续建造护卫舰可能更便宜，但几千美元的费用与公正分配所能带来的满足感相比，根本不算什么。”Knox 担心的是，如果弗吉尼亚州、纽约州和马萨诸塞州的纳税人把他们的税收用在自己的州而不是宾夕法尼亚州，他们会更支持这项计划。由于这些船是在北部港口城市建造的，因此也决定用主要从南部各州收获的活橡木建造，以体现公平性。

回顾第 1 章内容，我们知道，公共财政理论假设支出决策不仅与分配有关，它们还必须考虑到对宏观经济稳定性和收入分配的影响。因此，在制定国防预算的过程中——更常见的是在授权和拨款的过程中，会经常考虑上述所说的要点。除了交通部和美国国家航空航天局之外，政府的其他职能远没有呈资本密集型，所以这不是一个值得关注的问题。

5.1.7　国防预算的不透明性

美国国防预算并非透明，国防部有一个相当大的“黑色”或秘密预算。术语“黑色计划”和“黑色预算”是指国防部未提供非保密资金数据的计划（研发、采办和情报），以及因非保密国防预算中的代号而容易被识别为保密计划的非官方速记术语。或者，该术语可用于那些其存在本身已被保密且未在非保密预算中提及的项目。估算黑色预算的规模是十分有挑战性的，这缘于定义上的差异性和必要的保密性。各种估计资料表明，黑色预算从 1981 财政年度的 55 亿美元增加到 1990 财政年度的 350 亿美元（Maroni，1989 年）。2012 年，用于黑色计划的资金预计超过 500 亿美元（Rawnsley，2011 年）。2016 财年国防预算指出，在 700 亿美元的研究、开发、试验与鉴定（以下简称研发试验与鉴定）请求中，180 亿美元（>25%）用于机密计划。

然而，这些机密计划也不能免于审查。即使公众无法获得这些计划的信息，但国会议员可以。自 20 世纪 80 年代以来，国会对黑色计划的监督越来越多（Maroni，1989 年）。国会就这些项计划举行听证会，并向选定的成员简要介绍其目的、资源需求和现状。但是，就其性质而言，有关特殊接触项目的信息是非常有限的。根据美国国会研究服务中心（1989）报告指出：“除了四个关键的国会委员会的成员外，少数被选中的委员会工作人员也可以在‘需要知道’的基础上获得特殊接触数据。一般来说，个人员工不会获得特殊接触项目许可。一些高级委员会工作人员对这些项目有广泛的了解。我们的研究表明，没有任何一个委员会成员能够访问所有国防部特殊接触项目的信息。然而，国防部坚持认为，国会大致是知道国防部的所有特殊接触项目。”

其他政府职能部门很少有如此秘密的计划和不受公众监督的部分预算。透明性还含有与讨论有关的意思。美国国防部是联邦机构中唯一一个不能按照法定要求通过独立财务审计的机构。审计师试图验证国防部的账簿之际，他们“否认”了这种观点，即基本的会计流程和内部控制不够健全，财务报告不足以准确反映国防部状况。

5.2 职能间的过程差异

当政策差异影响到国防预算的规模和范围时，过程差异影响到的则是预算制定和颁布的方式。这些差异是相对于其他预算功能的资源分配方式来刻画的，并且这些差异源于国防预算的重要性和复杂性。正如政策差异一样，由于国防预算的独特特征而必然存在的。

5.2.1 国防预算拨款的必然性

国防拨款法案通常被视为“必须通过”的法案，这也促成了干预行为。自从 20 世纪 50 年代后，只有四次拨款法案是在财政年度开始之前通过的（分别是 1977 财年、1989 财年、1995 财年和 1997 财年）。政府的某些职能通常会在一年的部分时间内，在临时拨款下运作。这种临时拨款通常称为持续决议法案（CR）（在第 3 章讨论过）。

国防部也需要持续决议，但国防拨款往往是第一个通过的。在国防部需要持续决议这些年里，国防拨款通常在其他自由支配拨款之前通过。在 2007 年、2011 年和 2013 年，一些政府机构整个财政年度都在使用这种“临时”权力。事实上，2011 年，国防拨款法案是唯一一个被颁布的政府剩下的一整年都在使用持续决议法案（Saturno & Tollestrup，2016 年）。

不仅国防拨款法案在其他支出法案之前通过，而且历史上它们往往是以相当大的差距通过的。这里的差距是指，对国防授权和拨款法案的赞成票数减去反对票数所得到的数字。回顾一下表 3.4 和表 3.5，表中显示了 27 年的立法授权和拨款法案的颁布日期，以及投票差额。众议院中授权和拨款的赞成票数和反对票数分别为 286 票和 234 票。请注意，在该表的后几年中，差额低于历史平均水平，这也许反映了在预算问题上党派分歧的增加。

在这 27 年里，总统仅否决过 3 次国防授权法案，从未否决过国防拨款法案。当一项法案被否决时，它涉及的是政策问题，而不是有关具体的武器系统或资金数额本身。一个值得注意的例外是，2016 财年授权使用海外应急作战拨款（战争资金）为基本预算所需经费提供资金被否决，违反了《预算控制法案》的设置支出上限的规定。

总的来说，尽管国防拨款法案包括数千个计划，总计数千亿美元，但它以很大的优势比其他拨款更容易通过，而且很少被否决。由于这些原因，这个机制不仅有利于在全国进行资源配置，更是增加不相关立法条款的有力工具。

举一个极端的例子。2002 年 3 月，总统要求追加 271 亿美元的拨款，以继续努力清整纽约市，重建五角大楼，并起诉“9·11”事件的恐怖分子。在国会几个月的审议中，提出了 264 项修正案，该法案的规模迅速扩大到近 320 亿美元，直到总统威胁要否决该修正案时，该法案规模才得以终止。该法案最终以 289 亿美元的规模获得通过，其中包括有关移民、国际刑事法庭、国际艾滋病项目、佩尔助学金、美国国家铁路客运公司支持和联邦营养计划（2002 年《美国军人保护法》）的规定。与之形成对比的是，用于政府其他职能的拨款通常不会附带这种无关的立法。

5.2.2　国防预算审查的特殊性

总统行政管理和预算局（OMB）与国防部的关系不同于与其他联邦部门和机构的关系。OMB 通常不会像审查农业、教育或其他国内项目的预算那样，与国防项目产生冲突。OMB 报告指出，“国防预算的独特之处在于 OMB 直接参与整个预算编制过程”（Tyszkiewicz & Daggett，1998）。OMB 和国防部部长办公室在五角大楼共同审查国防预算。

美国其他政府部门也会向 OMB 提交预算审查，当 OMB 削减它们的预算时，这些机构可能会向总统提起诉讼。而国防部的模式则是相反的。如果 OMB 想要削减国防预算，首先必须与国防部部长办公室的官员进行协商。然后，在大额开支问题上，OMB 必须向总统直接上诉，不用征求国防部长的同意，这个传统可以追溯到肯尼迪政府时期（Wildavsky & Caiden，2001）。

里根总统时期的 OMB 前主任 David Stockman 指出，他会告诉总统，如果不增加年度预算赤字，就无法增加国防支出。无一例外，国防部长温伯格（Weinburger）总是在总统面前驳斥 Stockman，Stockman 在被告知“修改数字”后会被送回 OMB。重点是，总统在国防和国家安全方面的优先事项主导了 OMB 与国防部之间的关系。除了在联邦预算赤字的规模引起政策议程关注的时候，国防政策通常会推动预算，而不是阻挠。但美国其他政府部门的预算审查却并非如此，因为预算上限往往会限制政策选择。

5.2.3 国防预算决策的多元复杂性

决策过程中有更多的参与者，并具有复杂性。联邦预算的其他大部分，比如社会保障和医疗保险，这些职能预算相当简单。这些机构大多是被动的，它们都是接受申请或索赔，将其与资格标准进行比较，计算并处理付款。除非规则发生改变，预算编制过程就是对索赔和管理费用的预测。相比之下，国防部预算决策要复杂得多。它的预算包括制造、维护、运行、教育、医疗保健、设施管理等方面的计划、项目和资金。此外，此外，立法部门有关国防决策辩护的程序和参与主体多元且非常复杂，并且随着时间的推移变得越来越复杂。

美国经济学者认为，自 20 世纪 60 年代以来，国防预算已经从“内部人士”的游戏变成了“外部人士”的游戏（Jones & Bixler，1992；Lindsay，1987；Wildavsky，1988）。在 20 世纪 50 年代，在拨款小组委员会任职的少数国会议员有可能主导决策。自 20 世纪 60 年代末以来，根据资历和安全选区上台的那些有权有势的委员会主席在逐渐失去权力。

在 20 世纪 50 年代，国防预算由大约 6 个委员会组成和审查。到 20 世纪 60 年代中期，增至 10 个委员会（Wildavsky，1988）。从那时起，参与国防政策制定和预算编制的委员会越来越多。现在，国防政策和预算听证会由大约 28 个不同的委员会和小组委员会举行。这包括所有的拨款委员会和五个小组委员会，即每个议会的预算委员会和武装部队、商业、能源、政府事务、情报、小企业和退伍军人事务委员会或类似委员会。从国防委员会听证会的数据中可以看出，参与人数有所增加，如表 5.1 和表 5.2 所示。

表 5.1　众议院军事委员会和参议院军事委员会全体会议次数　单位：次

冷战时期			相对和平时期			战争时期		
财年	众议院军事委员会	参议院军事委员会	财年	众议院军事委员会	参议院军事委员会	财年	众议院军事委员会	参议院军事委员会
1966	6	12	1997	17	—	2002	19	26
1967	5	12	1998	15	—	2003	26	33
1968	1	8	1999	24	40	2004	—	29
1969	2	15	2000	16	35	2005	—	33
1970	6	9	2001	13	38	2006	—	32
1971	10	14	—	—	—	2007	46	43
1972	5	8	—	—	—	2008	23	38
						2009	35	40
						2010	23	39
						2011	47	—

表 5.2　众议院军事委员会和参议院军事委员会证人的数量　单位：人,%

	财年	国防部	国防部人数年度占比	其他政府	其他政府人数年度占比	非政府组织	非政府组织人数年度占比	每年合计
冷战时期	1966	155	51.67	106	35.33	39	13.00	300
	1967	187	55.49	68	20.18	82	24.33	337
	1968	134	81.71	17	10.37	13	7.93	164
	1969	148	68.84	47	21.86	20	9.30	215
	1970	201	61.85	67	20.62	57	17.54	325
	1971	222	47.64	89	19.10	155	33.26	466
	1972	233	74.20	58	18.47	23	7.32	314
相对和平时期	1997	207	57.98	73	20.45	77	21.57	357
	1998	178	63.35	43	15.30	60	21.35	281
	1999	291	67.52	57	13.23	83	19.26	431
	2000	166	61.25	40	14.76	65	23.99	271
	2001	166	61.25	40	14.76	65	23.99	271

续表

	财年	国防部	国防部人数年度占比	其他政府	其他政府人数年度占比	非政府组织	非政府组织人数年度占比	每年合计
战争时期	2002	133	48.01	28	10.11	116	41.88	277
	2003	157	72.02	21	9.63	40	18.35	218
	2007	175	62.06	41	14.54	66	23.40	282
	2008	105	56.15	21	11.23	61	32.62	187
	2009	187	58.44	37	11.56	96	30.00	320
	2010	126	72.41	25	14.37	23	13.22	174
	2011	215	61.25	67	19.09	69	19.66	351

在冷战时期，众议院通常每年举行 5 次委员会听证会，参议院每年举行 12 次委员会听证会。而在 2002—2011 的十年间，众议院每年平均召开了 20 多次会议，而参议院每年平均召开了 30 多次会议。在这些听证会上作证的证人也来自不同机构。在冷战期间，这些听证会上 84% 的证人是国防部的政府工作人员（63%）或来自其他机构，如国会预算办公室或政府问责局（21%）。有证据显示，最近一段时期的非政府组织的证人（行业领袖、智库、利益集团）的数量已经上升到近 30%（Isaak & Wheeler，2012）。

正如第 4 章对国会通过预算编制程序管理国防的倾向所讨论的那样，国防预算的规模和政策方向的变化程度也可以看出复杂性的增加。

总之，国防政策和预算领域的参与者数量已经从少数成员扩大到数百人。因此，国防预算已经从一个内部博弈变成了一个外部博弈，在国防政策的优先顺序上存在着相当多的分歧。政府的大多数其他职能都由少数几个委员会来处理，而且它们的拨款法案倾向于较少的政策方向。

5.2.4 国防预算的计划永动性

国防预算永远不会结束。更准确地说，在 PPBE 系统中，只有计划和预算环节是由时间来决定的，而规划环节从本质上来说是一个永远不会结束的过程，这也导致国防预算大系统的计划永动性。军队不断执行任务、训练、管理设施和维护设备。国防部的大多数穿制服的文职雇员几乎不会注意到一个财政年度的结束和下一个财政年度的开始。

我们很难指着一件事说“这就是国防预算”，因为预算是不断变化的。总统及行政管理和预算局每年 2 月向国会提交一份预算，你可以从行政管理和预算局和国防部网站下载该文件，之前几年的预算在随后几年里的《计划目标备忘录》过程中已经被修改，国会正准备调整提交来满足它们的需求，国防部当年不只在支出，而且在重新调整资金。

没有一个最终的预算决策——在任何时间点上的国防支出状态都是所有先前决策影响的总和，再加上对下一个决策的预期反应。预算不是优化多元资源分配的解决方案；相反，在每一个决策点上，它们代表着该进程的这一阶段各主要观点的暂时平衡。在《计划目标备忘录》撰写过程中，预算代表着金额资助者之间的平衡点；项目预算决定反映了在国防部部长办公室/行政管理和预算局层面达到平衡的尝试；拨款在国会层面上是均衡的。每当预算编制程序进行到下一阶段，它就面临着新的环境、新的决定标准和新的平衡。每一个决定都会影响多个财政年度。

如果他们希望捍卫一个预算线，人们就不能在这个过程中自满。在博弈中，参与者必须预料到随后的对手的行动。一个人必须随时准备证明自己的要求是正当的，并且以迎合当前听众的判断标准的方式来做，而不是自己的判断标准。人们不仅需要准备好捍卫和证明今天的资金，还需要准备好捍卫和证明昨天和明天的资金，以及如何将它们整合成一个连贯的叙述。而对于其他预算比较简单的政府机构，往往有“当季”和“淡季”的预算，没有这种重叠和交织的周期。

5.2.5　国防预算的多年决策性

国防预算是资本账户和运营账户的混合体。资本账户包括购买船舶、飞机、武器、坦克和车辆，以及建造或购买不动产。运营账户包括人力、培训和教育、运行和维护费用。资本预算的本质是决策过程较长，资金支出较慢。因此，采购账户有 3 年的债务期，而建设账户有 5 年的债务期。

因此，每个财政年度都有新的年度经营费用预算权限，新的资本支出预算权限，还有前一年拨款的剩余预算权限，这些预算权限还没有得以指定或支出。到 9 月底，一些预算授权仍然没有指定。比如，国防部在 2015 财年开始时拥有 963 亿美元的未授权预算，在 2015 财年结束时拥有 938 亿美元的未授权预算，其中大部分是在资本账户中。

支出账户的债务与支出之间的差距通常很小。例如，人力开支是指每个发薪日的支出。对于运行和维护账户来说，可能需要数周的时间来交付一个部件，或者需要数月才能完成一份维修合同。但是，购买主要终端项目，比如武器系统或平台，可能需要数年时间才能最终完成费用支付。国防预算的资本密集性特点意味着其资金支出明显低于其他联邦机构管理的资金。

除了债务支出率比较慢，国防预算也受到多年决策的限制。例如，国家决定建造专用的飞机，生产线会持续运营 10—20 年。在此之后，该飞机可能还需要 20—30 年进行后勤维护。最初决定将该计划加入预算清单，未来关于采购、操作和维护以及人力、培训和其他武器系统支持的决定受到限制。

用于购买飞机的合同有效期也可能延长几年。只要是具有稳定的设计、可靠的制造过程，并且国家已经承诺购买一定数量的产品，国防部通常会通过保证制造商在几年内制造规定的数量的产品来节省成本。这些承诺束缚了之后的项目管理者、预算人员和国会。相比于其他政府职能来说，国防部预算这一特点是非常特别的。

5.3 小结

美国国防部是十分复杂的机构。如果简单地考虑航空能力，国防部是世界上最大的飞机买家，拥有和维护最大的飞机舰队，同时它还运营机场，维护飞机，培训飞行员，维修技术和地面人员。我们可以将这种考虑扩展到车辆、船舶和设施。2020 年数据显示，国防部大约有 130 万军职人员和 80 万文职人员，因此，国防部规模是巨大的。在政策和过程方面，为如此庞大和复杂的部门做预算与为其他机构或职能部门做预算是不同的。有些是类型上的差异，有些是程度上的差异。

国防预算的不同之处在于，影响预算决策的政策在很大程度上受到外部因素的制约。由于对威胁、战略和国家野心的本质的不同看法，国防部与其他政府职能在预算的规模或构成上很少有共识。军事、国防和国家安全的其他方面之间预算界限是模糊的；它们之间的作用和责任、任务和战略影响着这些界限的划定。由于国防预算的规模，它经常被用来影响区域或国家的经济活动，其规模使得管理和审计变得困难。

相比其他机构或职能，国防部与 OMB 的关系不同，它更有可能扰乱联邦财政政策。因此，很多参与者加入了决策过程，因为这个过程太复杂了。然而，正是参与者太多导致这个过程更加复杂。同时，由于预算是一个年度过程，但国防活动是事件驱动的，预算必须是灵活的，因此它经常被重新审查和修订。

第6章　美国国防预算编制的组织机构与人员

国防预算的编制过程是非常复杂的，涵盖了一系列不同的活动，包括作战计划、能力评估、替代方案分析、收购战略、成本效益分析、成本估算、项目规划、绩效衡量、预算论证和资金管理。完成这些工作后，便有广泛的资金用于购置基础设施（飞机、潜水艇、作战车辆、卫星及建筑物）和支撑日常开销（征兵、训练、调遣、医疗及器械维修）。要作出有效决策并管理诸多项目，就需要成立部门并配备专业人员参与其中，这个部门就是国防部。

本章首先从介绍国防部的组织结构和军种开始，重点阐释各个办公室在预算过程中的作用。国防部长属于内阁级别的职位，直接向美国总统汇报，是国防部的文职领导。向国防部长汇报的是国防部部长办公室（Office of the Secretary of Defense，OSD），而国防部各机构则向参谋部、三个军事部门、参谋长联席会议和作战司令部指挥官进行汇报（见图6.1）。

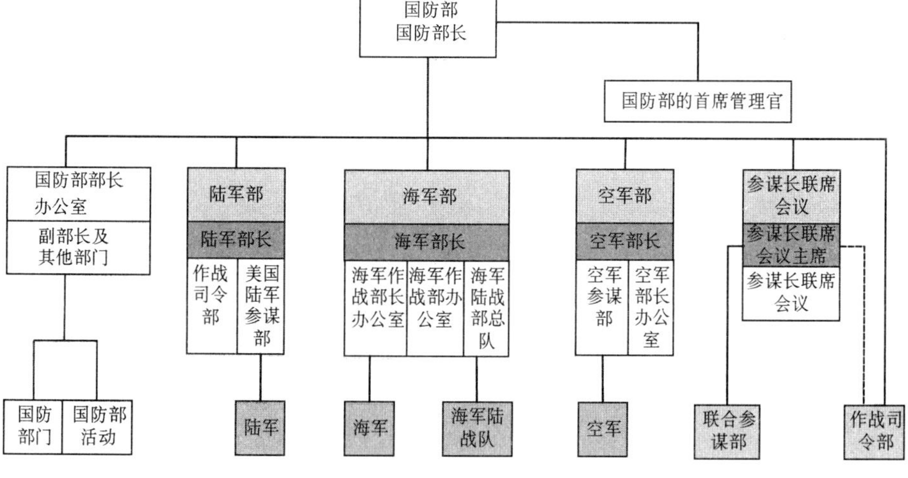

图6.1　美国国防部组织架构

国防预算由三个军事部门和国防机构预算合并而成，具体见图 6.1。虽然作战司令部直接向部长报告，但不负责制定预算。制定预算是各个军种参谋的职责。作战司令部（Combatant Commands，COCOMs）有机会向各军种提交优先事项，称为综合优先事项清单，国防部长在审查预算提案时经常征求他们的意见。描述完基本结构后，本章将继续深入阐释这些角色。

6.1　国防部部长办公室

国防部长作为国防部的文职领导，对国防预算负总责。虽然国防部长不用深入了解制定预算的机制，但在预算过程开始前会确定优先事项，并对总统所作决定之外的事项做出最终决定。国防部长所做决定范围包括做出重大决策、确定规划目标、发布规划指南和批准预算。同时，他还为作战司令部（COCOMs）提供参与该过程的机会。图 6.2 中呈现了国防部部长办公室的结构。

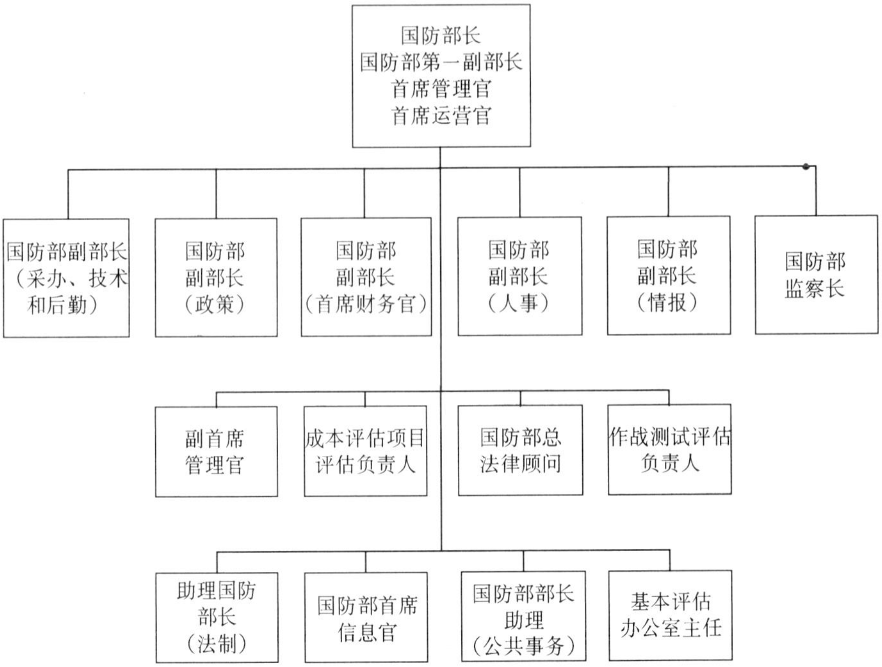

图 6.2　国防部部长办公室

国防部第一副部长也是国防部的首席管理（运营）官，负责 PPBE 系统的日常运作。

国防部财务副部长（主计长）是部门的首席财务官。主计长审查计划执行和绩效表现，审查军事部门和国防机构提交的预算，制定并发布有关预算内容的决策文件，准备提交给行政管理和预算局（OMB）的国防预算，向国会提出预算并证明其合理性，并就财务事宜向国务卿和副国务卿提供建议。

国防部政策副部长负责在 PPBE 系统的规划阶段进行协调。政策副部长发布关于军队征兵和发展的规划指南，领导全部门制定《四年防务评估报告》（Quadrennial Defense Review，QDR），制定国防战略，审查规划方案，找出指导资源分配的不足之处。政策副部长就与计划、规划、能力和预算相关的事宜向国务卿和副国务卿提供建议以支持国防战略。

成本与计划评估办公室主任（Director of Cost Assessment and Program Evaluation，DCAPE）起草并发布国防部财政指南、计划指导、计划决策文件和未来数年防务计划。DCAPE 指导审查国防计划，并就与国防目标、威胁、成本和资源限制相关的计划、项目和预算事宜，向国务卿和副国务卿进行独立汇报，并提供分析建议。DCAPE 还要为重大采办计划提供独立的成本估算。

国防部采办、技术和后勤副部长就 PPBE 流程中与采购、技术、后勤、安装和环境功能等相关事宜向国务卿和副国务卿提供建议。采办、技术和后勤副部长确保批准的采办计划在财政和技术方面具有可执行性。

国防部人事副部长对与整个部队人员（现役和预备役军人、文职人员和合同聘用人员）有关的事项上履行相关职能。

国防机构通常向分管对口业务领域的国防部副部长报告，并提交与目标任务相对应的预算方案。例如，国防部高级研究计划局和国防后勤局向采办、技术和后勤副部长汇报。国防财务会计服务局（Defense Finance and Accounting service，DFAS）和国防合同审计局（Defense Contract Audit Agency，DCAA）则向财务副部长（主计长）汇报工作。

6.2 参谋长联席会议

参谋长联席会议是国防部长的直接军事参谋，他们向国防部长、总统、国家安全委员会和国土安全委员会建言献策。参谋长联席会议由主席、副主席、四个参谋长和国民警卫队局长组成。

参谋长联席会议主席就与主席的计划建议（对国防部的资源分配）和主席的计划评估（对军事部门提交的拟议预算的意见）相关的所有预算事项向国防部长提供咨询。参谋长联席会议主席是PPBE阶段联合作战人员的倡导者，对作战能力的要求进行优先级排序。

参谋长联席会议副主席是联合需求监督委员会的主席，该委员会在PPBE系统或通过国防采办系统获得资金之前，对军事需求进行审查和验证。他们与采办系统合作，确保在联合作战的背景下开发和培养新能力。在PPBE的规划阶段，这一步尤为重要。

6.3　军事部门

军事部门又叫军种部，包括陆军部、海军部（含海军陆战队）和空军部。这三个军事部门负责组织、参谋、训练、装备和维护美国的军事力量，由四支军种部队（含美国太空军）组成。这些部队经过训练进行备战，分配给负责开展军事行动的作战司令部（COCOMs），参见图6.3。

COCOMs负责完成分配给它的军事任务，COCOMs指挥官按照国防部长的指示对指定或分配的部队行使指挥权。作战指挥链体系是从总统到国防部长再到COCOMs。

简而言之，军事部门负责军种部队训练建设，作战司令部（COCOMs）负责指挥作战。正因如此，军种提供了组织、配备、训练、装备和维护部队所需的资源，编制预算是以军种为中心的任务。

每个军事部门由一名部长、一名副部长和四名助理部长组成，分别负责人事、财务管理、设施和采办，陆军部还要额外负责土木工程建设任务。正如国防部第一副部长是首席管理官，负责国防部的业务流程，每个部的副部长都是首席管理官，负责陆军、海军和空军部的业务工作流程管理。

助理部长（财务管理与审计）通常由一名主要副手和三名一般副手组成。三名一般副手中，一名负责预算管理，一名负责财务运营（会计），一名负责成本与经济分析。图6.4以海军部结构为例进行说明。其他军事部门也是相

图 6.3　作战司令部

似的结构。

海军副助理部长（预算），也称为海军预算副助理部长（FMB）。海军预算副助理部长通过海军助理部长（财务管理与审计）办公室向海军部长负责海军部预算的制定、说明和执行工作。预算副助理部长办公室主任按照法律、指令和法规制定的海军部预算编制和管理的原则、政策和程序对海军助理部长（财务管理与审计）办公室负责。具体分为五个部门，如下所示：

（1）FMB1——作战司（Operations Division）。负责审查、建议和修订军事人员和作战维护的预算估计。该司在国防部部长办公室、总统行政管理和

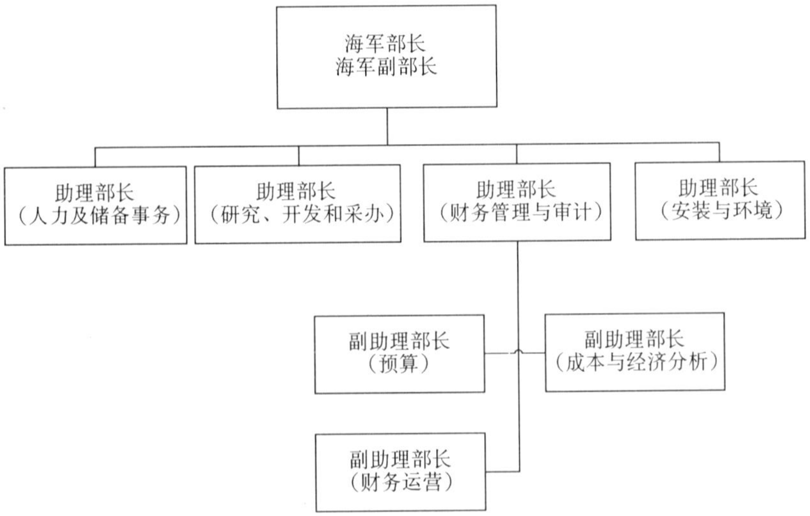

图 6.4　美国海军部长和海军部助理部长办公室

预算局以及国会协助证明预算估计的合理性。该司不断审查计划执行情况，并适当性地提出调整分配的建议。

（2）FMB2——投资与开发司（Investment and Development Division）。该司的职责与 FMB1 一致，仅限于研究、开发、试验与鉴定、采购（飞机、武器、弹药）、军事建设和住房，以及基地关闭和调整。

（3）FMB3——计划/预算协调司（Program/Budget Coordination Division）。该司负责协调海军部预算，评估预算编制程序，以制定一个具有凝聚力和平衡性的计划。同时，该司还负责评估在规划、计划和预算过程中出现的部门问题，整合预算业务，开发和发布预算制定政策指南和程序，管控和协调预算提交材料，制定未来数年防务计划指南和程序，审查预算的相关方案以及分析和评价总体情况。

（4）FMB4——商业和民用资源司（Business and Civilian Resources Division）。与 FMB1 和 FMB2 类似，该司负责审查、建议和修改海军运营资金（Navy Working Capital Fund，NWCF）、文职人员和信息技术的估算，以纳入预算并证明其合理性，呈报国防部部长办公室、总统行政管理和预算局和国会。该司还审查和核验用于周转基金活动的资金预算，以确保海军运营资金（NWCF）供应和海军部拨款消耗之间保持适当平衡。

（5）拨款事务办公室（Appropriations Matters Office）。拨款事务办公室负

责协调与参众两院的国防拨款小组委员会相关的事宜。拨款事务办公室不同于立法事务办公室，仅对拨款程序负责。

海军副助理部长（财务运营），也称为海军财务运营副助理部长（FMO），负责财务和会计事务。FMO 负责报告财务数据，开发、管理与财务会计相关的计划，以帮助预算提交办公室（BSO）、司令部和其他共享服务提供方遵守国防部要求和审计响应。

海军副助理部长（成本与经济分析），所在部门也称为海军成本分析中心（Navy Center for Cost Analysis，NCCA），负责海军部的成本分析。他们对用于开发、采购和运营军事系统以及部队所需的资源进行成本估算，开展计划、规划、预算和采购管理，为海军成本估算制定政策。

此外，2016 年成立了一个新的部门，名为财务政策和系统部（FMP）。这个部门负责三项关键工作。首先，是维护和改进部门执行会计和预算功能的信息技术系统。其次，为数千名海军财务管理和预算领域的员工提供人力资本管理。最后，是财政政策管理，一种类似于主计长的角色，即决定资金合规使用（遵守财政法）和调查违反《反赤字法案》的行为。

6.4 军种

各军种人员在部门中身着统一的制服。文职部长领导军事部门，各军种由参谋长领导，包括空军参谋长、陆军参谋长、海军作战部长和海军陆战队司令。

6.4.1 军种参谋部

1. 海军作战部各副部长职责

军种参谋长与军种部长类似，按职能区域对直接下属进行组织管理。表 6.1 展现了海军作战副部长办公室和陆军副参谋长办公室的编号方案。请注意，这些方案在各军种中大体相同，并基本上与文职领导结构保持一致。

陆军和海军的 PPBE 系统都从属“8 号”代码。在海军中，由 3 名主要助理部长负责作战能力与资源整合（N8），他们负责预算编制的三个阶段，即规划（N81）、计划（N80）和预算（N82），N82 在职能上还同时监管预算执行。然而，值得注意的是，海军财务管理主任（N82）是同时兼任海军预算

表 6.1　　美国陆军参谋部和海军作战部的组织架构

陆军	海军
G1：人事	N1：人力、人事、教育与训练
G2：情报	N2/6：情报优势
G3/5/7：作战	N3/5：作战、计划和策略
G4：后勤	N4：舰队作战戒备与后勤
G8：规划	N8：作战能力与资源整合
ACSIM：安装管理总工程师	N9：作战系统

副助理部长的。这位两星海军上将通过作战副部长（N8）向海军作战部长报告，通过负责财务管理与审计的海军助理部长向海军部长报告。

负责作战能力与资源整合（N8）的作战副部长管理海军的 PPBE 系统运行过程，但不负责决定海军预算的具体内容。在这方面，需要海军其他的作战副部长发挥重要作用，包括明确和验证需求、分析目前和预期的能力、规划资源以及在权力范围内拨款。例如，主管舰队作战戒备与后勤的作战副部长（N4）负责分析海军设施的状况和性能，进行设施维护、重建和现代化，新项目建设与旧项目拆除，维护武器系统所需的设施、训练和居住所需的设备，安装管理的服务水平（例如，清洁和景观美化）。因此，作战副部长（N4）将在 5 年计划中提供资源分配的建议，以满足以上开支需求。

作战副部长（N8）作为规划主管，整合舰队作战戒备与后勤部的计划，以及其他资源需求发起者的计划（见图 6.5）。

2. 海军作战部其他主要成员角色

美国海军作战部长办公室其他主要核心成员包括：

（1）后勤需求官（Requirements Officer）。明确和验证军事能力的需求，评估当前军事能力的状态，并倡导资源的有效利用；主要参与规划阶段，并规划决策进行评估。

（2）项目发起人/执行官（Program Sponsor/Action Officer）。支持资源发起人，并在给定项目资源的计划阶段担任主要领导者。

（3）资源发起人（Resource Sponsor）。负责战区或支援任务在内的可识别资源。他们的工作职能为功能或项目导向而非拨款导向。在计划过程中，这些官员在确保资源限制的情况下，制定有效且平衡的计划。表 6.2 提供了资源发起人表格。

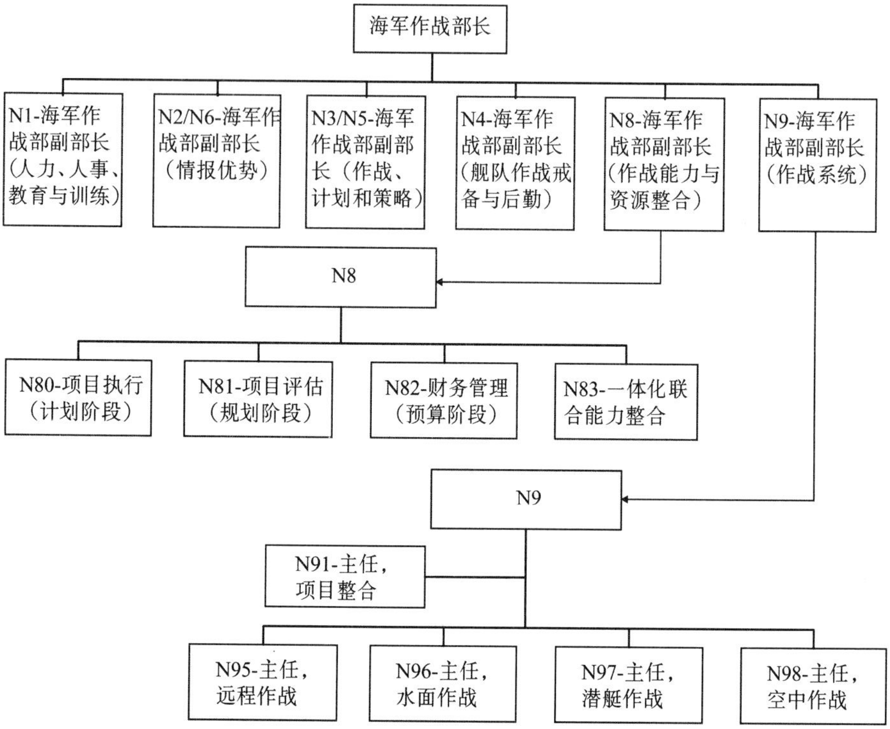

图 6.5　关于海军作战部长及 N8/N9 副部长的详细职能结构图

表 6.2　　海军资源发起人

资源发起人	资源区
主任，创新与技术要求（N84）	研究、开发、试验与鉴定
主任，海军参谋	管理/物理安全
副部长，人力、人事、教育与训练（N1）	人事支援和训练
副部长，舰队作战戒备与后勤（N4）	后勤保障，包括海上补给
副部长，情报优势（N2/N6）	空间、C4I、信息、情报
海洋学者/航海者	海洋学
主任，远程作战（N95）	远征军
主任，水面作战（N96）	水面项目
主任，潜艇作战（N97）	潜艇/反潜作战
主任，空中作战（N98）	航空和武器系统
主任，特殊项目（N89）	特殊项目
主任，项目整合（N91）	战争整合

续表

资源发起人	资源区
司令部，海军陆战队（HQMC）	海军陆战队资源
部长处审查委员会（SRB）	部长处活动

（4）拨款发起人（Appropriation Sponsor）。无论预算出自哪些资源发起人，都负责对指定拨款进行监管，包括在制定过程中解决资金不足，在颁布阶段提供国会证词，以及在执行过程中重新规划建议。

6.4.2　主要司令部

除军种主管的直接参谋部之外，还有构成军种的主要司令部。陆军包括部队司令部、训练和条令司令部、物资司令部和服务部门司令部。同样，空军包括空战司令部、教育训练司令部、全球打击司令部、物资司令部、太空司令部等。海军空间与海战系统司令部分为三大类：作战部队（舰队司令部）、系统司令部（海军航空系统司令部、太空和海战系统司令部）和支援司令部（人事局、医药处、海军设施司令部）。

军种司令部主要负责计划和规划阶段，主要司令部主要负责预算和执行。人们可能会认为总部职能是确定优先事项并决定下一步行动。在这些限制条件下，各主要司令部决定如何完成计划，并用实际行动执行这些计划。

各主要司令部具有更加有效和深刻的认识——因为他们着手眼前的事务，并且掌握最深刻和最新的知识。例如，相较于海军人员，给定采购项目的项目执行官和项目管理者更了解系统的技术能力、供应商能力、新想法的技术可行性和进度可执行性。因此，在 PPBE 的早期阶段，项目执行官和项目管理者有充足的机会以正式或非正式的形式参与其中。司令部不希望下达不可行或缺少思考的指令，因此需要各主要司令部提供可行计划。

司令部还希望确保项目资金考虑周到，资源得到有效利用。因此，各部门将监督和监控项目进度、绩效和资源利用率。项目管理者的任务是在制定预算时向司令部工作人员反映情况，既要表达需求，又要在工作人员制定未来预算的要求和资源发起人提案时通知领导层。

6.5 主计长

国防部、军事部门（军种部）、主要司令部及其下属司令部各设有主计长。主计长是组织机构的首席财务官，这是组织中负责财务资源核算、分析会计数据和创建有用报告以及支持财务事项部门管理的人员。主计长是公职人员。

虽然司令官最终对作战指挥担负全面责任，但主计长负责分配调度财政资源并直接向司令官报告。主计长的主要职责是确保对这些关键财务流程建立适当的控制，内容包括：

（1）在会计记录中准确地记录收到、查明、控制和报告资金：

①在预算账户中记录授权（收入）、承付、债务和支出；

②在专项账户中记录资产、负债和费用；

③将支出与债务和应付账款相匹配；

④签发和接受规定直接拨款和客户资金的文件；

⑤及时对客户资金进行费用结算；

⑥核证财务报表中交易的完整性和准确性。

（2）资金只用于授权的目的，而且只在可用期间使用。

（3）审查拟议的资金义务是否充足并符合法律和条例。

（4）指挥下级主计长对过程进行充分控制。

（5）编制预算理由、回答上级当局的问题、提出预算问题供资源发起人和预算办公室审议，从而支持预算。

虽然主计长是司令官的首席财务顾问，关于整个司令部的支出优先级和分配决定应由负责计划结果的部门经理做出。

许多司令部设立诸如“需求—资源委员会”之类的机构，负责审查本组织的财务需求、新的支出建议、当前支出的有效性，并向司令官提出资源重新分配建议。最佳方式是让主计长作为此类机构的顾问，而不是决策者。主计长对执行委员会的决定负责，并确保其符合财政法律和法规。

主计长要成为高效的“公正调解者”，应始终了解命令优先级，并向支持这一行为的指挥官提供财务行动的建议。例如，如果主计长发现有一些关键的经费没有着落，无法通过在当下重新分配来满足，则宜建议司令部向上级提出请求，为这一需要重新编列经费。此外，在未与相关项目的部门经理协调之前，主计长不应单方面采取行动、重新分配、接收或返还资金。

所有工作效率高的主计长都不应过于依赖部门经理财务方面的专业知识，而应随时为这些经理提供建议和支持。对于某一具体计划项目，项目管理者也常常提出可能不完全符合财政法规的交易。为支持司令部的命令，不应立即驳回这样的提议。相反，主计长应设法了解项目管理者的意图，然后努力在合乎规定的情况下寻找一种方法来实现目标。

主计长可以是文职人员，也可以是军职人员。他们可能被分配至履行其他职责，但应注意不造成利益冲突或失去对公共资源的控制。

6.6　其他机构与角色

最后，介绍一些隶属于国防预算与财务管理的其他相关组织。

6.6.1　行政管理和预算局

1921 年，依据美国《预算和会计法》（BAA）而成立的行政管理和预算局（OMB）是总统行政办公室中最大的办公室。其核心使命是服务总统，在整个行政部门按照总统构想进行工作实施。因此，行政管理和预算局局长是按总统的意愿所任命的政治任命者。OMB 通过五个关键程序履行使命：制定和执行预算，监督机构绩效，协调审查联邦法规，协调立法，以及向机构负责人和官员发布行政命令和总统备忘录。

行政管理和预算局的预算职能受控于五个资源管理办公室，其中一个办公室专门负责国家安全项目。资源管理办公室监督年度预算的编制，评估机构工作进展，权衡对资源的竞争需求与总统优先事项，并对制定机构支出计划提供帮助。在规划—计划—预算—执行的预算审查阶段，国家安全资源管理办公室与美国国防部副部长（主计长）进行密切合作。

6.6.2　政府问责局

政府问责局（GAO）也是根据 1921 年 BAA 设立的，但属于政府的立法部门。它是独立的无党派机构，为国会工作。GAO 的负责人是美国的总主计长。为确保 GAO 的无党派性质，总统从国会提出的候选人名单中任命总主计长，任期 15 年。

GAO 的使命是支持国会履行其职责，提高联邦政府的绩效，并遵循联邦政府的问责制。它应国会委员会的要求或立法授权完成自己的工作。它的工作包括：运作审计机构，调查非法或不当活动的指控，报告项目和政策目标的实现方式，分析政策并提出备选方案供国会审议，并就合同抗议和财政法的适用等事项发布法律决定和意见。

6.6.3 国防财务会计服务局

为了遵守 1990 年的《首席财务官法案》（以及其他相关立法），美国国防部于 1991 年创建国防财务会计服务局（Defense Finance & Accounting Service，DFAS），以标准化、整合和改进整个国防部分散的会计职能。目前，300 多个办事处被合并为 9 个，330 多个会计系统减少 2/3。除了为整个部门提供会计服务外，DFAS 支付代理的作用最为出名。现役和预备役军人的支出由国防财务会计服务局负担，文职人员和退役军人也是如此。DFAS 还负责处理供应商付款。

6.6.4 国防合同审计局

国防合同审计局（Defense Contract Audit Agency，DCAA）在国防部副部长（主计长）的授权和指导下运作。该组织为国防采购界提供审计和财务咨询服务。具体来说，它审计政府合同和供应商的财务报表，以确保合同成本经过允许、可分配以及合理。它只对供应商进行审计，但不审计内部政府机构。审计组织，如海军审计局，就是这样做的。

6.7 小结

国防部有数以万计的人员直接参与预算和财务管理，大多数是文职人员，另有许多是军人，还有数以万计的人通过定义需求、进行研究和分析、分配资源和指挥组织对预算产生影响。根据 2016 年美国国防部公布数据，大约有 47000 人从事此项工作。因此，国防预算和财务管理极其复杂，需要组织内部和组织之间的专业化分工。

第 7 章　美国国防预算的规划、计划、预算和执行系统（PPBE）

美国国防支出的金额取决于政府内外许多因素。通常而言，年度国防预算要求及其相关说明对国防支出金额的影响力最大。虽然国会在宪法上拥有“招募陆军并供给军需”和“建立与维持海军”的权力，但年度国防预算中的大多数项目都是按照国防部提案进行授权和拨款。因此，国防部的预算提案是影响国防项目的规模和形式的关键因素。从形成原理看，该预算提案根据计划、规划、预算和执行系统（PPBE）制定。

PPBE 不仅仅是单一过程，而且是一个流程系统。PPBE 的每个阶段都有其分支流程，专用于战略规划、资源分配、预算编制和项目执行。此外，PPBE 嵌入到军事战略和作战规划流程系统中，致力于确定军事人员配备、培训和装备的预算拨款，以及支持国家安全目标的国防系统的运行和支持。整个资源配置的过程旨在制定符合并支持军队作战项目的计划预算方案。

本章重点介绍 PPBE 对于国防资源的分配决策功能是如何实现的。作者还将持续介绍预算编制（第 8 章）和执行（第 9 章）阶段的有关内容，因此，后续章节将更彻底地阐释如何验证和执行这些分配决策。

7.1　PPBE 的理论基础

第 1 章讨论了公共预算的主要理论，并介绍了预算系统和技术。在此，首先快速回顾 PPBE 的相关基础理论知识。

7.1.1 回顾预算理论

回顾预算理论的问题，即“将 X 美元分配给 A 活动而不是 B 活动的决策基础（理由）是什么”（Key，1940）。Key 认为，虽然这看起来像是一个基本的应用经济学问题，但它实际上是一个政治问题。Key 指出，在公共部门这些问题不仅与经济效率相关，本质上更是一种政治决策。在本书中，“政治决策”是指由群体决策过程达成的决策，其中群体成员代表不同的价值观。因此，PPBE 本质上就是政治决策的过程。在 PPBE 决策期间，组员可能都穿着相同的卡其色海军制服，但潜艇部队、舰艇部队、航空兵部队、勤务部队等有着不同的价值观。

预算理论解释了国防部在实践中几种不同的预算方法。渐进主义认为，今年的预算是继年预算的最佳预测指标。渐进决策理论表明，因为诸如关于公平感的既定理念、核心要求、历史先例和先前决策的沉没成本等因素，大部分预算每年都是固定的。因此，在任何时候，只有一小部分预算可以用于重新分配。渐进决策源于一个相当简单、重复且分散的过程。PPBE 重点在于渐增，即每个年度周期都从前一个的终点开始，重点在于边际变化。规划员和预算员比较上一年与明年的预算，考虑活动水平（或生产单位）的边际变化、价格的边际变化以及由此预算产生的变化。

研究表明，人们并不是完全理性的决策者，而是在对目标、效用、信念、概率、回报等有充分了解的情况下寻求最大化预期效用的主体（Beach & Connolly，2005；March，1994；Simon，1997）。完全理性法遵循以下基本路径：在考虑方法之前阐明价值观和目标，进行全面的手段—目的分析，最后选择一个“满意”政策，因为该政策方法最适合期望的目的。PPBE 就是一个很好的例子。但是渐进主义断言，实际决策采取的是连续有限比较方式。也就是说，目标和分析相互交织，因此手段和目的也密可不分。理性分析是有限的，因为它受到数据、知识、关系、认知能力、偏见、政策和时间的限制。与其找出最佳政策，“满意”政策通常是指分析人士和决策者同意实施的政策，但他们不一定同意这是最适合目标的政策（Lindblom，1959；Simon，1997）。PPBE 力求在分析过程保持绝对理性，但最终在政治原因影响下变得混乱。

渐进主义表示这个系统会产生渐进的预算，因为对立的力量相互抵消，错误会在随后的预算周期中得到纠正，参与者渴求稳定性。但“间断平衡”意识到参与公共预算的人会特别关注某个特定方向，导致突然的大幅波动。这通常是由环境条件的变化引起的。影响美国联邦预算的实例包括民权运动、冷战结束、2001 年“9·11”恐怖袭击事件以及 1974 年通过的《国会预算法》。2011 年的《预算控制法案》导致预算的急剧重新分配，并扭转了十多年来国防预算不断增长的状况。

预算编制充斥着社会政治的复杂性。我们认为，预算参与者的行为是理性的，即使这种理性比较有限，但公共预算由处于该流程不同阶段的各种参与者编制，每个参与者都拥有自己的理性。对于机构内部的系统分析员来说，他们认为的合理性可能与中央预算办公室或国会拨款委员会官员认为的合理性有所不同。多元理性理论认为，流程的不同阶段会出现不同的问题，对预算员而言看似理性的决定，规划者或分析师或许会认为是非理性的。因此，PPBE 流程还包含反馈和协调机制，以减轻不同阶段交接带来的负面影响。

如果仔细研究 PPBE，不难从中发现所有预算编制行为和预算编制结果理论的证据。其中，任何一个理论都不能单独解释 PPBE 的运行。

7.1.2 项目预算系统与其他预算系统的对比

在第 1 章中，项目预算考虑了政府组织的目标，并确定一系列项目，组合起来可以实现这些目标。在资源限制条件下且每个项目需单独定价，选择最能产生预期目标的“市场篮子”项目是决策者追求的目标。

应该注意的是，鉴于国防预算具有复杂性，尽管国防预算以项目预算系统为主体，但在总体项目结构中也会使用其他预算系统。也就是说，一个新项目可能会使用零基预算法编制第一个预算方案，以后再转而使用增量预算法。国防部的所有作战和运行和维护预算都包括一个按预算支出科目进行编排的预算表，采购预算中的成本明细是预算支出科目的另一种形式。简要地列举 PPBE 中涉及的其他预算系统（1.5.3 节中已详细介绍），并对比如下：

（1）支出科目预算简单列出了资金将采购的事项，而不考虑机构的产出。因此，对于政府的所有机构和机构内的所有活动，预算支出科目可以是相同的。支出将用于军用、民用支付工资、租金、路费、公用事业、消耗性材料、资本采购和服务合同等。预算支出科目参考 OP-32 运行和维护预算表，第 8 章会提供范例进行研究。

（2）增量预算是指以一个组织、项目或活动的现有资金水平为基础，并分析自上一次预算草拟以来项目活动和价格发生变化的情况下该水平是否不足、充足或过度。重新分配仅发生于边际部分，很少对核心金额进行调查。从 OP－5 运行和维护预算表中可以看到增量预算法，其逐年的详细变化也会在第 8 章中进行展现。

（3）零基预算与增量预算对立，它们推测价格、战争带来的影响并要求对预算的各个方面进行（重新）审查。当成立新的项目或下达新的命令且没有现有的基线可供增量时，该系统最常用于 PPBE 之中。

（4）绩效预算将基于数据的增量方法应用于（通常）项目预算结构。它需要明确的组织目标，并理解活动和目标之间的因果关系。它需要有关投入、产出和结果的财务和非财务数据，以及用于评估活动在实现目标方面的效力（或效率）的绩效评估系统。国防部有些特定项目的预算模型，采用的就是基于绩效的预算系统。这些模型将在规划章节进行讲解。

7.1.3　PPBE 的历史渊源

20 世纪 60 年代初，国防部首次采用 PPBE。在此之前，则是胡佛委员会领导的绩效预算运动占主导地位。例如，1949 年，国会要求国防部以绩效的形式列出估算的预算。然而，当时很多测量和评估的工具手段缺乏有效的绩效考核，反而计算工作量和投入成本等数据更为简单便捷。

项目预算的概念始于 20 世纪 60 年代。在肯尼迪和约翰逊执政期间，规划—计划—预算系统（Planning，Programming and Budgeting System，PPBS）由时任国防部长罗伯特·麦克纳马拉（Robert McNamara）以及审计长查尔斯·希奇（Charles Hitch）和罗伯特·安东尼（Robert Anthony）实施（Thompson & Jones，1994）。1962 年之前，美国国防部没有自上而下的协调规划和预算方法（Korb 1977）。麦克纳马拉希望国防部采用 PPBS 进行国防资源决策和分配，并在受肯尼迪总统委托希望他对军事部门建立更严格的文职控制后，实施了该系统。

PPBS 旨在成为一个全面的分析和规划系统，包含多套规划和计划项目。该系统借鉴了包括经济学、系统分析、战略规划、控制论和公共管理在内的各个学科的方法，按计划排列和分析替代手段和目标，然后根据收益/成本比率选择采取哪种手段和目标。在这种制度下，预算编制将成为一个简单的问题，即计算出实现所选目标的替代手段的成本（Hitch & McKean，1960；Lee & Johnson，1983；McCaffery & Jones，2001；Schick，1973）。由与国防部部长办公室（OSD）同级别办公室对其进行控制，如项目分析和评估办公室、政策分析办公室等。

虽然在不同总统和国防部长的领导下，PPBE 的运作方式有所不同，但五十多年来，该系统的基本特征一直存在。不过在此期间，有三项重要的改革举措对 PPBE 产生重要影响，值得注意的是：莱尔德改革、戈德华特—尼科尔斯法案和 2001—2003 年拉姆斯菲尔德改革。改革后，该程序重新命名为规划—计划—预算—执行系统，增加了执行这一概念。

1969 年，梅尔文·莱尔德（Melvin Laird）接替麦克纳马拉的职位，为国防部制定不同的管理方案，更符合当时的历史环境，强调权力下放和军种至上。莱尔德让决策权从国防部参谋机构回到军种部长手里，因为“许多决定应该由各军种部长做出，他们有责任实施自己的计划。驱逐舰上 20mm 舰炮的数量与我无关，这是海军部长的职责，我必须让军种发挥作用（Feltes，1976）”。莱尔德重启军事项目预算限额，并要求在上限范围内实施军事计划。这种上限的概念在今天仍然影响着美国国防部的预算请求，因为在 PPBE 运行过程的各个阶段，各部门都要根据所获得的预算授权总额来平衡其计划和预算。

可以说，在 1986 年《戈德华特 - 尼科尔斯法案》实施之前，于 20 世纪 40 年代末成立的美国国防部从未真正站稳脚跟。除其他事项外，该法案加强了参谋长联席会议主席作为国防部长和总统的首席军事顾问和发言人的作用，参谋长联席会议主席可以调动更多军事人员，并确定了 PPBE 过程中的重要阶段。参谋长联席会议还负责确定要求和审查其他参与者的规划方案。“联合”的概念来自于戈德华特 - 尼科尔斯改革。在预算方面，PPBE 注重跨军种的联合需求和联合作战。

2003 年，国防部将 PPBS 改为 PPBE。虽然 PPBE 的基本结构和方法保持不变，但有两个重要方面发生了改变。第一，改革将分散的计划和预算审查合并为同一个审查周期，合并了原来单独的计划和预算信息数据库。从逻辑上讲，预算能够记录和证明各军种在其《计划目标备忘录》提议的项目组合，而《计划目标备忘录》中的项目必须得到资金支持，因此组合是合理的。第二，这些变化将重点从军种层面基于威胁的规划转移到联合层面基于能力的规划。PPBE 设计时，不再针对具体的威胁进行规划，而是为应对潜在威胁而设计能力组合。在这样的要求下，不仅预算指导按能力进行分配，而且被分配到能力组合中，由国防部部长办公室（OSD）工作人员和作战司令部（CC）指挥官进行审查，准备就绪后转移至新系统（国防准备情况报告系统）进行报告，该系统由基本作业任务组成的联合能力领域负责组织管理。

7.2 国防预算结构

项目预算理论指出，项目预算考虑了政府组织的目标，并确定一系列项目，组合起来可以实现这些目标。在资源限制条件下且每个项目需单独定价，选择最能产生预期目标的“市场篮子”项目是决策者追求的目标。现在，让我们对该理论进行拓展并深入讨论国防部如何构建其国防计划。

1. 项目单元与资源汇集

国防计划的基础是项目单元（Program Element，PE）。根据美国国防部的《未来数年防务计划》（Future Years Defense Program，FYDP）体系手册，“项目单元”一般代表组织实体和相关资源的集合，代表独一无二的国防计划。项目单元是既完整且详尽的，因此每个国防部的经费资源只分配至独立的项目单元。如果不首先指定一个项目单元，项目就无法得到资助。每年，存在数以千计的项目单元，包括诸如空基拦截器、海军基地的航空站、传感器引信武器、污染防治、陆军后备师部队、牙科护理和特种作战技术等不同内容。表 7.1 中显示了相关内容。

表 7.1　《未来数年防务计划》（FYDP）体系手册中的计划要素示例

附录四：项目单元编码及科目

项目 02　一般任务部队

编码	科目	编码	科目
0204225N	护卫舰 - 无导弹	0204243N	轻型机载多用途系统（LAMPS）
0204226N	巡逻战舰	0204251N	反潜巡逻中队
0204227N	支援部队	0204261N	航空支援（反潜）
0204228N	水面支援	0204262N	战备中队（反潜）
0204229N	战斧任务规划中心（TMPC）	0204269N	EA - 18 中队

续表

附录四：项目单元编码及科目			
项目 02　一般任务部队			
编码	科目	编码	科目
0204230N	濒海战斗舰（LCS）	0204271N	空射弹药和导弹（反潜）
0204231N	A－4 中队	0204280N	联合战术无线电系统－海军（JTRS－海军）
0204232N	S－2 中队	0204281N	潜艇
0204233N	SH－3/SH－60F 中队	0204282N	支援部队
0204234N	S－3 中队	0204283N	潜艇支援
0204235N	其他中队	0204284N	潜艇弹药和导弹
0204241N	垂直短距起落支援舰（VSS）	0204302N	地雷对抗部队
0204242N	AV－8B 中队		

项目单元能够以多种非正式方式进行汇总，推动资源分配决策。针对特定项目，可以显示总资源，显示武器及其保障系统，显示系统族群（例如，一艘船及其所有相关的武器系统或整个战斗群），或其他逻辑分组（例如，所有水面舰艇、战术航空或医疗保健）。

正式来说，项目单元应当与 11 大项主要军力计划（Major Force Programs，MFP）中的一个计划相关。主要军力计划是“包含实现目标或计划所需资源的项目单元的集合”（2004），事实上，每个主要军力计划的所指范畴非常宽泛。虽然具体的对象和组织被指派为特定的项目单元，但作战计划和目标通常需要来自 MFP 的多个项目的组合。每一项 MFP 都包含无数个目标或计划方案。表 7.2 展示了 11 大项主要军力计划。

表 7.2　　　　主要军力计划

MFP－1 战略部队	战略部队任务包括洲际或跨洋的战区间责任的组织和相关武器系统。包括战略进攻和防御部队，还有相关的总部、援助和后勤部门
MFP－2 一般任务部队	这些组织和相关的武器系统执行军事任务的职责在特定的时间点仅限于一个战区。包括相关的总部、援助和后勤部门
MFP－3 指挥、控制、通信、情报部队	情报、安全、通信以及一些功能，例如制图、测绘和大地测量活动、气象服务、海洋学、特殊活动、核武器作战、空间助推器、卫星控制和空中目标等。在其他主要方案中确切某一任务的情报和通信功能，应列入与之相应的方案

续表

MFP－4 机动部队	海运、空运、交通管理和水上码头活动。包括相关的总部、援助和后勤部门
MFP－5 海岸警卫队和预备役部队	警卫队和预备役的训练分队，以支持其他的主力部队计划（MFPs）
MFP－6 研发试验与鉴定	所有未经批准用于运营的研发工作。包括基础和应用项目以及新武器系统的开发、试验与鉴定
MFP－7 联勤保障	供应、维修和服务活动，包括运输、海外港口单位、工业准备、日用物资供销店和机务维修
MFP－8 训练、医疗和其他人员活动	培训和教育、卫生保健、永久性换站搬迁、家庭住房。另一个主要计划中直接相关费用应列入该项目
MFP－9 管理及相关活动	部门和主要行政总部、外地指挥部的行政支持，以及没有说明的其他行政活动。包括建造计划、公共事务、索赔、和犯罪调查
MFP－10 其他国家的支持	包括对军事援助计划、对外军售、北约基础设施和人道主义援助的支持
MFP－11 特种作战部队	特种作战部队（现役、警卫和后备），包括指挥组织和直接支持
MFP－1、2、3、4、5 和 11 包含战斗力项目；其他为战斗支援	

2. 国防预算运行与平衡

美国的联邦预算由预算职能、联邦机构和支出对象构成。与之类似的是，国防预算由主要军力计划（MFP）、组织（军事部门和国防机构）和拨款科目组成。首先，图 7.1 中的立方体图表明，每个计划项目都属于特定的 MFP 和项目单元，必须获得适当的拨款资助，并由对应的军种或国防机构管理。换句话说，每个分配资源的项目在立方体中都有一个“地址”。其次，这个立方体说明，国防预算的主要目标之一是实现每个维度的平衡。在 7.3 节中将具体描述实现过程。

PPBE 的计划阶段在主要军力计划（MFP）维度结构内运作，为每个项目单元提供组织人员、硬件和财务数据。预算阶段主要在拨款维度结构内运作，图 7.1 将拨款分为各种预算活动和预算项目。

由于预算需要拨款，所以预算必须在对拨款的法律限制下进行编制。这些法律限制将在预算编制（第 8 章）和执行（第 9 章）两章中进行详细研究。就预算编制而言，最明显而严厉的限制来自于全额和增量资金政策。采购拨款资助的项目通常遵守全额资金政策，该政策规定签订合同之前，必须建立

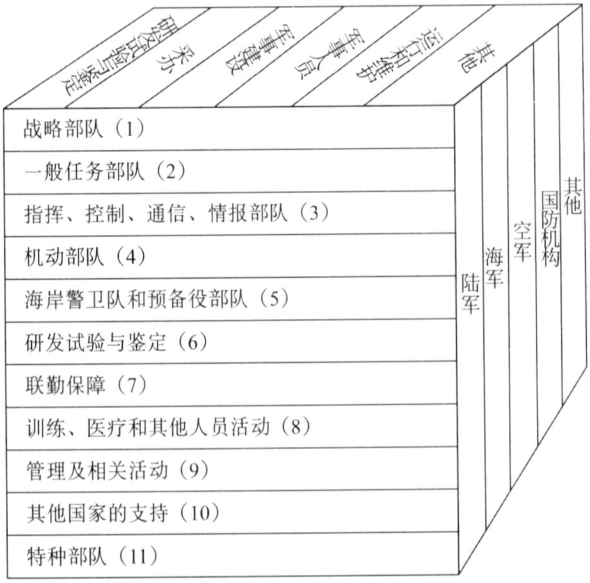

图 7.1　《未来数年防务计划》（FYDP）体系

完整可行的系统，并将计算的全部成本编入预算。因此，即使需要几年的时间来建造该项目，采购一架飞机或舰艇的所有成本仍然在下订单的那一年计入预算。相反，由研发试验与鉴定或运行和维护拨款资助的项目则按年度递增的方式编制预算。增量资金指在预算中要求提供一项持续进展的活动的年度费用。这些政策在第 8 章中会有充分的描述，这里不再重复赘述。

7.3　PPBE 阶段功能描述

7.3.1　系统总体说明

前面，我们阐述了塑造现代国防预算编制流程的理论基础、历史和结构，现在转入对实际的 PPBE 进行功能描述。在正式进入主题前，这里有一些提醒和注意事项。

PPBE 仅适用于国防部的内部流程。因此，该系统分配资源时倾向于考虑军事环境，但往往忽视与国家安全相关的外交或经济方面。该系统还倾向于忽视——至少也是在最后步骤之前——制约国防预算编制和部门运作的国内政治环境。应该了解，一些外部因素和流程与 PPBE 相互影响。最值得注意的是，PPBE 实际上是 PPB（E）E，其中插入的（E）代表国会颁布的预算。

了解 PPBE 的时序性也很重要。虽然规划—计划—预算—执行由四个连续的阶段组成，但这些阶段具有重叠性。每个阶段始于前阶段结束之前。造成这一结果的主要因素包括：联邦预算日程、流程的复杂性、各阶段之间的相互依赖关系，尤其是计划和预算编制之间的内在联系，以及在国防部层级间进行传导、扩展所需的时间。因此，每个阶段在开始时，对于其之前阶段的结果只有部分了解。这意味着，随着每个阶段推进，相关人员必须应对越来越多的限制。只有 PPBE 的中间两个环节是受到预算日程驱动（编制时间要求限制）进行的，具有离散的起点和终点，而规划和执行都是永恒的。因此，PPBE 是持续的、事件驱动的组织中的一个受预算日程驱动的流程。表 7.3 是海军工作人员编制的 2018 财年预算日程一览表。显然，这个过程是长期持续的、复杂的。

表 7.3　　2018 财年海军部预算日程一览表

	3 月 28 日—4 月 15 日	美国海军作战部长办公室 SPPs 交付
	4 月 16 日—6 月 1 日	美国海军作战部长办公室 N80 接合问题/《计划目标备忘录》平衡与整合
	4 月—5 月	年中回顾（O&M，Proc，R&D，CIVPERs，NWCF）
	6 月 27 日—6 月 30 日	海军/美国海军陆战队《计划目标备忘录》完成
秘书处夏季预算审查	6 月 30 日	《计划目标备忘录》－18 服务提交至国防部部长办公室
	6 月 30 日	FMB 发布 DON18 海军预算控制
	7 月 29 日	FMB BSO DON18 预算证明材料截止日期
	8 月	成立成本评估和项目评估团队/开始国防部部长办公室项目回顾
	8 月—11 月	国防部部长办公室项目回顾
	8 月—10 月	FMB 部门主管审查
	11 月 3 日	BSOs 的 BES18 控制
	11 月 8 日	选举日
	11 月 10 日	初始计划的 RMDs
国防部部长办公室初始预算构建	12 月 1 日	预算证明材料提交至国防部部长办公室截止日期
	12 月—1 月	国防部部长办公室预算审查
	1 月下旬	新行政推出准备
	2 月 6 日	国防部部长办公室 Dash 1 提交至 OMB/国会

续表

	待定	行政管理和预算局回传/经济假设
	待定	国防部部长办公室预算锁定
	待定	PB18 提交截止日期
	待定	总统预算（PB18）提交
预算办公室		

使日程表更加复杂的是，虽然 PPBE 经常被描述为一个年度过程，但实际上有跨年度部分（如补充拨款、重新规划资金和组织之间的职能转移）、年度部分（《计划目标备忘录》和预算本身）、两年部分（许多战略规划发生在大约两年的周期，如国家军事战略）、四年部分（四年期国防审查）和特别部分。鉴于各阶段具有重叠的部分、且在不同周期连续运行，任何重大预算事件都面临这些问题：对财政年度的预算会产生什么影响？是否可以等到下一个预算周期，是否需要对国会的当前预算进行修正，是否应该立即转移资金，或者将三者以某种方式结合？

理解 PPBE 的各个阶段时，可以遵循先整体后部分的思路。国防部 PPBE 的管理者说，该流程有五个主要目标：

（1）为国防部提供在财政允许范围内可实现的最有效的部队、设备、人力支持；

（2）促进资源与基于总体战略的优先能力相协调，并要求平衡必要的作战能力的风险、可负担性和有效性；

（3）提供确保作出正确的财政决策的机制，以支持国家安全战略和国防战略；

（4）促进对已有决定和行动的执行审查；

（5）接受采购和需求过程的产品作为投资。

因此，PPBE 是国防部的决策支持系统，特别是资源分配系统，在财政限制范围内，旨在将国防部的战略制定和计划与一套能最有效地实现该战略的预算方案联系起来。证明拨款合理的预算材料是为立法机构准备的，立法机构将审议和修改申请，并为项目提供授权和资金。国防部利用这些资金，执行预算、实施计划并寻求实现战略目标。框注 7.1 介绍了每个阶段的目标。

框注 7.1　　　　规划—计划—预算—执行每个阶段的目标

- 规划的目的是找出战略和能力之间的差距，并为解决这些问题制定计划方案。
- 计划的目标是在最能实现规划目标的中期时间范围内，在项目之间分配资源。
- 预算编制的目标是以一种服务于合法化（批准）过程的形式来证明计划决策的合理性。
- 执行的目标是落实政策方向并创造所需能力。

7.3.2 规划阶段

1. 国防政策与规划制定的影响因素

国防部的目标和任务并不完全在 PPBE 内进行审议和制定。政策方向由总统、国家安全委员会、其他行政部门机构和国会决定。在美国三权分立的宪政体制下，国会拥有政策优先权，不受其他行政部门限制。

推动 PPBE 中政策和规划阶段的另一系列因素是条约、国际承诺、协议以及决策者多年来对美国国防义务的理解。对政策制定和规划来说，评估世界范围内美国及其盟国的利益威胁至关重要，各种情报机构不断监测这些威胁。这个情报与应对可能发生冲突的作战计划相结合，而作战计划与美国义务或利益相关。此外，推动 PPBE 的因素是总统及其顾问在战备、可持续性、部队结构和现代化等领域制定的国防政策和计划目标。因此，部分国防规划是不受国防部控制的。

2. 国防战略规划制定的系统机制

美国国防部的战略规划非常复杂。国防政策的规划与发展可以划分为三个半自主系统：第一个用于宏观的国际安全规划，第二个用于作战规划，第三个用于国防管理和资源规划。在国防管理和资源规划系统中，国防部部长办公室（OSD）将军事力量规划设定为四维结构，前三个维度——招募军人、管理军队和发展军力——分别发生在即期、短期和中期的时间范围内，第四个维度由大量的行政企事业单位支持活动组成，具有连续性，主要是促进其他三个维度顺利进行。

国防部在军事行动、一般行政管理以及财务管理和预算方面使用相互依存的管理控制系统进行运作。在组织上，各军种、军事部门、国防机构和作战司令部都有计划安排。国防管理人员必须努力调整这些半自主组织、计划与控制系统。为此，国防部部长办公室和各军事部门以程序规则和联合委员会的架构进行管理。他们采用了更好的商业做法（例如企业型商业和信息技术架构），实现更多的联合系统，并建立联营规则。

从本质上讲，PPBE 的规划阶段与战略、作战概念、部队的能力与实力间是交叉联系的。支持作战的战略规划过程与推动资源分配决策的战略规划流程之间存在着一种关系。首先考虑对作战及作战计划的支持，我们在图 7.2 中看到了一系列文件，这些文件不再以政策为导向，而是以任务为导向；不再以政治和经济为导向，而是以军事和行动为导向（Sullivan，2010）。《国家安全战略》（National Security Strategy，NSS）被认为是更优化且指导国防部内部战略规划的总体战略。NSS 由国家安全委员会提出，所有涉及国家安全的机构都会提供意见，包括国防部、国土安全局、联邦调查局、中央情报局、财政部等。

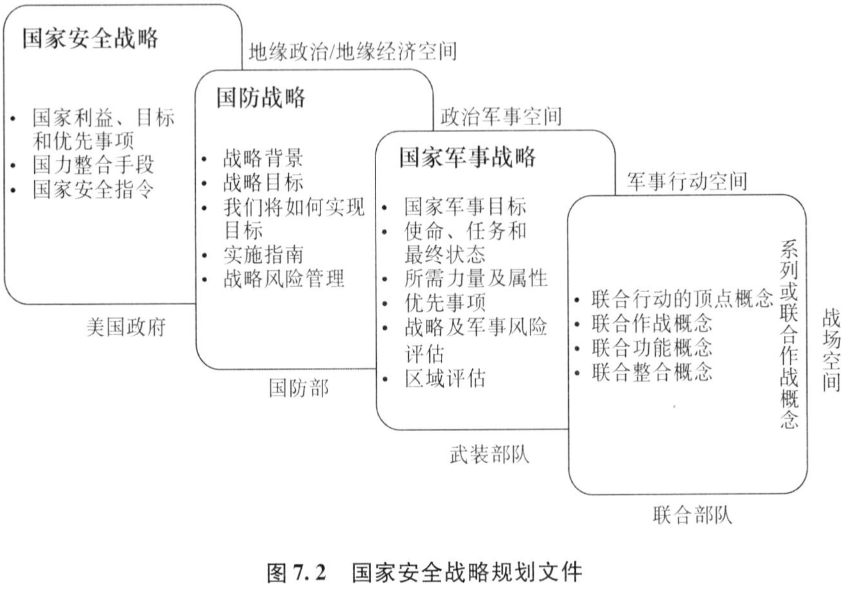

图 7.2　国家安全战略规划文件

国防部对国家安全战略的介入评估由联合参谋部组织协调，并体现在对安全环境、部队的健康状况、军事风险评估、联合演习结果和新行动概念建议的综合联合评估中。《国家国防战略》（National Defense Strategy，NDS）描述了国防部在国家安全战略中的职能与责任，由国防部长颁布。NDS 明确了指导国防部行动的目标。该战略可以作为《四年防务评估报告》（QDR）的一部分，也可以作为一份单独的文件。国家安全战略和国防战略由民政部门发布，而《国家军事战略》（National Military Strategy，NMS）则由参谋长联席会议主席发布，重点关注特定的军事目标和能力。

联合作战系列概念描述了联合部队将如何在中长期（8—20年的时间范围内）作战，并为未来作战提供概念框架，以推动军事能力发展。正是在这个过程中，战略方向出现了分歧。联合作战概念要求将军事能力与军力结构纳入需求综合考虑，并最终纳入国防采购过程。同样，联合作战概念所要求的军事能力与军力结构也确立了各军种在PPBE过程中提供资源的目标。

除全面联合评估外，联合参谋部还对现有的战略指导和部队实现这些战略的能力估计进行了一系列联合战略审查，包括对情报、能力差距、作战概念的发展和实验、后勤和人员等领域进行审查。这些评估每年进行一次，并构成联合参谋部PPBE后三个阶段的基础：一是联席会议主席风险评估，其中包括主席关于战略环境的建议；二是联席会议主席关于联合部队采办项目优先级的计划建议，以及联席会议主席关于军种《计划目标备忘录》（POM）对作战司令部有效支持程度的计划评估。后两者直接影响到计划阶段的资源决策。

就资源分配决策而言，规划的目标是确定并正视国家军事战略与现有及计划中的能力和实力之间的差距，然后为计划阶段提出目标以解决上述问题。这里，差距和目标通常被称为需求。

能力和战略规划之间匹配度的评估是这一过程的关键组成部分。每年国防部长都会给各军事部门分配一系列专题，供其进行具体研究。军种总部工作人员的行动指挥官将进行这些评估。这些结果与已描述的战略进程相结合，最终由国防部长向各军事部门颁布指导，以指导它们的计划优先事项。多年来，这一指导有过许多名称（《防务计划指南》、《联合规划指南》、《军队发展指南》、《国防规划和计划指南》）。无论如何称呼，这份文件标志着规划阶段的结束和计划阶段的开始。为了便于讨论，书中统一将其称为《国防规划指南》（Defense Programming Guidance，DPG）。

3. 军种内部的规划程序

目前为止，规划阶段的讨论一直集中于国家层面，重点放在联合部队和国防部范围内。同样，每个军事部门在自己的军种中进行并行处理，为其在国防战略和国家军事战略中的角色和任务制定战略和投资标准。例如，海军部发布了《海洋战略》，陆军部发布了《陆军规划》。与《海洋战略》相一致，海军作战部长发布了《海军能力规划》和《海军作战投资战略》，以在海军层面建立战略到能力、再到投资的联系，而《国防规划指南》则在国防层面建立联系。

国防规划由负责政策的国防部副部长指导。撰写战略的工作往往是在军事参谋部的“5”字代码（J5、G5、N5）内完成。评估当前能力和实力的工作则分散到相关的功能代码中：如代码“1”代表审查人力，代码“4”代表审查后勤和战备情况。通常，代码“8”是将两者结合并起监督规划的作用。海军作战部给予作战能力与资源整合的头衔是负责整合能力和资源的海军作战部副部长，这一描述恰如其分。在N8之下，代码N81指的是评估主任，负责具体管理海军的规划阶段。

4. 规划向计划的衔接与过渡

与《国防规划指南》（DPG）一起颁布的是《财政指南》（FG）。目前为止，大部分的规划和分析过程是相对不受资源限制的。规划者认为未来几年的资金状况与上一年的预算一致，并出现适量增加或减少的情况。其任务不是分配或请求预算授权，而是制定战略、评估当前和规划的能力、确定所需的能力并识别它们之间的不匹配状况，因此其准确性较低。计划阶段将进一步做出硬性的资源分配决定，并在FG实施预算约束。FG由行政管理和预算局制定，白宫发布最早有关预算年度财政政策的信号。这些数值在夏秋季节可能会发生变化，以应对现实情况、经济因素和国会对当前预算采取的行动。国防部主计长接受指导并向军事部门和国防机构发布控制措施（收益目标）。

PPBE认为，规划按照需求进行资源分配，而计划则严格受到资源限制。换句话说，如果海军有11艘航空母舰，规划者可能会考虑给海军分配10艘、11艘或12艘（比现有多1艘，但可以纳入年度采购计划，规划具有一定可行性）航空母舰，但不会考虑15艘（完全没有可行性，无法支撑需求）。鉴于其战略性质，规划者应考虑各种潜在的结果。另外，计划者则必须在资源限制条件下拿出明确分配方案。

DPG比FG设立的目标更多，这一点经常受到批评。DPG的颁布时间太晚（4月或5月），而各军种中的大部分规划工作已接近完成。在夏季的军种预算审查中，经常会对早期的规划工作进行调整，以适应DPG的发展方向。

正因为如此，早期的几轮规划有意提供更多的资源，以便在资源有限的情况下对所有可行性选择进行充分分析。从国防部长的角度来看，广泛目标产生了更多选择，这样会看到预算中的资金风险，各军种将被迫按照战略方向确定优先次序。在大多数情况下，各军种更希望尽早有更明确的方向。

7.3.3 计划阶段

谈起一般意义上的预算编制时，人们往往会想到制定工作计划，评估备选行动方案并从中择优，以及确定收支界限。人们可能设想按照资源分配决策的性质使用一些决策分析方法，如大宗采购的投资预算技术、运行成本的渐进式方法。对于公共部门预算编制的最佳做法是制定中期计划（3—7 年），并每年更新该中期计划。人们还可能会想到涉及决策政治的群体动力学，如提出论点、表明立场、谈判、说服、建立联盟、制定战略和进行演习。但与此同时，来自各方的压力让预算具有可竞争性和合法性，以便利益相关者和其他既得利益者在这一过程中拥有发言权。这些都是对 PPBE 中计划阶段的描述，而不是对预算阶段的描述。美国五角大楼的资源分配决策核心在计划阶段。PPBE 的规划阶段决定了军队的目标、任务、作战概念以及所需的能力和实力，而计划阶段则是将资源分配给一系列项目，这些项目能最好地实现这些目标和任务。

简单地说，计划的目标是在中期时间范围内在各项目之间对受到《财政指南》（FG）和拨款规则的限制资源进行分配，力图能够最好地实现《国防规划指导》（DPG）中规定的目标。正如本章 7.2 节中所指出，资源的配置在数以千计的项目单元之间进行，这些项目包含专款授权、人员和数量条目等基本要素。中期投资期由《未来数年防务计划》（FYDP）的条款规定，在撰写本报告时，投资期为预算年度加上四年的时间。计划阶段的重要文件是《计划目标备忘录》（POM）。

1. 计划制定原理与形成过程

在 PPBE 的所有阶段中，计划阶段的记录文件是最少的。战略阶段公开发布的主要成果很多（例如，NNS、NDS、NMS、QDR），并且其中不难发现对战略制定和规划过程的详细描述。计划阶段过后，数千页的预算文件公开发布，人们也可以阅读详细的预算指导手册，如《国防部财务管理条例》和《海军预算指导手册》。相比之下，《计划目标备忘录》（POM）是国防部的内部工作文件，所以不公开分享。相应地，备忘录的创建过程也不会广泛分享。即使予以记录，但由于各军种采取不同的方法来完成任务，军种内部的不同小组会采用不同的分析工具来完成工作，因此任务量也非常大。管理具体职能领域工作人员的领导人轮流执政，做决策的方式也会有所改变。尽管具有多样性，但我们将描述一些共同的流程和分析技术，此外，还将阐明各军种之间的主要差异。

计划是一个反复调整和优化的过程。在这个过程中，各军种的计划人员会拆分暂定的资源配置预案，以便在项目层面进行评估，并在更加广泛的综合层面进行评估。以海军航空兵为例，P－8A 波塞冬飞机采购项目的数量和成本估算由业务主管部门在海军工作人员的帮助下进行制定，并由项目管理办公室实施投资。首先，依据 P－8A 各方面优点进行采购项目的提案评估，然后将所有关于海军反潜/突击飞机的提案再作为一个整体进行综合评估，以确保各机型之间的适当平衡。其次，在战术飞机、支援飞机和无人驾驶飞机的资源、产品改进、仓库维护和飞机运营成本的情况下，评估整个反潜/攻击机的资源配置提案。最后，对照海军舰艇部队、潜艇部队、人员培训教育、基地保障和其他海军所有工作，对海军航空兵进行最终评估。每个级别的评价标准各不相同，以此为美国军种和国防部提供反馈意见，从而做出渐进决策并重复这一过程。

2. 计划项目的调整策略

计划的起点是最新版本的《未来数年防务计划》（FYDP），通常与上一年度总统的预算提交相对应。计划阶段主要在冬末春初进行，因此《计划目标备忘录》（POM）进程正好发生在上一年预算提交给国会之后。除非《财政指南》（FG）与上一个 FYDP 之间有重大偏差，否则很少分配新的资金，金额甚至可能还会变少。数据库向前滚进 1 年，则备忘录相应追加 1 年（POM－18 涵盖 2018 年至 2022 年，POM－19 涵盖 2019 年至 2023 年），数值同时得到调整。因此，几乎所有对《计划目标备忘录》的修改都是得失参半的，失去旧的计划以便获得新的计划。当期望计划和现行计划之间存在差异时，计划人员通常有四个选择：

（1）为差额提供资金，但这需要从别处获得资金；

（2）重组项目，使其在给定的资金水平下仍能执行，但这需要调整项目的结果，往往意味项目更少或进展更慢；

（3）重新设计项目，以提高项目的效率或降低成本（在合法范围内用更少的钱做更多的事），但很大程度上不在计划者的控制范围内，而且可能给项目执行者带来问题；

（4）接受风险，减少项目的资源分配数量（即减少提供的资金），同时期望更高的执行效率。

举一个实例来说明上述问题，如表 7.4 所示，表格的上半部分表示 2018 财年总统的预算。我们看到《未来数年防务计划》有八个获批的项目和三个资金不足的项目。在表格下半部分，这些内容构成了 2019 年预算的基线。此处计划人员的任务是调整新的《财政指南》意见，应对收益分配的变化（注意各列的总和被划掉，并重新插入更小的数字）。计划人员不仅需要明确如何削减方案 A 到 G 的费用，还需要考虑上一年这些项目的资金流情况，是否为无资金保障的方案提供资金，以及如何解决新的项目要求。2019 财政年度预算考虑各种选择，其中包括加入一个或多个当年无预算的项目（H、I、J）和新的项目要求（X、Y、Z），这显然是以牺牲现有项目（A – G）为代价。请注意，两个项目（C 和 C*）相互关联，在通常情况下，如果修改其中一个程序就需要对另一个程序进行修改。这样的案例有很多，比如，舰船及所属人员、平台及武器系统、建筑施工及设施维护，以及向生产过渡的新产品开发。

表 7.4 **规划示例** 单位：十亿美元

2018 财年总统的预算						
项目	2018 年	2019 年	2020 年	2021 年	2022 年	—
A	100	150	200	250	300	—
B	500	515	530	545	560	—
C	1250	1000	600	200	0	—
C*	100	500	1300	2000	2500	—
D	700	720	740	760	780	—
E	600	700	600	500	400	—
F	800	600	300	200	0	—
G	0	0	100	400	500	—
总计	4050	4185	4370	4855	5040	—
H	200	205	210	216	222	—
I	0	0	300	900	1500	—
J	100	300	500	550	600	—

续表

2019 财年总统的预算						
项目	2018 年	2019 年	2020 年	2021 年	2022 年	2023 年
A	100	160	210	260	310	360
B	500	520	536	545	560	577
C*	1250	1100	600	200	0	0
C	100	500	1400	2050	2500	2750
D	700	720	740	760	780	800
E	600	700	700	600	500	350
F	800	600	300	200	0	0
G	0	0	150	500	600	1000
2018 财年总计	4050	4300	4636	5115	5250	5837
新的财务指南		4100	4200	4600	4800	5000
H	—	200	205	210	216	222
I	—	0	0	300	900	1500
J	—	100	300	500	550	600
X	—	300	500	200	100	0
Y	—	0	0	100	300	500
Z	—	200	210	220	235	250

3. 计划项目的调整策略方法

项目发起人可能会采用几种分析方法来制定计划方案。由可预测的成本要素组成的项目，可以进行综合建模。事实上，大量的成本支出型项目已经按照这一思想建立了模型，如果将军事人力资源纳入考量，作战司令部要求配置一定数量的士兵和军官人员，他们的专业、资质和军衔各不相同。我们可以根据这一要求增加这些人员的费用，包括基本工资、住房补贴、特殊薪资和奖励工资、退休账户资金累积等。我们还可以关注下该司令部的工作情况，以确定是否会产生条件费用，如危险工作津贴、战争费用或海上作训津贴。设立或撤销司令部或改变其任务，会对人力需求产生影响，并可能导致人员调换。由于人员可以是固定的也可以是流动的，因此需要考虑人员流动而产生的相关费用，比如招募、延长服役期限、晋升、新的资历、工龄津贴、调职、退休、死亡等所带来的影响。

所有这些因素都可以建立在一个模型中，从而用来分析替代方案。让我们思考下面这些问题：延长服役期限率提高/降低 2% 或 3%，会多花多少钱/少花多少钱？如果退休人数比计划的少/多，那要多/少花多少钱？如果海军加快新舰的交付速度，那么在人力账户中还需要多少船员的费用？如果用文职人员代替这 100 名空军军官，那么人力成本会减少多少？当我们并非确认项目结构的成本，而是确定给定成本的可行结构时，这些模型也可以逆向运行。比如，如果人力投入资金只有 410 亿美元，而不是 414 亿美元，那么士兵数量会减少多少？同样，还有舰船运行、飞行时间和建筑维护等模型。为更方便理解，这里列举一种飞行时间模型——海军陆战队飞行时数需求模型进行具体说明，如图 7.3 所示。

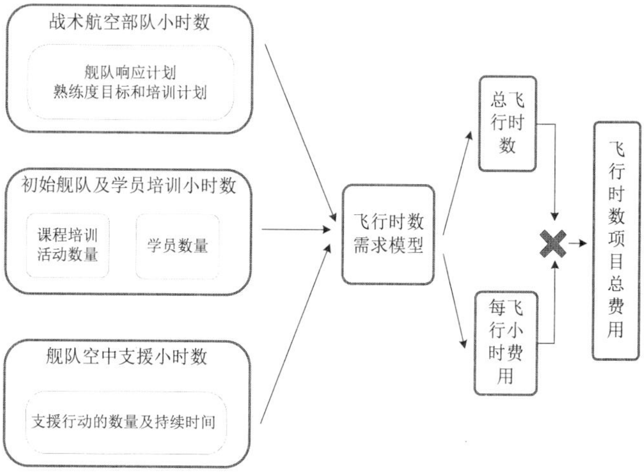

图 7.3　预算模型示例

进行替代方案分析的方法，常见的包括成本效益分析法（cost－benefit analysis，CBA）、成本效能分析法（cost－effectiveness analysis，CEA）、优先级和相对优先级列表法、满意度分析等。

如果一个模型不合适，项目发起人可以进行成本效益分析或成本效能分析。在 CBA 中，目标是权衡一个或多个备选方案的总预期成本和总预期收益，以选择回报最大的方案。一般来说，成本和效益是以美元计算的。CEA 与之类似，但在很难或用美元计算利益不太合适时，往往会更多地使用成本效能分析。CBA/CEA 的一个缺点是，计算中采用的假设或所选择的利益代理人可能自身也认同争论观点中的某一种观点，这取决于他们对该项目的支持程度。

有些项目不适合使用明确的模型或经济分析。在这种情况下，人们会使用最原始的满意度分析。项目发起人会问："陆军在××财政年度投资了××亿美元用于基础研究，根据我们的战略目标来看，我们对这项投资的结果是否满意？我们是否应该提升或是降低预算年度满意度要求？"由于影响难以量化，因此，满意度分析项目极易受到连锁性预算削减的影响。此类项目往往是基于专家的判断和对公平的追求而进行分配。

在进行综合决策的过程中，当面临预算限制而又需要评估不同项目时，项目发起人可能会使用优先级列表或相对优先级列表。

海军陆战队就采用了相对优先级列表法进行项目评估。首先，项目的初步评估在几个按职能划分的计划鉴定小组（PEG）中进行。PEG只关注每个项目的效益，利用专业判断和建立共识来评估每个项目的效益值。他们提供了一个按优先顺序排列的项目检查清单，以0—100的尺度进行规范。其次，各小组主席组成一个《计划目标备忘录》（POM）工作组，关注每个项目的资源需求，"购买"计划鉴定小组提供的检查清单效益值。用效益值除以成本，并按照新的成本—效益值进行排序。最后，将各PEG检查清单被合并成一张检查清单，按照成本效益的顺序重新排序，形成购买顺序。首先购买成本效益最高的项目，然后依次购买其他项目，直到用尽预算资源。这份检查清单被转交给项目审查委员会。项目审查委员会由比POM工作组级别更高的军官和文职人员组成，他们进一步分析，从整体和战略层面审视整个拟议项目，并向海军陆战队要求监督委员会提出修改建议，后者向司令员提出最终的POM建议。

4. 计划工作的完成人

有人认为，计划工作应当由军种人员负责完成。诚然，计划是一项顶层职能，因为从根本上来说它是政策制定的过程。但是，军种人员却不一定拥有计划流程所需的所有知识。虽然其他相近的组织也进入了规划阶段，并阐明了战略和能力差距，但相对而言，还需要从五角大楼之外收集更详细的计划工作数据。每个军种的做法都不同。空军POM是通过建立一套部队任务和任务支持小组来实现数据收集的。由项目单元监督员、空军主要司令部代表和其他职能领域专家组成的综合流程小组完成确立POM的工作。小组在关注空军的能力基础上，综合审查暂定的POM，并提出调整建议。

陆军主要司令部使用管理决策包，这是一组有逻辑联系的项目单元提供的说明计划——提交 POM。陆军参谋部的计划鉴定小组负责审查管理决策包。上校委员会负责审查计划鉴定小组的工作，并整合陆军 POM，以确保整个 PPBE 过程的顺利进行。最后，由陆军资源委员会作出最终决定。

陆军主要司令部向陆军参谋部提出 POM，空军则使用综合流程小组结构来合作建立 POM，而海军的大部分 POM 工作由参谋部完成，主要司令部则临时参与。一些项目管理者和主要司令部提交正式的 POM 请求，其他人员则根据海军工作人员的需要来调用数据。对海军来说，在预算编制接近尾声时，海军陆战队的 POM 与海军的 POM 是一体化的。海军作战部副部长（能力和资源整合，N8）负责 PPBE 流程，N80 指导海军 POM 流程。美国海军陆战队（项目和资源）建立 POM。海军部长依托美国海军和海军陆战队代表分别组成的“大组”和“小组”来审查 POM，并作出最终决定。

当各军种提交并由国防部最终完成 POM 审查后，即形成《计划决策备忘录》（PDM）。这是 PPBE 计划阶段的最终成果。

5. POM 的审查注意事项

第一，审查 POM，以确保在通过各种逻辑结构查看时，项目单元之间能够保持平衡。POM 是否代表了当前战备和未来能力之间的平衡；战斗武器和战斗支持之间的平衡；海上、空中、空间、地面和 C4I 能力之间的平衡；主力部队计划目之间的平衡；战略能力领域之间的平衡等。海军采用综合作战评估模式来实现这种平衡，空军则采用作战概念。在国防部部长办公室层面，采用联合能力组合和战略组合进行审查。

第二，审查 POM，以确保对《国防规划指南》（DPG）中发布的指导意见做出回应。DPG 可能包含对个别项目（如联合攻击战斗机）的具体指导意见，或对各类型项目（如无人系统或网络）的通用指南。

第三，审查 POM，以确保满足每个级别的决策者的利益和意愿。相关官员的立场并不完全一致，因此情况比较复杂。一个特定的项目发起人正试图优化其职责领域，即优化服务。相反，军种参谋长在这一过程中对其军种进行宣传，可能会使个别项目或国防部部长办公室的平衡不尽如人意。然而，国防部部长办公室正在寻求一种广泛的平衡，这种平衡必须为政治和军事总体目标服务。

请注意，美国国会是在执行前一个预算和制定下一个预算时，颁布预算。

在图 7.4 中，垂直阴影线提示我们在任何时间内，多个预算都在“发挥作用”。这条特殊的阴影线告诉我们（从底部到顶部），启动 2021—2025 财年五年规划时，2020—2024 财政年度的计划阶段也在同时进行。国会颁布 2022 财政年度预算时，正在执行 2021 财政年度（和之前的财政年度）预算。因此，任何重大的计划决定不仅将纳入《计划目标备忘录》，而且可能需要在其他阶段采取行动。例如，在 POM－12 中宣布取消远征战斗载具时，国防部仍未收到其 2011 财年拨款，该部门属于连续决议职权部门。因此，当盖茨部长就 2012 财年预算在国会作声明时，他需要包括修改该计划的 2011 年预算要求的请求，并且他指示该计划办公室改变其当前（2010 财政年度）的执行路线。

	2021财年	2022财年	2023财年	2024财年
总统预算2021	执行所有拨款	执行第二年的研发试验与鉴定，采购，建设	执行第三年的研发试验与鉴定，采购，建设	执行第四年的研发试验与鉴定，采购，建设
总统预算2022	国会颁布	执行所有拨款	执行第二年的研发试验与鉴定，采购，建设	执行第三年的研发试验与鉴定，采购，建设
总统预算2023	编制预算	国会颁布	执行所有拨款	执行第二年的研发试验与鉴定，采购，建设
总统预算2024	规划	计划　编制预算	国会颁布	执行所有拨款
总统预算2025		规划	计划　编制预算	国会颁布

图 7.4　重叠的 PPBE 循环周期

7.3.4　预算阶段

在 2003 年拉姆斯菲尔德改革期间，PPBE 发生了变化，合并了包含计划和预算编制数据的数据库以及计划和预算审查。变化背后的逻辑在于，预算是为了记录和证明各军种其《计划目标备忘录》（POM）中提议的项目组合，而《计划目标备忘录》中的项目必须得到资金支持，两者紧密相关。但是，两者存在重大的差别。计划侧重于主要项目，但预算必须反映所有项目。资源发起人负责计划工作，预算编制则由预算递交办公室（Budget Submitting Offices，BSO）完成。计划阶段是对资源进行总体配置，预算阶段则是精准明确经费需求。计划工作在任务环节完成，而预算编制则在拨款后完成。

总而言之，预算阶段是以支持预算依法编制制定的方式来证明计划决策的合理性。《预算说明书》是预算编制和立法颁布之间的一个过渡文件。因此，预算阶段的主要目的是确保这些说明书准确地描述《计划目标备忘录》（POM）中的决定，与战略规划保持一致并反映完成情况，并且在格式上符合立法职能。

联邦政府的预算阶段正式开始于每年发布的行政管理和预算局（OMB）通告 A－11（预算的准备、提交和执行），结束于机构向 OMB 提交预算案，通告内容描述见框注 7.2。OMB 审查该机构的预算是否符合总统议程，以及自经济设想首次颁布以来有何变化。在审查之后，预算案被传回各机构，以便进行修订、准备详细的预算说明书后提交国会。

框注 7.2　　OMB 通告 A－11 的描述

行政管理和预算局通告 A－11 比预算声明能够提供更多有效的信息。它概述了预算编制程序，包含了参考材料，如规范预算编制的基本法律以及术语和概念。它还包含了总统预算，并告诉各机构如何准备和提交行政管理和预算局以及总统审查机构要求所需的材料。它还讨论了一些特殊情况，如补充和修正、推迟和总统关于取消资金、投资的提案。它提供了关于预算执行的指示，包括关于分配和重新分配过程的指导（SF 132），关于预算执行和预算资金的报告（SF 133），以及资金管理条例核对表。由于行政管理和预算局同时负责预算和管理，因此，该通告描述了政府的绩效管理方法以及对战略计划和年度计划绩效报告的要求。

1. 预算办公室

OMB 通告 A－11 是美国国防部财务副部长（主计长）及工作人员最关心的问题。他们负责起草总统预算的正式附录，承担 OMB 的正式预算数据库的维护工作。对于绘制详细预算表格的军事部门、军种和主要司令部（军种内），更详细的预算要求会按指挥层级向下传递，并附上具体指导意见。指导意见中包括的内容有：要准备哪些预算证明材料，报告单个项目的阈值是多少（例如，指导意见可能说要列出所有价值 1000 万美元及以上的合同，并将所有其余部分合并为“杂项”），对各种支出对象使用的通货膨胀系数，截止日期，可以找到模板的网站（或者机构可能被告知使用上一年的预算作为本年度的模板）等。

虽然计划决策由军种参谋制定，但预算材料由掌握详细信息的人准备。因此，军种参谋部要审查预算。提交到预算办公室的预算往往附带一系列预先审查问题，其中一些是每年都会问到的常规问题，以提供给即将审查预算背景信息或有关本年度执行信息的军事部门预算分析员。其他可能是针对具体项目的问题，并涉及在计划期间产生的争议。这些问题不是提交给国会的正式预算说明材料的一部分，而只是作为国防部部长办公室（OSD）本级审查的一部分。

美军各军事部门（即军种部）都有一名负责财务管理和审计（FM&C）的助理部长，在这些助理部长的办公室内还有一名分管预算的副助理部长，通常是一名两星上将或将军。海军部将预算办公室称为FMB（财务管理与预算），该办公室负责指导PPBE的预算阶段。FMB发出针对特定军种的预算案要求，收集预算草案、审查预算并进行修改，然后为第二轮预算编制阶段发出指引，即为OSD/OMB预算提供指导。在国防部层面，国防部财务副部长（审计长）发挥与各军种助理部长（财务管理与审计）相同作用。由于国防部规模巨大，与其说OSD和OMB各自分开审查，不如说两者是一起行动的。联邦政府的其他机构，通常首先在部门级别审查其预算，然后才会提交给OMB。

2. 预算的编制和审查

预算编制是相对简单的工作，即以规定的格式建立和显示与特定计划相关的费用。在计划阶段结束时，POM确定了金额和活动的水平。例如，以21.7亿美元购买8架P8A波塞冬飞机，或以2.306亿美元招募40194名新水兵。编制飞机采办预算是确定生产固定成本和单位变动成本的过程，包括机身、发动机、电子设备、航空电子设备、出版物、维护计划、地面设备、工程变更单等。筹资预算则考虑了咨询中心、网站、直邮、电视广告和面谈等工具的成本和有效性，以及运营招募站的开销和差旅费用。

只要军种各主要司令部（或BSO）向军种参谋提交预算，那么审查就正式开始了。预算审查的目的是确保制定准确、适当的预算，计划具有可执行性，并且遵循预算要求指南。军种预算办公室在国防部部长办公室的审查中为预算辩护之前，它们首先会仔细审查预算编制背后所采用的数据和方法。

在预算审查时，预算分析人员通常会查看影响预算的五个因素：价格、进度、可执行性、拨款确认和一致性。价格审查涉及是否为所资助的事物或活动申请了正确数额的资金；进度审查考虑计划项目是否代表一年的生产或活动价值；可执行性涉及多个层面，但本质上是解决是否可以完成计划的问题；可执行性既有财务执行的因素也有计划执行的因素，财务执行即计划办公室是否能按时承付资金，计划执行即能否实现计划的技术目标；拨款确认审查确保计划中拨款按要求进行，并遵守财政法的要求。最后，一致性考量该预算是否与上一年的预算和任何相关预算相吻合（例如，提前采购与定期采购预算一致）。

分析人员还要进行财务责任审查，确认每个计划项目在合适的年份是否有合适的资金。他们主要关注预算年度，并考虑到《未来数年防务计划》（FYDP）中的多年要求。同时，还需要考虑当前及上一年计划和预算的执行情况。例如，如果由于低预算执行率而导致该计划在本年度出现超额资金，则可以在假设该计划将比原计划取得更多进展的情况下调整预算年度。项目管理者和资源发起人往往对预测持乐观态度，但预算分析人员往往持怀疑态度，想要规避风险。

预算审查将确定决策者面临的计划和财务风险，并在适当情况下提供降低风险的资金替代方案。替代方案所扮演的角色与计划人员类似：

（1）增加资金以降低风险并维持进度；

（2）调整项目并进行相应的重新定价；

（3）调整要获得的数量或降低活动水平；

（4）终止、截断现有计划或推迟未来计划；

（5）自愿承担风险。

如果发生在预算审查期间，预算办公室建议对整体项目进行更改（例如，重大采办计划的采购数量），那么《计划目标备忘录》也需要进行调整。

3. 支出型预算与投资型预算

在考虑预算编制和预算审查的主题时，应当注意美国国防部有两大类预算，即支出型预算和投资型预算（见框注 7.3）。

当项目主要用于保障当前行动就会采用支出型预算。支出的例子包括军事和民用劳动力、教育和培训、设施维护、基地运营以及车辆、飞机和舰艇的运行和维护费用。支出型预算采用增量资金，这意味着他们要求为一年的

框注 7.3　　支出型预算与投资型预算

支出型预算

- 采用增量资金，有足够的预算权限来负担 1 年的活动；
- 通常能购买一种“行动”，如劳动、培训或维修；
- 价格和计划变化。

投资型预算

- 资金充足，有足够的预算权限以获得完整、适用的最终项目；
- 通常是购买“设施”，如车辆、舰艇或建筑物。

支出提供足够的资金。如，1 年的工资、1 年的飞行时间、1 年的教育等。支出型拨款包括运行和维护（O&M）、军事人员（MilPers）以及研究、开发、试验与鉴定（以下简称研发试验与鉴定）。

影响支出型预算总额变化的因素有两种。第一种是价格变化因素，它反映了通货膨胀对所购物品的影响。如，调整最低生活工资的年度费用等内容。第二种是项目（计划）变化因素，它反映该项目所从事的活动水平变化所带来的影响。如，在航空飞行时数预算中，由于机队规模缩小或其作战节奏降低而消耗较少的燃料，从而减少预算需求，这就属于项目变化。

当项目主要用于支持未来的行动并且以相对较高的成本购置耐用品时，就会采用投资型预算。投资的内容包括装甲车、直升机、建筑、武器和大型信息技术系统。如果能够在 1 年内购置完整、可用的系统，则意味着投资型预算资金非常充足。购置完整、可用的系统的全部费用必须在预算中列出，并在签订合同前获得拨款资金。换言之，如果将未来 1 年所有的拨款都投入到某个具体项目的建设，则意味着该项目的资金并不充足。因此，采购项目的所用成本在下订单的那一年计入预算，即使需要几年的时间来建造该项目。投资型拨款包括海军造船和改装（SCN）、军事建筑设施（MilCon）和采购。

到目前为止，我们按照国防预算的发展基本程序进行讨论，从规划阶段到计划和预算阶段。图 7.5 描述了每个阶段对国防项目持有的不同看法。

需要强调的是，规划的目的是确定战略和能力之间的差距，并为解决这些问题制定规划目标，规划通过能力或需求的角度来看待国防部；计划的目标是在投资中期为各项目分配资源，以最佳方式实现规划目标，计划通过项目的角度来看待国防部；预算的目标是以支持预算依法编制制定的方式来证明计划决策的合理性，预算通过拨款和预算细目的角度来看待国防部。

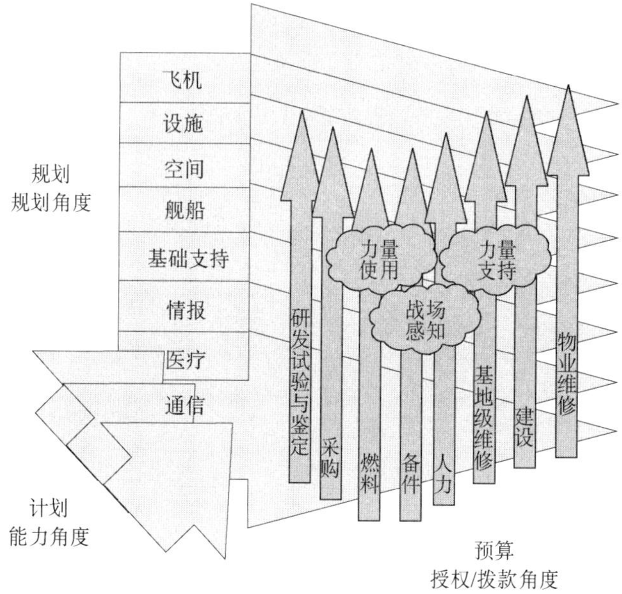

图 7.5　资源分配视图

4. 预算颁布——向执行过渡

PPBE 只描述发生在国防部内部的活动。但在预算提交后和执行开始前，会发生一系列重要的事件。PPBE 的每个阶段都对下一个阶段进行定义和约束，预算是国会授权和拨款的基础，这些法案规定、制约并促成预算的执行。国防部并不执行起草和提交的预算，它执行的是国会授权和拨款的预算。这个过程实际上就是 PPBE 中的执行阶段。

对于国防部的许多常规和经常性业务，国会往往会适当地满足要求的内容，而预算颁布阶段可能看起来更像是一种形式。假设国防部想执行所起草的预算，那么它有责任起草一份能被立法者接受的预算。在预算分析员和资源发起人的高度关注和理性分析层面之上，是一个考虑国防计划的政治可行性的政策层。国会密切关注的问题包括医疗保障、人员编制、管理改革、具体的武器项目（如联合攻击战斗机、V－22、MRAP、总统直升机、LCS、A－10、俄亥俄替代潜艇）、航母母港决策、基地关闭、支持国防供应商和具体威胁（如网络战、反叛乱）。认识到 PPBE 阶段的重叠性，国防官员必须了解国会对当年财政年度授权和拨款的性质，以便在各部门建立次年财政年度的《计划目标备忘录》时给予适当指导。

在预算法案颁布阶段，国防管理人员没有闲暇时间。国会经常会询问一些关于项目状况或资源分配理由的相关问题。国会代表团将访问计划办公室、设施和供应商设施以获取信息。随着法案和修正案草案的出台，国防部会对这些变化和国会提案进行监测。通过夏季立法会议，国会的行动受到监督，并影响到下一年度预算的规划和预算编制阶段。

类似于《计划目标备忘录》和预算之间的差别，国会既授权项目的存在合理性，又授权按照项目预算进行拨款。执行阶段是指以符合法律规定的方式行使预算职权，并实现计划阶段确定的规划目标。

7.3.5　执行阶段

编制预算是制定计划，颁布预算法案是同意计划，而执行则是落实计划。预算编制即要求授权，预算法案颁布是授予权力，执行则是行使权力。规划、计划和预算阶段与政策选择相关，而执行阶段则与政策产出和结果相关。由于执行预算与预算编制在本质上不同，所以第 9 章会详细介绍。在此，我们简要地介绍执行的核心问题，尤其强调执行是 PPBE 的一部分。

执行的目标是实施预算中描述的项目和政策——在授权和拨款过程中进行批准或修改——以提供所需的军事能力，并将信息反馈给随后的几轮 PPBE 过程。执行有两种相互联系但不同的方式：计划执行和财务执行。

计划执行是指：进行培训，指挥行动，购买、修改或维护设备，以及人员执行任务。在这种情况下，能够发展或维持军事能力，并且国家安全也得到了保证。在财务执行中，预算职权经历分配、引用、转移、支出、记录和报告。国防部的财政资源得到高效管理，行动得到科学控制以确保遵守拨款法。一般来说，项目管理者关注项目执行，财务执行只是达到目的的一种手段。职能管理人员（例如主计长）关注部门的信托责任，最后关注达到目的的手段。理想的情况是二者协同合作，以确保在遵守法规的同时实现计划目标。

PPBE 自 20 世纪 60 年代初开始使用，但在 2003 年才正式将“执行”加入系统。几年后，这一阶段才成为该系统的一个制度化部分。执行阶段的年中审查与做出关键项目决定的时间框架相吻合，这并非偶然。海军预算副助理部长的分析人员在审查后续预算的同时审查执行数据，以确保预算的连贯性。不过，PPBE 通常具有前瞻性，大多数参与者都对 FYDP 表示关注。

然而，执行力在两个关键方面影响着这个过程，这两个方面与实践中执行的项目和财务观点是并行的。首先，在国防部部长办公室层面，成本评估和计划评估办公室（CAPE，前身为计划分析和评估办公室）负责审查、分析和评估已执行的批准战略和政策的项目，编写作为 FYDP 的项目指南。每个军种都有类似的职能。这些都是项目审查，内容包括：（1）项目的产出和结果是否与预算中规定的计划一致；（2）是否提供了预期的军事能力；（3）是否应修改技术规格、数量和时间表。因此，项目执行的分析为未来几轮的规划和预算编制提供了依据。

执行阶段，除了对项目执行情况进行审查外，还对财务执行情况进行审查，并可能影响未来的预算。这种审查由各军种、国防部主计长和预算办公室进行。它们考虑为项目提供足够的资金，是否实现了所有的项目目标，以及资金水平在多大程度上能产生作用。它们监测资金的承付和支出速度，偏离计划或消耗标准的情况会受到审查，以至于翌年预算可能因为项目超支而削减。

应注意，甚至在“执行”正式加入 PPBS 之前，当年的执行在计划和预算编制中也发挥了类似的作用。所以这项活动不是新设立的，而是重新强调其重要性。自拉姆斯菲尔德改革以来，成本评估和计划评估办公室的权力有所提升，项目分析和预算分析之间的范围划分也更加广泛。奇怪的是，项目和预算审查在颁布过程中被合并，执行审查在组织程序上也发生着深刻变化。美国国防部财务副部长（主计长）指出，成本评估和计划评估办公室是独立的办公室，负责这些审查工作，他已经无法像原先计划分析和评估小组属于其办公室的一部分时那样谈论个别计划的细节。然而，他补充道，虽然缺乏第一手资料，但两个办公室有良好的工作关系，他相信预算结果会更好（R. Hale，2011）。

7.4 小结

最后一张图（见图 7.6）对 PPBE 进行总结。它反映了各阶段之间的关系，同时承认其并不是纯粹的周期性的。图 7.6 列出了关键文件和活动，并确定了各阶段之间的重叠部分。目标是阶段性的，还涉及主要参与者。

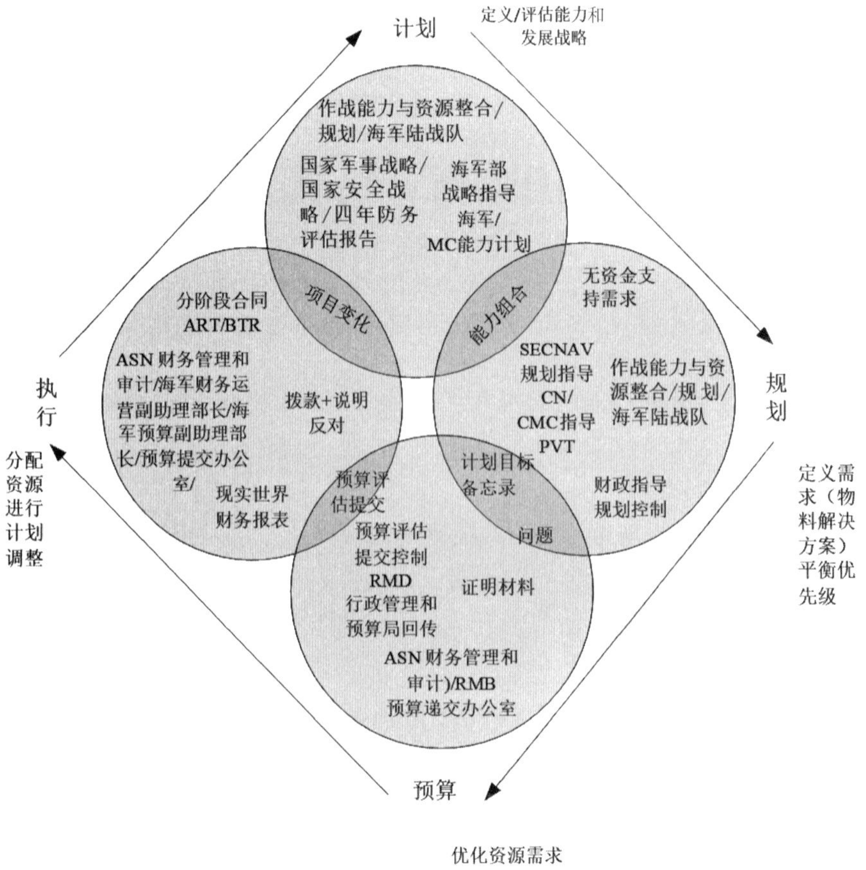

图7.6　PPBE综合运行原理图

任何机制设计都并非完美，PPBE也不例外。然而，尽管PPBE有着自身缺陷，但是在支持军事部门的基本任务方面仍然可圈可点，包括组织、供应、装备、伤残救治、训练和维持一流的战斗力等。PPBE涵盖了任何国防规划和公共预算系统中的所有基本要素，并且确保预算编制程序能够考虑并保障军队的战略规划和运作结构。同时，PPBE提出的年度预算要求也得到国会和美国公众普遍接受。

第 8 章　美国国防预算编制的类型与审查

本章和第 9 章将更详细地探讨 PPBE 的最后两个阶段，即预算编制和执行阶段。这些阶段主要发生在各军种的主要司令部和计划办公室之内，但由上层部门密切审查和监督。

各军种部长、国防部长、行政管理和预算局、总统乃至国会，通过预算编制的途径向美国的政治领导层证明：依据规划和计划所产生的政策选择具有科学性、合理性。在预算阶段中，对计划阶段提出的广泛性资源分配计划进行细化，并且在编制格式上符合立法要求。

因为预算是政府批准计划项目和拨款的正式请求，所以需要准确地起草。这意味着它们必须在逻辑上与上一年的预算和自此以来提出的任何项目报告相一致。预算需要精准地展示其所代表的生产计划或预期活动，并反映合理的成本估算。

鉴于预算的重要性，需要予以详细审查。各军种主要司令部的主计长仔细审查各个计划办公室编制的预算，军种预算办公室对主要司令部提交的预算进行仔细审查，国防部部长办公室（OSD）和行政管理和预算局（OMB）对各军种的预算进行审查，国会仔细审查提交的总统预算内容。每一层面的预算审查都有不同的重点，预算分析员必须了解这一点以确保预算草案成功通过。框注 8.1 提供了预算的定义，其中包含了许多这样的想法。

框注 8.1　　预算的定义

> “预算的定义是以财务术语表达在特定时期内实现组织目标的计划的文件。它是一种计划、绩效评估、决策和管理控制的工具，也是优先事项的声明。”
>
> ——《海军预算指导手册》第 1 页

大多数政府机构（以及企业、非营利组织，甚至家庭）把运营预算与资本预算区分开来。企业的运营预算是指预测销售和产生销售的成本，包括原材料、生产、营销和分销以及间接费用。它们通常属于短期预算，一次反映几个月或一年的情况。家庭的运营预算主要是指用于住房、交通、水电和食品费用的现金流。政府的运营预算涵盖了与执行任务相关的年度运营和维持成本，包括工资和福利、设施和设备维护、物资、人员旅行和物品运输、培训和教育、设备运行以及行政支持。对于国防部来说，这些成本主要用于军事人员和运行和维护（O&M）拨款。

企业的资本预算是指对企业主要投资和融资活动进行的成本预测，如建筑物、机器或工厂。资本预算以长期观点视角来看待投资的整个寿命周期，并掌握其获取、融资和运营的全部成本以及投资的回报率。对于一个家庭来说，这类似于决定购买或租赁汽车，以及购买或租赁房屋的计划。政府的资本预算与之相似。在市级或县级政府层面，融资是重要的考虑因素，因为通常没有足够的现金流来一次性支付一所新学校、医院或消防站的费用，需要通过发行债券或征收特别税等融资方式进行解决；在美国联邦政府层面，现金流则大到足以将投资决策与融资决策分开。

国防部的投资预算出现在研究、开发、试验与鉴定以及各种采办拨款中。其中，包括各军种以下采购账户：海军的重大建设、飞机、造船和改装、武器、弹药和其他账户；空军的重大建设、飞机、改装、弹药、导弹、航天和其他账户；陆军的重大建设、飞机、导弹、武器与履带式战车、弹药和其他账户。类似于企业部门，政府的投资预算也采取全寿命周期的观点。他们专注于生产单位、单位成本和生产进度表。

从基础和应用研究到研发中心的运作，再到与开发和实战具体能力的相关过程，研发试验与鉴定预算被划分为以下几个部分：先进技术开发、部件开发和原型，以及系统开发和演示。

本章分为三部分，对比了支出型预算和投资型预算的模式。首先，本章涵盖了预算编制和审查的一般过程——预算编制的作用、年度日程、共同的预算表、预算审查目标以及主要参与者；其次，本章对主要集中于运行和维护项目的支出型预算的编制与审查进行论述；最后，本章对主要集中于采购项目的投资型预算的编制与审查进行论述。

8.1 预算编制审查的一般程序

在第7章中，对PPBE运行过程的描述中曾指出，预算来自《计划目标备忘录》（POM）。POM是指在系统中期内的资源配置——人力、资金和计划（项目）。预算是对预算年度要求更加详细的描述，因为预算包含了对计划项目的详细描述，且由已经并将继续执行该项目的人起草。不同类型项目由对应机构的工作人员负责预算编制，如采购项目预算由计划办公室的工作人员起草，舰队作战预算由舰队工作人员起草，基地活动支援预算由设施指挥部起草。

8.1.1 预算程序治理

预算编制程序通常受OMB通告A-11、《国防部财务管理条例》第2A卷和第2B卷以及军种特别指南（如《海军预算指导手册》）的指导约束。特别指示或一次性要求由美国国防部财务副部长（主计长）（USD（C））传达给军种预算办公室，后者将通过预算指导备忘录向预算提交办公室（BSO）下达指示。今天，海军部的大部分指导意见通过项目/预算信息系统发布，其他军事部门也有类似的信息技术系统和门户网站，用于下达预算指导意见和上传预算意见书。

《国防部财务管理条例》包含指导意见，列出了某一项目可能需要的各种预算表，以及填写表格模板的说明。其中，一些常见表格模板参见表8.1。以字母R开头的是研究、开发、试验与鉴定（以下简称研究与开发或研发）项目，以P开头的是采购项目，OP表示运行和维护项目。具体的例子将在8.2—8.3节中进行探讨。

表8.1 预算表模板展示

表格	研究与开发	采购	军队建设	运行和维护	人事	周转资金
理由和总预算表	R-2/R-2a	P-40/P-3a/多年采购-1	DD 1391	OP-5，Parts Ⅰ，Ⅱ and Ⅵ	种类、修正内容概要、表格	资金-2/SM-1
成本数据表	R-2a/R-3	P-5/P-8a/多年采购-2	DD 1391	OP-5，Parts Ⅲ and Ⅶ（OP-32）		资金-1a/资金-14/资金-5

续表

表格	研究与开发	采购	军队建设	运行和维护	人事	周转资金
年度变化说明表	R－2/R－2a	—	—	OP－5，Parts Ⅲ and Ⅶ（OP－32）	多种总统预算表	资金－1/资金－1a/资金－2
供应商数据表	R－2a/R－3	P－5a/多年采购－3	DD 1391	OP－32，PB－15	—	资金－1/资金－2
进度表	R－3/R－4	P－21/P－27	DD 1391	1 年	1 年	1 年
库存量数据表	—	P－20/P－23/P－23a	DD 1390	OP－5，Parts Ⅳ and Ⅴ	多种 PB/MP 表	多种 SM 表

年度预算从 OMB 通告 A－11 开始，通过美国国防部财务副部长（主计长）流向军种预算官员，并传给 BSO。年度预算包含必要的事务性信息，如截止日期、如何提交预算、预算条目阈值（例如，单独列出所有价值超过 500 万美元的合同），以及需要准备哪些表格。为了协助预算审查，通常要求每个项目回答一系列问题，这些问题比预算文件中的内容更详细，如项目的计划、目前的进展和资金状况等。

预算调整也伴随着资金控制。控制数额是该项目预算必须达到的确切资金数额。该项控制以 POM 的内容为基础，预算编制要解决的问题是，把计划项目从项目管理者的预期调整至可控制范围。通常情况下，原定计划事项的活动水平需要进行调整，或者也可能需要放慢或加快进度。除了资金控制（美元金额）外，该项目通常也会有数量控制，用于控制分配军人和文职人员的数量。

8.1.2　预算编制的范围

预算通常会提供有关上一年（PY）、当年（CY）、预算年（BY）的信息，在某些情况下，还包括《未来数年防务计划》后四年（BY＋1 至 BY＋4）。上一年的数据不是基于上年度预算，而是基于实际颁布的拨款，以及所有用于调整该项目的专款授权补充和计划调整行动。在军种和 OSD/OMB 提交的文件中使用了当时的最佳可用信息，在总统提交的预算中采用了真实数据。

把预算提交看作是国防部和国会之间对话是非常具有积极意义的。在一年前，国防部向国会提交了某一个特定计划（项目）的预算。从那时起，国会邀请国防部的代表就该预算作证，国会工作人员审查预算，并可能已经向国防部提出问题或访问网站以收集信息。然后，国会为该项目授权并拨款，也许与要求的资金水平不同，或者与预计项目数量不同。它们可能颁布新的权力或命令以对项目产生影响。同时，该项目取得了又一年的进展，无疑与正在执行的预算中的提议有些不同。可能有资金流入或流出而需要重新规划，或许在基本要求之外增加了海外应急行动资金。然后，当前的 POM 周期作出了与该项目相关的决定。所有这些信息都被记录在预算中，以便将上一年的预算与新预算联系起来。预算人员需要掌握并总结所有信息，以证明新请求的合理性。

图 8.1 选取 2016 财年海军运行和维护预算中空中作战的案例（摘录）进行分析。图中给出了 2014 财年的实际支出情况，2015 财年申请的资金数额、国会拨款，以及实际执行的情况。然后，该图还显示了 2016 财年的新请求。

美国海军部

2016财年总统预算提案

运行和维护，海军

预算活动：作战部队

活动组：空中作战

按子活动组列出的详细信息：任务和其他飞行作战

III. 财务摘要（美元：千元）

		2015财年				
A. 子活动组总额	2014财年实际值	预算要求	国会金额	行动百分比	当前预估值	2016财年预估值
I. 任务和其他作战行动	4972221	4947202	4279889	86.51	4279889	4940365

B. 对账汇总

	变化调整 2015/2015	变化调整 2015/2016
基线资金	4947202	4279889
国会调整（已分配）	-663701	0
国会调整（未分配）	-3412	0
满足国会意愿的调整	0	0
国会调整（普通条款）	-200	0
结转	0	0
拨款金额小计	4279889	0
海外应急行动和灾害增补性拨款	1026123	0
减：海外应急行动和灾害增补性拨款	-1026123	0
生活情况的变化（当年）	0	0
基线资金小计	4279889	0
重制计划	0	0
价格变化	0	-971
功能转移	0	-1675
项目变化	0	663122
当前预估值	4279889	4940365

图 8.1　2016 财年 OMN 预算摘要

图 8.1 中的 B 部分是此前总统预算请求中的变化调整。第一列数字表示从 2015 财年预算请求到现行估计值的变化，且对资金水平的每次变化进行了分类。第二列数字显示了新请求（2016 财年）与上一年请求的对比。

国会调整分为四类。第一类是国会专门对这一预算项目进行调整。在本项目中，国会减少了 6.637 亿美元的请求金额，原因包括运输费用增长不合理、过高估计所需时数、燃料价格增长不合理等。

第二类是对预算的大类进行调整，其中一些调整额度分配给该项目。在这一示例中，国会发现国防部过高估计其文职人员劳动力成本，因此需要削减预算，但允许国防部决定如何在配备有文职人员的项目中分配削减的费用，该项目损失了 341.2 万美元。

第三类和第四类类似，反映了根据拨款或授权法案中关于国会对国防部的要求，或拨款法案的普通条款中对项目金额的影响。本例中最后一类调整原因是，自提交预算以来美元相对于其他货币购买力更强，因此整个部门进行了调整。每个项目都进行小型调整，以反映更高的购买力，经测算本项目调整额为 20 万美元。

之后，我们还能发现项目中加入海外应急行动资金，然后又被剔除。现实情况是飞行行动预算花费了额外的 10 亿美元（总计划为 53 亿美元）。国会需要知道该行动的经费总体规模，但将其从预算中抽出则是基于预算同类比较的要求。下一年度的海外应急行动资金（OCO）预算会专门设计有一份单独表格。

接下来的四行包含了 PPBE 过程中的一部分行动。重制计划是一种机制，通过这种机制可以在执行年度实现项目的资金转移。在 2015 财年，没有任何资金被调入或调出该预算。功能转移是指将一个项目或项目的一部分，从一个预算行项转移到另一个预算行项。在这里，我们看到 2016 财年预算中的功能转移，减少了 16.75 亿美元。事实上，几次转移的净额——包括把资金从采购计划管理预算转移至此预算以用于航空物流系统的信息技术支持，以及把资金从此项目转移至企业信息技术预算，用于集中管理不同的信息技术系统——功能转移过程中，整个军种预算的净值始终为零。一项预算每增加一美元，另一项预算就会相应减少一美元。

最后，我们来分析价格变化和项目变化的类别。价格变化反映了通货膨胀对项目的影响。假设该项目从 2015 财年到 2016 财年没有发生任何变化——每种类型的飞机的飞行时数相同，消耗的燃料数量相同，购买的零件数量相同，支付的人员数量相同，飞行的频次度相同等，然而项目可能仍然需要更多资金，因为零件的价格更高了，人员的工资增加了。这种增长称为价格增长。本例情形较为罕见，因为该数字为负数。深入挖掘预算信息，进一步了解这主要是由于来自燃料价格降低而结余 8500 万美元而造成的。

8.1.3 预算编制提交三步法

每个预算周期包含三次预算提交过程。提交的第一步是由预算提交办公室（BSO）提供给军种预算办公室进行审查，通常发生在 7 月和 8 月。而后，根据军种实际变化以及国防部部长办公室（OSD）的预算指导，OSD/OMB 预算在秋季提交审查，这是提交的第二步。一旦 OSD 对预算做出最终决定，就会编制最终提交的预算，即总统预算。总统预算于 12 月至次年 1 月进行编制，以便在 2 月提交给国会。

图 8.2 以 2020—2023 财年区间为例展现了大致的时间线。需要注意的是，首次起草 2023 财年预算供军事部门（MilDep）审查时，2021 财年预算仍在进行中，2022 财年的拨款和授权还未制定。在第一个预算中，有必要预测 2021 财年剩余时间可能发生的情况，以及国会将对 2022 财年请求采取的行动。起草 OSD/OMB 预算时，会进一步了解情况，但大概率（鉴于持续决议的普遍性）2022 财年的立法在 OSD 和 OMB 进行审查之前是不完整的。

当国会颁布的授权与拨款水平与之前总统预算不同时，调整部分需要被纳入最终草案，形成最终的 2023 财年总统预算。当国防部处于持续决议之下时，审查预算草案和编制总统预算的时间会被压缩，甚至可能导致下一个预算的延迟。需要理解的关键是，每次提交预算时，预算不仅沿着指挥链在运行传递，而且根据更及时、更准确的信息进行调整。

但是，如果项目非常复杂或发生变化，在计划阶段存在尚未解决的问题或者在初步审查结果中发现更多的问题，那么该项目通常会收到预算办公室的反馈。复审阶段的反馈可以采取问题跟踪的形式，也可以采取向预算办公室简要汇报的形式。如果在进一步审查后，仍然认为预算有缺陷，预算办公室将进行标记并建议调整预算。预算的任何方面都可能存在缺陷，如成本定价、活动进度、资金需求的可行性、开支与预算或拨款不一致等。

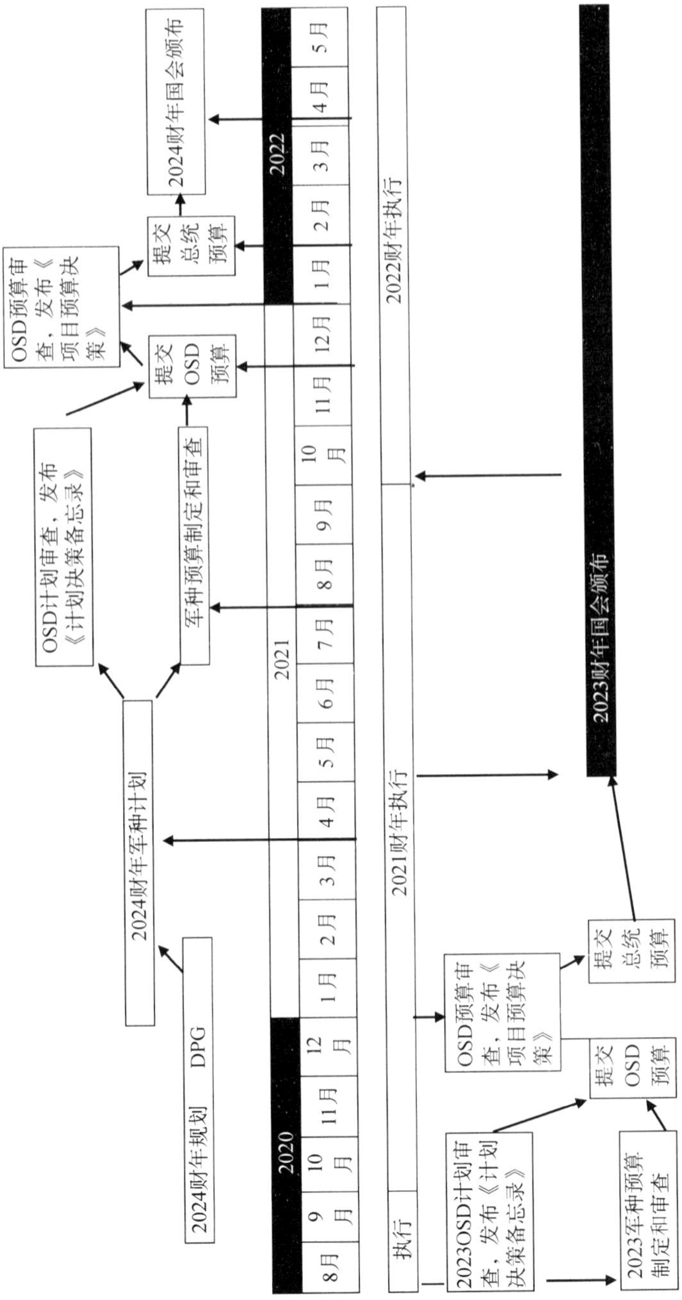

图 8.2　理论上预算提交时间表

有时，计划办公室可以在复审阶段对标记进行回应。回应需要解决发现的预算缺陷，目的是增加（通常是恢复）预算。复审旨在解决标记的假设和逻辑问题，纠正事实错误，并在问题解决后提供一份影响声明。并非所有标记都能接收复审的回应。例如，如果计划办公室犯了一个简单的数学计算错误或应用了错误的通货膨胀系数，预算将被标记，但不会进行复审。

OSD/OMB 的预算审查是并行过程。但是它们不使用“标记”一词，而是发布《计划决策备忘录》（PDM）以进行修改。PDM 主要是针对预算中的技术变化调整（如价格），由成本评估和计划评估办公室主任发布。每年有一些决策十分重要，足以上升到国防部部长层面，甚至需要总统注意。结合第 3 章和第 7 章的内容，表 8.2 总结了预算程序主要阶段的关键文件，如何提出调整和上诉，以及制定决策文件。

表 8.2　　国防预算决策要点

	顺序				
阶段	阶段/参与者	文件	拟议调整	上诉文件	决策文件
规划					
1	需求确定	计划目标备忘录（POM）	计划决策备忘录（PDM）	议题文件	计划决策备忘录（PDM）
预算					
2	海军预算副助理部长	BSO 预算提交	预算标记	复审或议题文件	海军预算副助理部长最终控制
3	国防部部长办公室/行政管理和预算局	预算评估提交（BES）	方案（计划）预算决策（PBD）	复审、议题文件，或重大预算问题	方案（计划）预算决策（PBD）
4	国会	总统预算（PB）	委员会标记	详尽的申诉或者行政政策（或立场）声明	授权拨款法案

8.1.4　预算审查的目标

海军运行和维护预算的封面标题为“估算理由”。预算的核心功能是证明项目需要特定数额资金的理由正当性。“理由”这个词的意思是表明某事是正确的，或为其辩护或维护其正当性。军种层面的预算审查的主要目的，就是确保起草预算的工作人员能够达成这一目标（解释预算编制理由），即资金请求和资金使用计划是否合理？预算在接受OSD、OMB和国会的审查时能否得到审批？

海军的《预算指导手册》指出，预算审查有七个目标。其他军种与海军是大体类似的。这些目标包括：

（1）确保POM项目获得合适的资金；

（2）确保项目符合国防部部长和国会发布的绩效目标和预算准则；

（3）确保综合预算得到海军部长、海军作战部长和海军陆战队司令的批准和支持；

（4）根据最新的财政限制和与不同于编制POM的计划信息，为海军部长提供重新分配资源的机会；

（5）确保人员要求和费用控制在支持和实现目标所需的最低限度；

（6）评估项目的成本效益；

（7）确保长期准确体现项目和资金决策的作用。

除第（3）和第（4）个目标外，所有的目标都支持确保预算合理的目标。第（1）和第（6）个目标确保该项目有足够的资金来实现其目标，但资金额不会过多。同样地，第（5）个目标确保在整个军队有效地分配人员，并确保工资单上的人员数不超过必要的数量。第（2）条是确保预算文件符合预算要求，技术层面无误。第（7）条是连贯的长期计划的完整性，从已经执行的内容到明年请求的内容，持续执行数年。

8.2 支出型预算的编制和审查

8.2.1 预算编制

在8.1节中，我们研究了海军“任务和其他飞行作战（Mission and Other Flight Operations）”项目的运行和维护预算的同比变化情况（见图8.1）。这是一个支出型预算的典型例子。如前文所述，支出型预算描述了某些活动的为期1年的价值并为其申请资金。本节中，我们沿用此例来说明支出型预算编制和审查的过程。图8.3中，此预算案例对“任务和其他飞行作战”项目明确给出了“作战资金说明”（第Ⅰ部分）和“军力结构概要”（第Ⅱ部分）的相关内容。

美国海军部 2016 财年总统预算提案

运行和维护，海军

预算活动：作战部队

活动组：空中作战

按子活动组列出的详细信息：任务和其他飞行作战

Ⅰ作战资金说明：

任务和其他飞行作战包括所有海军和海军陆战队战术空军（TACAIR）和反潜战（ASW）部队。岸基舰队空中支援和非常规战争。资金提供飞行时间，以维持所需的战备水平，使海军和海军陆战队航空部队能够根据需要执行其主要任务，以支持国家目标。此外，飞行时间支持计划为设备和中队工作人员和人员的运输和旅行、机组人员培训系统、商业航空服务和各种信息技术系统提供资金。

海军使用海军防御准备状态报告系统（DRRS－N）测量航空准备状态。根据舰队响应计划（FRP）提供经过充分培训的机组人员。在概念上的 32 个月部署周期内，战备状态各不相同（从 2015 财年开始过渡到 36 个月周期（O－FRP）），舰载机联队（CVWs）保持 T－2.5 的平均 T 级（DRRS－N 的训练支柱）。该平均战备水平分为以下部分：部署时的 T－1.3，部署前的 T－2.0 维持。和 T－2.7 部署后维持。在部署周期的维护阶段。准备状态下降到 T－3.3。

海军陆战队战术航空战备在方法上有所不同，要求保持 T－2.0 战备状态，以便在接到作战计划或应急行动通知后迅速有效地部署。海军陆战队航空计划（AVPLAN）指导训练与准备（T&R）需求和资源，在美国海军陆战队 36 个月中队训练周期的 12 个月中整体准备就绪达到 T－2.0 的准备水平。T&R 计划通过实施全面的计划与部门要求保持一致。基于能力的训练系统，为作战指挥官提供任务技能熟练的乘员和作战领导人。

2014 财年至 2016 财年。由于飞机基地维修问题导致 FA－18 A－D 传统大黄蜂失去报告状态，因此无法实现 USN T－2.5 和 USMC T－2 0 的总体准备水平。该资金水平的目的是使 CVW 的平均 T 评级为 T－2.5，美国海军陆战队的平均 T 评级为 T－2.0。除 FA－18 A－D 中队外，该中队将平均 T 级提升至 USN T－2.8 和 USMC T－2.4。部队将在 T－2.0 或更好的战备状态下部署。

Ⅱ军力结构概要：

在 2014 财年，有 10 个现役航母空军联队、2303 名机组人员和 1967 架战术初级授权飞机。

在 2015 财年，有 10 个现役航母空军联队、2305 名机组人员和 2012 架战术初级授权飞机。

在 2016 财年，有 10 个现役航母空军联队、2315 名机组人员和 2038 架战术初级授权飞机。

图 8.3　OP－5 飞行作战预算首页

根据图 8.3 可知，大部分叙述性描述是逐年重复的，预算结构也相当稳定。变化的部分是战备水平和项目管理。这份预算 2014 年底起草，并于 2015 年 2 月提交至国会。请注意，预算提到了部队管理计划，即优化舰队响应计划（O－FRP）所带来的变化。这种变化应在说明中加以描述，以便向国会提供正在发生的事情的基本概况。第Ⅱ部分是对本预算所支持军力结构的总结概述。我们看到，在 2016 财政年度机组人员数量和授权飞机数量略有增加。

图 8.4 报告了 OP－5 飞行作战的项目增减摘录的有关信息。报告指出，另有 12 架 F/A－18E/F 飞机将在 2016 财年加入机队，预计将飞行 1085 小时，额外费用为 1.06 亿美元。该案例证明了预算的增加——购买更多飞机需要更多资金。注意项目 5）a）vi）也为增加飞机（＋6 架 EA－18G）寻求额外的资金，但提到了从 EA－6B 的过渡。在项目 6）a）iv）减少的情况下，我们看到由于 EA－6B 飞机的飞行时间减少，要求的资金也相应减少。该案例反映出预算良好的内部一致性。

但是，海军航空兵司令部的预算分析员是如何知道这些信息的？优秀的分析员会知晓司令部业务的本质以及需求是如何产生的。事实上，提出需求的并非预算员，而是军事指挥官和作战计划人员。但预算分析员应该了解基本流程和成本驱动因素。就飞行作战而言，有两个大的组成部分，即每个飞行时数的成本和间接费用/人员费用。先看后者，间接费用/人员费用是应当由该项目支付的费用，包括空中交通管制、商业航空服务、临时附加税旅行和业务人员的费用。其中一些费用随作战节奏而发生变化，但许多费用是固定的，与部队的使用情况无关。它们往往是通过关注与当年预算对比发生的变化而逐步确定编制预算。例如，见图 8.4 的 5）a）vi）项目，需要增加 6750 万美元用于改变这些因素。

为了向国会证明预算的合理性，提供近期、现在和未来（预算年度）的项目规模和绩效的关键指标很有必要。根据美国《国防部财务管理条例》，“绩效标准和评估摘要（OP－5，第Ⅳ部分）必须提供足够的细节证据，以说明每个子活动组的预算资源如何有助于该部门的任务实现……目标是通过绩效标准来证明预算请求的合理性”。图 8.5 展示了 OP－5 飞行作战的一系列绩效指标。我们可以看到，成千上万的飞机每年飞行数十万小时。但是，飞机种类和数量在这些时间内是不断组合变化的。旧型号飞机退役，各种新型号的飞机被投入使用，部分飞机可能正处于检修阶段而无法使用，还有部分飞机可能出现战斗损失的情况，这些因素都需纳入预算进行综合考量。预算中计划增加或减少这些数字的部分也应与预算其他部分的变化保持一致。图 8.5 显示，预估总飞行时间从 2015 财政年度的 601030 小时增加到 2016 财政年度的 602755 小时。除非飞机组合或飞行作战类型发生重大变化，否则人们应该对 2016 财年的由燃料数量需求增长而带来的预算增加抱有心里预期。参见

（美元：千元）		
C. 增减调节	金额	总计
iii）从 BA 1. 任务和其他飞行操作（1A1A）转移到 BA 1. 企业信息技术（BSIT），用于海军企业互联网门户（INavy）的中央管理。（基线 1554 美元）	-1554	
5）项目增加额		**934460**
a）2016 财年项目增长		934460
i）根据损益表 113-235 页第二篇到第九篇及《2015 年任务和其他飞行操作综合拨款法案》，由于 2015 财年国会调整，资金反映了 45 万美元的计划增长。（基线 0 美元）	450000	
ii）增加 12 架 F/A-18E/F 飞机及 1085 小时。（基线 953590 美元）	106103	
iii）增加 10 架 P-8A 飞机及 2209 飞行小时，因从 P-3C 到 P-8A 的过渡。（基线 77086 美元）	71392	
iv）增加是指飞行时间内各种项目的最新成本预测，包括海上空中交通管制和着陆系统（MATCAL）、机队区域控制和监视设施（FACSFAC）、中队临时附加任务（TAD）、操作人员（OP 人员）和商业航空服务（CAS）。（基线 569356 美元）	67539	
v）增加支持美国海军舰队空中支援飞机额外飞行 4108 小时。包括 USN MH-53E 的增加，因为机载地雷对抗和主齿轮箱维修成本增加。（基线 104080 美元）	60738	
vi）增加 8 架 EA-18G 飞机和 3677 小时，因从 EA-6B 巡游者向 EA-18G 咆哮者过渡。增加的还包括 AVDRL、飞机消耗性维修零件、燃料和合同维护的更新成本预测。（基线 19088 美元）	33099	
6）项目减少额		**-271338**
a）2016 财年项目减少		-271338
i）由于国防部内部的效率举措，计划减少 5 名全职员工的文职人员和支持成本。（基线 43796 美元；减少 5 名全职文职员工）	-438	
ii）根据 2014 财年的实际情况和计划的人员重组更新了人员工资和/或全职员工等效数。（基线 57642 美元）	-470	
iii）减少 11 架 P-3C 飞机和 1019 飞行小时，因从 P-3C 到 P-8A 的过渡。（基线 136915 美元）	-5785	
iv）减少 EA-6B 的 250 飞行小时，因从 EA-6B 巡游者向 EA-18G 咆哮者过渡。（基线 38537 美元）	-8702	
v）减少 6 架 CH-46 飞机及 1115 飞行小时。（基线 12917 美元）	-12917	
vi）减少 13 架 SH-60B/F 飞机及 11509 飞行小时。（基线 60887 美元）	-52775	
vii）减少反映了根据 FY14 飞行小时成本报告的分析对每小时成本进行的调整。（基线 3716569 美元）	-54000	
viii）减少反映了由于时间表变更，与非 F/A-18 A-D 传统大黄蜂飞机相关的飞行小时数减少。（基线 3256447 美元）	-61549	
ix）减少反映了受航空维修能力限制影响的非 F/A-18 A-D 传统大黄蜂未报告飞机的飞行小时数减少。（基线 460122 美元）	-74702	
2016 财年预算要求		**4940365**

图 8.4　OP-5 飞行作战的项目增减摘录

IV. 性能标准和评估摘要

项目数据	2014 财年预算值	2014 财年实际值	2015 财年预算值	2015 财年预估值	2016 财年预估值
飞机总库存（TAI）（财年末）	**2468**	**2395**	**2605**	**2654**	**2663**
战斗机/攻击机	969	945	987	1003	988
旋翼机	1046	984	1044	1076	1089
巡逻机/警戒机	209	188	216	213	216
其他	244	278	358	362	370
主要飞机库存（PAI）（财年末）1/.	**1990**	**1885**	**2379**	**2405**	**2400**
战斗机/攻击机	745	682	875	867	855
旋翼机	859	838	985	1013	1028
巡逻机/警戒机	182	141	179	180	188
其他	208	224	340	345	351
备用飞机库存（BAI）（财年末）2/.	**478**	**510**	**226**	**249**	**241**
战斗机/攻击机	224	263	112	136	133
旋翼机	187	146	59	63	61
巡逻机/警戒机	27	47	37	33	28
其他	40	54	18	17	19
飞行时数（#）	616089	556652	636218	601030	602755
执行百分比	n/a	90.4%	n/a	n/a	n/a
飞行时数（$000）	$4339583	$3768268	$4354870	$3749915	$4324449
执行百分比	n/a	86.8%	n/a	n/a	n/a
每飞行小时费用	$7044	$6770	$6845	$6988	$7174
战术战斗机机翼	10	10	10	10	10
空勤人员比（平均）	1.54	1.54	1.54	1.54	1.54
战斗机	1.56	1.56	1.56	1.56	1.56
其他	1.52	1.52	1.52	1.52	1.52
OPTEMPO（时数/人员/月）	18.6	18.9	19.5	19.5	18.9
战斗机	17.8	17.9	19.7	19.7	18.4
其他	19.2	19.8	19.2	19.2	19.3
海军平均 T－评级	T－2.5	T－2.5	T－2.5	T－2.5	T－2.5
海军陆战队平均 T－评级	T－2.0	T－2.0	T－2.0	T－2.0	T－2.0

图 8.5　OP－5 飞行作战绩效标准

图 8.6 中的项目 401（燃料产品），我们可以看到从 2015 财年到 2016 财年变化的“项目（计划）增长”一栏有 3.32 亿美元。表中的项目（计划）增长反映了不同级别活动类型的额外费用，价格增长反映了通货膨胀的影响。因此，与 2015 财年相比，2016 财年的预算需要额外资金来购买更多燃料，但预计价格会降低。

图 8.6 展示了按支出对象进行编制预算的示例。绩效评估显示的是产出（飞行时数），而本图显示的是按投入计算的费用，包括工资、差旅、燃料、用品、维修零件和服务等。它将通货膨胀与计划变动的影响分开，并跟踪从上一个完成年度（实际）到本年度（预估）再到预算年度（请求）的变化。在预算要求时会提出通货膨胀系数，例外的情况只是少数。预算分析员没有自由裁量权，必须使用官方费率。

图 8.7 概述了与飞行作战有关的人事安排情况。可以看到，与飞行作战项目有关的军人分为现役和预备役人员，军官和士兵，此外还有政府文职人员和供应商。E/S 代表“最终实力”，指年度结束时的人员数量。A/S 代表“平均实力”，指报告年度年初和年终前实力水平的简单平均值。这里报告的文职人员和供应商是全职人力工时（全职人员，或相当于一个人全年全职工作）。预算分析员将从指挥部的人员编制文件和人力资源部门获得这些数据。类似于燃料示例，我们可以看到图 8.6 中增加了 13 个文职的全职人力工时，这在图 8.6 的项目 101 和 103 的净款额中得以体现（1341 - 219 美元）。人员的价格增长根据国防部部长办公室的预算指导计算得出，反映出新预算中项目（计划）的加薪和福利变化。

8.2.2 预算审查

以下仍以上述海军航空兵飞行作战案例进行说明。当海军航空兵司令部预算提交办公室（BSO）的分析员准备好预算后，即进入到军种预算办公室的分析员及随后的国防部财务副部长（主计长）对其进行预算审查的环节。预算需要审查的内容包括：价格、进度、可执行性、拨款确认和一致性五个方面。

1. 价格审查

通常，实际工作中采用三种不同的价格审查方式。

第一种审查方式相当直接且具有技术性，即看预算中是否准确地运用了预算要求的合适的通货膨胀因素。你可能认为，只有一个因素（消费者物价

VI. OP－32 适用系列项目（美元：千元）

通货膨胀类别	2014 财年实际值	2014 财年至 2015 财年的变化：当前	2014 财年至 2015 财年的变化：物价增长	2014 财年至 2015 财年的变化：计划增长	2015 财年预估值	2015 财年至 2016 财年的变化：当前	2015 财年至 2016 财年的变化：物价增长	2015 财年至 2016 财年的变化：计划增长	2016 财年预估值
100 文职人员补偿									
101 行政、一般和特别时间表	46507	0	465	4767	51739	0	630	1341	53710
103 工资委员会	5591	0	56	236	5883	0	71	－219	5735
121 PCS 福利	0	0	0	20	20	0	0	0	20
300 差旅									
308 人员差旅	213874	1	3541	－59579	157837	－50	2684	1649	162120
400 WCF 供应									
401 DLA 能源（燃料产品）	1460581	0	32175	－325100	1167656	0	－85239	332360	1414777
412 海军管理物资	467572	0	24736	－84675	407633	0	19974	63554	491161
416 GSA 管理物资	2786	0	48	－2172	662	0	11	4469	5142
417 当地采购管理物资	184	0	3	52	239	0	4	－2	241
421 DLA 材料供应链（服装和纺织品）	4382	0	－26	－48	4308	0	－26	428	4710
424 DLA 材料供应链（武器系统）	396388	0	－9514	－74237	312637	0	4064	49414	366115
500 股票基金设备									
503 海军基金设备	1802797	0	1623	－19479	1784941	0	51763	93235	1929939
506 DLA 材料供应链（施工和设备）	3377	0	24	4236	7637	0	76	188	7901
507 GSA 管理设备	58	0	0	0	58	0	1	0	59
600 其他 WCF 采购（不包括运输）									
610 海军空战中心	145323	0	1612	－16794	100141	0	1222	60573	161936
611 海军陆战中心	2317	0	66	－541	1842	0	27	11	1880
612 海军水下作战中心	7740	0	265	950	8955	0	108	465	9528
613 海军舰队准备中心（航空）	0	0	0	530	530	0	－21	21	530
614 太空与海战中心	12741	0	163	－4709	8195	0	133	1280	9608
620 海军运输（作战后勤部队）	36372	0	169	－5366	31175	0	680	－159	31696
630 海军研究实验室	1000	0	－63	－937	0	0	0	0	0
631 海军设施工程和消耗战争中心	986	0	7	－884	109	0	12	－22	99
633 DLA 文件服务	691	0	39	－547	183	0	－4	－39	140
635 海军基地支持（NAVFEC：其他支持服务）	802	0	2	－85	719	0	－60	135	794
647 DISA 企业计算中心	1507	0	－11	－150	1346	0	－135	－60	1151

图 8.6　OP－32 飞行作战的目标分类系列项目

V. 人事概要:	2014 财年	2015 财年	2016 财年	变化2015 财年/2016 财年
现役军人最终人数（E/S）（总计）	33022	32729	33155	426
军官	4274	4334	4423	89
入伍军人	28748	28395	28732	337
储备操练力量（E/S）（总计）	105	105	175	70
军官	19	19	53	34
入伍军人	86	86	122	36
全职现役军人（E/S）（总计）	212	260	290	30
军官	8	16	46	30
入伍军人	204	244	244	0
现役军人平均人数（A/S）（总计）	32828	32876	32943	67
军官	4246	4304	4379	75
入伍军人	28582	28572	28564	−8
后备操练力量（A/S）（总计）	105	105	140	35
军官	19	19	36	17
入伍军人	86	86	101	18
全职现役军人（A/S）（总计）	212	236	275	39
军官	8	12	31	19
入伍军人	204	224	244	20
全职文职人力工时（总计）	652	755	768	13
美国直接聘用	652	710	723	13
外国直接聘用	0	0	0	0
直接聘用总计	652	710	723	13
外国间接聘用	0	45	45	0
平均全职人力工时费用	80	81	82	1
供应商全职人力工时（总计）*	1425	871	962	91

*根据《公法》第111－84条的规定，本预算中显示的供应商全职人力工时是使用经批准的国防部长办公室AT&L计算方法得出的。它们并不代表合同员工的实际描述，因为海军将继续提高其合同清单的真实性。

图8.7 OP－5飞行作战人事情况概要

指数）或两个因素。事实上，有许多类型的通货膨胀因素会影响预算。有些通货膨胀因素用于员工福利以反映医疗保健成本，有些与用品和材料有关，有些则与燃料有关（根据燃料的类型有许多子类别）。

第二种审查方式是对任何计划项目修改调整进行价格评估。例如，在 2016 财年，当新的政府员工退休制度所占预算资金比重增大或舰队采取优化舰队响应计划时，就会进行这种评估。

第三种方式是通过审查量化分析模型来确认价格。让我们再回头看看用于计算飞行时数部分的模型，即图 8.5。该项目的维修消耗成本有三个组成部分，分别为：历史成本，对飞机使用时间、机龄和改装的变化调整，以及对特殊材料成本和一般通货膨胀的调整。所有这些因素都需要进行审查，如果历史成本的收集和解释具有内在一致性，那么会简单很多。数据来源或方法论所发生的任何变化调整，对于价格产生的影响都需要进行验证。关于飞机飞行作战的预算价格调整是具有一定挑战性的，我们可以推断一架老飞机的维护成本会更高，但会高出多少呢？如果飞机实现现代化，重量增加，或者遵循不同的飞行轨迹，那么飞机各部件压力会增加还是减少，具体数值是多少？哪些部分属于垄断市场行为影响，哪些近似于一般的通货膨胀因素？这些内容由预算办公室的成本和经济部门进行审查，而海军则通常安排价格评议小组来审核这些因素。

2. 进度审查

尽管进度与投资型预算相关性更高，但是在运行和维护（O&M）预算方面，进度审查同样发挥着重要作用。进度审查的一个要点是检查高成本活动的出现时间，例如授权主要合同、系统和平台的基地级维修或部署打击群等。与进度审查相关的还有遵守财政法（见第 9 章），规定当年预算只能为该年任务提供资金。

对飞行作战预算而言，进度审查关注的另一个问题是飞机何时被舰队接收并开始产生费用，以及何时退役并不再产生费用。这是预算一致性的问题，因为采办预算中飞机交付时间表需要与 O&M 预算中的预期运行可用度相匹配，确定 O&M 的支出也属于进度审查的范畴。

3. 可执行性审查

可执行性审查涉及方案计划是否可以实现。如果飞行作战预算执行不足——即以低于计划速度承付资金——则可能出现飞机的战备能力降低或飞机无法按计划飞行的情况（事实上，图 8.4 中的 6）a）ix）项目减少就是一个例子）。无论哪种情况发生，都会让人对计划执行能力产生怀疑，并可能导致预算标记。

再比如，举一个关于基地级维修预算可执行性的例子。正常情况下，待修理装备入库后，资金才被用于支付装备全部维修费用。如果计划在 9 月进行装备送修，但实际送修时间推迟至 10 月，就会出现可执行性问题。这一点十分重要，因为 10 月份已经属于下一个财政年度。在这样的计划中，预算办公室可能会对这一计划进行标记，并将资金转移到下一个财政年度，将检修日期推迟到 10 月，以避免出现两难局面。

4. 拨款确认审查

预算的基本功能是申请拨款以资助所述计划项目活动。应当理解，拨款行为只允许政府管理人员在允许时间内（通常是一个财政年度）购买符合拨款目的的东西，并对资金数额做出限制。因此，拨款确认是指确保预算中描述的活动和为支持这些活动而计划购置的事项内容与要求的拨款类型相一致。

由此，产生了一些耐人寻味的问题。飞行作战和舰船作战有单独的拨款账户，但是哪个账户能够用来支付由舰船发射和回收无人机的费用？采购账户旨在用于未来某个时期能够受益而购买耐用装备产品，如飞机、舰艇或车辆，但是办公室里的办公桌应当从哪里购买，是用采购资金还是运行和维护资金，哪一个更好？如开展一项新的建筑工程，那么是由军队建设拨款购买还是其他拨款购买？对各武器作战平台的重大改造，如舰船的新雷达，由采购账户提供资金，但小型改造，如舰船上厨房里的新格栅，又该如何处理？界限在哪里？

因此，这里需要探讨一个重要概念，即支出/投资分界线能够告诉我们办公桌或格栅应当属于采购还是支出。两者的区别（分界线）在于：投资按单个细列项目编制预算（和拨款），而支出按其支持的活动编制预算（和拨款），这一点非常重要（见图 8.8）。

图 8.8 中的决策树以基本问题为中心开始，即该项目是与运行和维护本身活动有关，还是打算在未来某个时期受益的资本资产（固定资产）。办公用品、备件、旅行、咨询服务显然都属于运行和维护，但建筑物、飞机、装甲车辆和船舶是资本资产。我们这里考虑一下武器装备备件的情形，通常情况

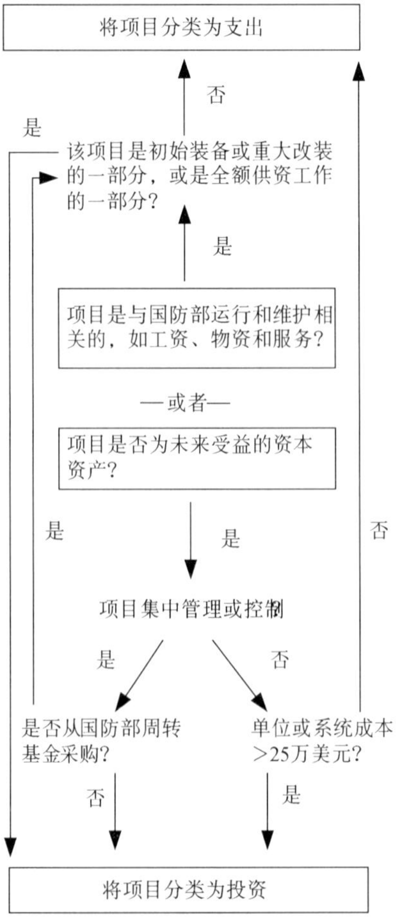

图 8.8　支出/投资决策树

下，武器装备备件购买应当使用运行和维护资金来支付费用。但是，请观察图 8.8 中从中间指向上方的箭头，如果这些备件是新装备的初始备件，则用采购拨款购买；如果是对现有的已部署武器平台进行备件换新，例如舰船换装新雷达，同样由采购拨款资助，初始备件和进行改造所需的任何备件供应也是如此。

在这一点上，我们仍然没有解决办公桌或格栅的问题。从决策树的中心往下看，我们要探讨的是这两种情况是否进行集中管理。这两种情况的答案可能是“否”。集中管理的是像汽车和起重机这类物品，由美国总务署或设施指挥部管理，并发放给终端用户。办公桌和格栅则不然，所以下一个问题是该物品的价格是否超过 25 万美元，显然，办公桌和格栅的价值都远远低于 25

万美元。因此，我们会把这两者都称为支出，而不是投资。

价格界限适用于“单位或系统”。翻修整栋楼时需要购买300张办公桌，每张1000美元，总价超过25万美元，但单位成本低于临界值，因此只是算作一项支出。另外，以每台1000美元的价格购买300台计算机、一台网络服务器和网络软件就是一个系统，因为它们相互连接并整体运行。信息技术采购将被视为一项投资，因其费用超过了25万美元的临界值，需要在采购拨款中予以资助，即属于投资而非支出。

对于新购资产，国会在细列项目的基础上审查花费超过25万美元的物品，而对于修理或维护已存在的资产项目则不予关注。这些高于临界值的项目编制预算是8.3节关于投资型预算部分的主题。请注意，图8.8中从中间指向上方的箭头没有美元界限。用新的燃气轮机发电机取代舰船损坏的发电机，通常需要花费25万美元以上，但这是一项开支，因为更换发电机是船舶维护（修理）的一部分，而不是对其进行改造。美国国会希望看到这一项开支出现在舰船维护账户中。

在预算审查期间，分析员需要深入考察预算中的内容以确保其合乎法规。在预算执行过程中也需关注这些规则，因为问题的出现往往是由于有人选择用现有的资金购买预算中没有明确列出的项目，或者是过于紧急而没有列入预算的项目。

5. 一致性审查

一致性在预算编制中十分需要。要充分证明一个项目的合理性，那么预算必须具有内部一致性，与相关的预算保持一致。我们已经讨论了一些预算内部一致性的例子，比如额外增加工作日作为项目（计划）增长出现在OP－32上。图8.11展示了海军预算办公室用于审查运行和维护（O&M）预算的检查清单。注意该检查清单多次提及项目应该“匹配”或“相等”，或“相同反映”。

预算的一致性有两种形式，一种是在同一预算内的一段时间内具有一致性，另一种是在相关预算之间具有一致性。框注8.2第5.a项表示，“功能转移应在获得和失去的OP－5中得到相同的反映”。这是在相关预算中保持一致的一个示例。功能转移从预算A中取出一些支出要素放入预算B中，A的减少必须与B的增加相匹配。另举一例，每个军事部门都有名为“航空发动机部件改进计划”（Aircraft Engine Component Improvement Program，AECIP）的预算项目。这是一个研究、开发、试验与鉴定（RDT&E）项目，其目的是改

框注 8.2　　**预算审查检查清单**

OP－5 检查清单

活动组/次级活动组：____________________

1. 阅读《所资助的业务描述》，检查准确或是否有错别字。
2. 阅读《部队结构概要》，检查准确性或错别字。
3. 检查财务摘要
   a. 上一年的实际情况应与当前的控制相匹配。
   b. 总统预算请求应其与去年提交的清稿相匹配。
   c. 拨款情况反映在下列对账总结和增减额对账中。它也应与《新基准报告》相匹配。
   d. 当前的预估应与控制相匹配。
   e. BY＋1 应与当前的控制相匹配。
4. 对账摘要
   a. 用财务摘要中的控件检查起点和终点。
   b. 用 OP－32 总线检查价格和计划增长情况。
   c. 用下面的对账增减表核对每一行。
5. 对账增减
   a. 功能转移应在获得和失去的 OP－5 中得到相同反映。
   b. 价格和计划增长总额应与 OP－32 总线一致。
   c. 应对照去年的预算检查上一年度增长的年工时制，以确认上一年度的增长总额。
   d. 一次性增长将在下一个财政年度有所下降。
6. 绩效标准
   a. 标准应支持增加/减少报表中描述的项目变化和 OP－32 中反映的计划增长。
7. 文职人员
   a. 如果工作年限出现重要变化，应该同等反映在增加/减少报表中。
   b. 对照 OP－32 中的 0100 系列，检查主要的项目变化。
8. OP－32 价格和项目变化摘要
   a. 总数应与财务摘要相符。
   b. 0100 系列的定价变化应接近每个财政年度的核定工资水平。
   c. 价格增长应反映核定通货膨胀率。
   d. 主要的项目变化应相同反映在增加/减少报表中。

进航空发动机，以保证飞行安全、可靠性和可维护性。有些发动机是各军种通用的，如 C－2、E－2、P－3 和 C－130 中使用的艾里逊 T－56。由于具有通用性，各部门分担有共同利益的项目费用。在撰写预算书时，海军和空军预算办公室会进行检查，以确保对同一项目的描述是一致的。

框注 8.2 的 5. c 项和 5. d 项证明了同一预算随时间变化的一致性。这些检查确保通货膨胀调整是根据正确的基线（通常是前一年的预算）计算出来的，一次性增长在下一年度表现为基数减少。图 8.9 介绍了这两个概念。示例的上半部分显示，在 2015 财政年度的拨款中，该项目增加了 114.8 万美元，这是国会增加的资金，而海军并没有申请。在 2016 财年预算的减少调节表中，海军扣除了 116.7 万美元，以代表 2015 财年数字的通货膨胀（1.65%）和完成了一次性事项。

美国海军部2016财年总统预算提案		
运行和维护，海军		
预算活动：训练与招聘		
活动组织：招聘和其他训练与教育		
详细信息依据子活动组织：招聘及广告		
	（美元：千元）	
C. 增减调节	金额	总计
2015财年总统预算请求		230589
1）国会调整		1148
a）未分配调整		1148
i）海军海上学员团	1148	
2015财年现行估计值		231737
	（美元：千元）	
C. 增减调节	金额	总计
4）规划减少		-8014
a）2015财年一次性费用		-1167
i）减少反映了2015财年国会对海军海上学员的一次性支出增加（基线1148美元）	-1167	
b）2016财年规划减少		-6847

图 8.9　招聘预算摘要

8.3　投资型预算的编制和审查

投资型预算编制和审查与支出型预算类似，主要过程包括信息收集、定价和论证、提交和审查。其主要区别在于投资型预算用于购置离散终端项目（如舰船、飞机、坦克等），而不是支持各种层次的活动。飞行作战预算描述了航空资产的准备和部署过程、对其进行的组织维护，以及工作人员的职能。

采购预算描述了某一项目若干单位的采购情况，并将预算年度购置放置于整个采购计划中。支出型（或运行和维护）预算是增量资金（1 年活动的成本），而投资型预算几乎总是全额资金（可使用的终端项目的全部成本）。

图 8.10 通过一个生产计划虚拟系统，来展示全额资金与增量资金的差别。生产计划从 2019 财年预算中的 3 个项目提升到 4 个项目，最后达到 6 个项目的稳定状态。横粗线条代表每次的生产计划周期，在第一年内签订的订单直到第四年才全部建成并交付。鉴此，假定现在需要制定 2022 财年预算，如果这个项目是增量资金，分析员需要计算垂直虚线框的内容——2019 年 3 个项目的剩余费用，2020 年 4 个项目的第三年需求，2021 年 6 个项目的第二年工作，以及 2022 年 6 个项目的第一年需求。这一计算方法相当复杂。如果国会 2022 财年的拨款与上一届国会（2021 财年和 2020 财年拨款）的优先事项不一致怎么办？它们可能不会选择拨款，结果就是一堆半成品搁置在那里。这对产品供应商而言不公平，不仅增加了风险（导致价格上涨），没有为军队提供充足装备物资，也浪费了纳税人的资金。

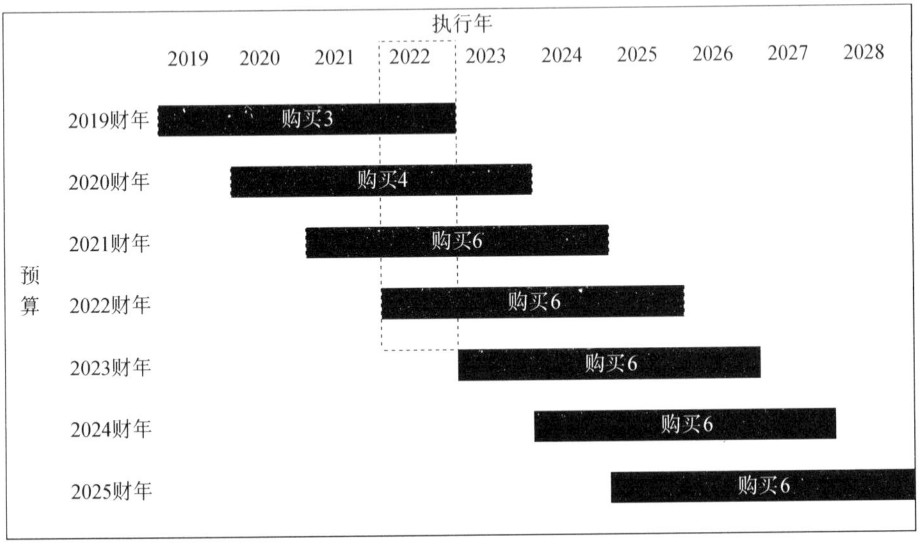

图 8.10 全额资金与增量资金示例说明

在全额资金的情况下，预算分析员将预估 2022 财年的横向费用（指整个横粗线条代表的完整费用），这是购买和交付 6 个项目产品的全部费用，包括项目本身和所有的支持设备、维护计划、备件等。同样，在此之前他们也会为2021财年6个项目的全部费用编制预算，为2020财年4个项目的全部费用编制预算。就2017财年的预算管理而言，增量资金意味着有一笔资金可用于1年内以部分建设状态处于四个不同完成阶段的19个项目；全额资金则意味着有四笔不同资金，每笔资金都专门用于对应项目子集（子集不是完整项目，而只是项目中涉及2021年及其之后）的全部费用——2019财年的资金用于前3个项目；2020财年的资金用于后4个项目，并以此类推。这个生产系统更紧密地将资金与所购产品相联系，以更好保护供应商、军队和纳税人的利益。

投资型预算是以生命周期的观点来看待该投资成本的。该生命周期包括：与设计、开发和测试该项目有关的所有开发费用；采购该项目以及任何相关的支持项目和初始备件费用；需要建造的任何设施费用；运行与支持费用；以及该项目有效期结束时的预计处置费用。参见图8.11所示。这些成本的总和将以现值表示，与系统带来的好处进行比较，并在规划阶段做出投资决定。但这些费用是用不同的拨款来资助的，而且发生在许多年内，因此预算编制按类型和财政年度对这些生命周期费用进行分类。

开发该系统的费用由研究、开发、试验（以下简称研发试验）与鉴定（RDT&E）拨款资助，建造设施的费用由军事建设（MILCON）提供拨款资

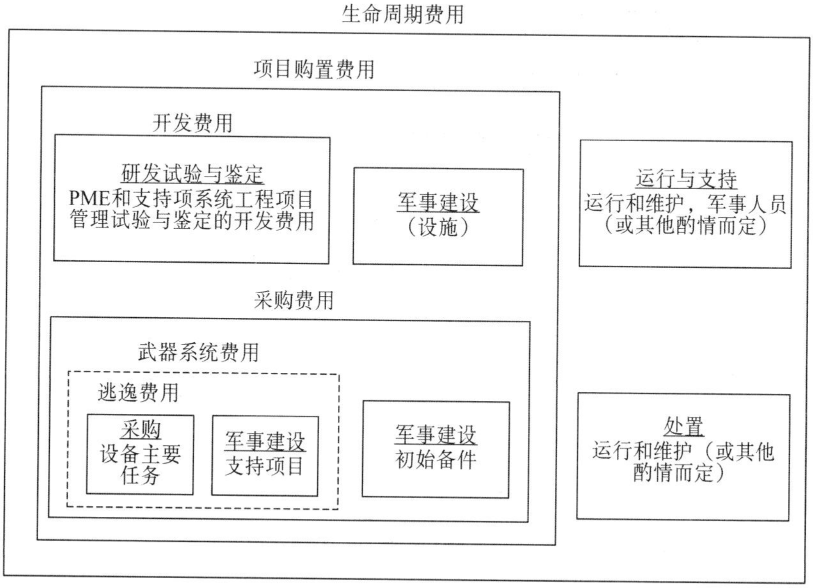

图8.11　生命周期成本的组成部分

金，只有项目的自身采购费用、配套项目和初始备件的资金来自采购拨款，分别记为初始备件与武器系统费用。运行与支持和处置成本由运行和维护（O&M）和军事人员（MILPERS）提供拨款资金。以下，我们将以 UH－1Y 毒液直升机 2010 财政年度预算为例，集中探讨投资型预算的编制和武器系统成本的审查。

8.3.1　预算编制

1. 常用成本估算方法

为了对购置直升机及其配套项目的费用进行预算编制，预算分析员需要估算成本费用。军队中使用的成本估算方法主要有四种：类比估算法、参数估算法、工程估算法和实际成本法。这些方法都是专家支持与认可的常用方法。

（1）类比估算法。类比估算法通过将新系统与之前的类似系统进行比较，并对技术差异和资金的时间价值进行调整，从而对新系统的成本进行估算。2021 年期间，人们可能通过与 2021 年的 iPhone 13（当年 9 月 15 日发售）进行比较，来估算尚未投产的 2022 年 iPhone 14 的成本。如图 8.12 所示，当采购早期新系统的硬数据很少时，类比估算法是比较合适的方法。等到项目进入生产准备环节后，此时类比估算法就不能算是理想的成本费用估算方法了，但可以作为一种交叉检查方法。

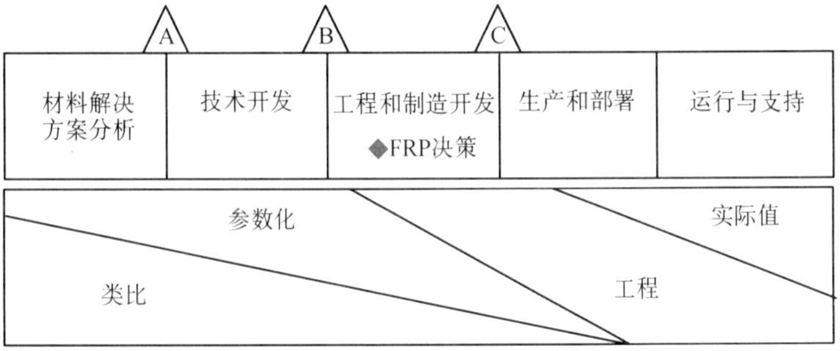

图 8.12　采办生命周期内的成本估算方法

（2）参数估算法。参数估算法是一种根据历史成本驱动因素和一定算法进行预测的成本估算方法。例如，一艘潜艇的成本与它的体积成正比，一艘船舶的成本与它的吨位成正比，而火箭发动机的成本与它的重量—推力比成正比。利用这些成本驱动因素和以前项目的已知关系，成本估算员可以计算出新项目的估算成本。这种技术主要使用于研究和开发过程中，但也可用于生产早期。

（3）工程估算法。工程估算法自下而上进行，通过工程作业分解来计算各个项目成本。它是对离散任务和材料的预估成本总和。这种方法只有了解设计和制造过程后才能使用。该方法费时且复杂，但比之前的两种方法更具准确性。

（4）实际成本法。最后，成本估算可以通过使用生产项目的实际成本来计算。随着研究和开发中的原型和试验品开始进入制造阶段，成本数据逐渐公开。随着生产单位增多，学习曲线理论预测单位成本将随着学习发生和制造过程变得更有效率而下降。预算估计是通过对已经获得的单位的实际成本进行推断得出的。当系统进入全速生产时，实际成本法是预测未来成本的最准确和可靠的手段。

2. 预先采购（AP）与多年采购（MYP）

制定预算的分析员应该与成本估算员和项目管理团队建立良好的工作关系，以了解如何得出这些估算，以及采购战略对预算的影响如何。联合项目可能有混合的资金来源，由于购买的单位数量较多，因此单位成本较低。由于学习曲线和规模经济的原因，低速初始生产期间的单位成本将高于全速生产期间的单位成本。材料或设备可能因来源不同而产生价格差异。预先采购（advanced procurement，AP）成本需要单独核算并编制预算，而多年采购（multi－year procurement，MYP）能够节省大量成本，因此常常被采用。

AP 是一种全额资金规则的例外情况，即在全额拨款的前一年（或更长时间）提供有限的预算授权，以获取长周期项目。以美军潜艇为例，在建造潜艇的其余部分之前，仅核反应堆可能就需要花费一年或两年的时间进行采购。建造潜艇的全部成本约 28 亿美元，然而在前两年中只需要 5 亿美元，因此，将潜艇的全部成本捆绑在一起对于资金使用效益而言是非常低效的。因此，计划办公室可以在采办整艘潜艇的预算年度之前的一到两年内制定 5 亿美元的预算。该年度项目预算为 28 亿美元减去 5 亿美元，余额为 23 亿美元。这是全额资金规则的一个例外，因此需要国会批准。

MYP 是另一个全额资金规则的例外，它也是《反赤字法案》的一个例外，该法案禁止政府在拨款之前承付款项。基于这两点原因，MYP 也需要国会批准。如果政府承诺在较长时期内向制造商购买更大数量的产品，那么

MYP就可以利用累计节省的成本。大多数企业会给承诺购买100件某商品的买家提供优惠，要承诺每年购买20件商品并持续购买5年，而不是仅承诺明年购买20件，接下来4年或再购买80件，但需要每1年做出一次决定。为申请MYP，项目必须满足某些法定要求（《美国法典》第10卷第2306b节），包括：大量资金节余，稳定的需求、资金与设计，实际成本估算，以及符合国家安全利益等。

3. 采购预算案例解析

现在让我们来看图8.13至图8.19中的采购预算示例，这些表格展示了P－40（预算限额事项说明）、P－5（成本分析）、P－5a（采办历史和规划）和P－21（生产计划）的部分内容。类似于运行和维护（O&M）预算，本预算首先是财务概况和对项目的叙述性说明，特别强调上一年发生的变化。O&M预算涵盖了1年行动的成本，而采办预算则涵盖了离散最终产品的生产成本。如果说O&M预算是对上一年、当年和预算年度的协调，那么采购预算则呈现了项目生产运行的全过程。

图8.13显示了P－40（预算限额事项说明）。该表格提供了被采购系统的信息概览，包括叙述式报表和与整个生产过程相关的成本和数量。我们已经探讨了用于推算项目成本的估算方法。资源摘要提供了已经（或计划）采购的单位数量、武器系统的成本以及对先期采购（AP）的调整。再往下是飞机出厂价格（仅直升机）和武器系统（加上配套支持项目）的单位成本。需要注意的是，上一年提供的AP资金如何在下一年预算中被削减。例如，项目在2016财年收到561.68亿美元的AP资金，然后在2017财年从916.653亿美元的总收入中减去这561.68亿美元，那么净采购成本为860.485亿美元。

P－40预算项目说明的第二页（见图8.14）提供了这一特定年份预算变化的原因，特别是与往年预算相比的情况。需要注意的是，比如说明部分的最后一行。如果从2014财年观察2015财年预算，该项目预计在2014财年建造21架直升机，在2015财年建造26架直升机，但实际上他们建造了更多直升机。第二段描述中，管理行为推动成本下降并减少飞机费用。

P－5提供了武器系统和所有配套支持项目的详细费用划分（见图8.15和8.16）。该费用划分按主要类别（直升机的出厂价格和支持成本）和子类别组织。直升机本身的成本被细分为经常性成本和一次性成本。大部分经常性成本源自飞机零部件：机身、电子器件、发动机、武器装备、其他政府供应装

P－40 预算行项目说明：PB2016 海军							日期：2015 年 2 月					
拨款/预算活动/预算子活动： 1506N：海军部飞机采办/BA 01：战斗机/BSA 1：战斗机							P－1 行项目号/名称 0178/UH－1Y/AH－1Z					
识别码（A＝服务准备就绪；B＝服务未准备就绪）：A					代码 B 项的项目元素				其他相关项目元素： 0604245N；0206120M			
行项目 MDAP/MAIS 代码：101				项目 MDAP/MAIS 代码								
资源摘要	往年	2014 财年	2015 财年	2016 财年基数	2016 财年海外应急作战（OCO）	2016 财年总计	2017 财年	2018 财年	2019 财年	2020 财年	完成	总计
采办数量	186	23	31	28	—	28	27	27	27	—	—	—
总计/武器系统成本（单位：百万美元）	5525648	664928	899057	863411	—	863411	916653	898395	979856	16889	16476	10781313
减：PY 预付采办（单位：百万美元）	165369	64311	60000	63354	—	63354	56168	57232	58324	—	—	524758
净采办（P1）（单位：百万美元）	5360279	600617	839057	800057	—	800057	860485	841163	921532	16889	16476	1025655
加：CY 预付采办（单位：百万美元）	229680	60000	63354	56168	—	56168	57232	58324	—	—	—	524758
专款授权总计（单位：百万美元）	5589959	660617	902411	856225	—	856225	919717	899487	921532	16889	16476	10781313
（以下资源摘要行仅限用于信息处理。相应的预算请求记录于其他地方。）												
原始备件（单位：百万美元）	—	0.983	—	0.658	—	0.658	—	—	—	—	—	1641
飞行成本（单位：千美元）	244767672	24141304	25626871	27272714	—	27272714	30026852	30429889	—	—	—	26545218
总计/武器系统成本（单位：千美元）	—	—	—	—	—	—	—	—	—	—	—	—

说明：

AH－1Z“蝰蛇”武装直升机的任务是在白天、夜间及恶劣气候条件下提供近距离火力支援和协调火力支援。UH－1Y“毒液”通用直升机的任务是在白天、夜间及恶劣气候条件下提供指挥、控制和作战支持。UH－1Y“毒液”通用直升机/AH－1Z“蝰蛇”武装直升机采购策略是将 37 架 AH－1W“眼镜蛇”直升机升级改型为 AH－1Z“蝰蛇”武装直升机（已完成），建造 152 架新的 AH－1Z“蝰蛇”武装直升机，将 10 架 UH－1N“休伊”通用直升机升级改型为 UH－1Y“毒液”通用直升机（已完成），并建造 150 架新的 UH－1Y“毒液”通用直升机。UH－1Y“毒液”通用直升机和 AH－1Z“蝰蛇”武装直升机共占 85% 的采办数量，其中包括维修规划、技术数据、供应支持、设备设施支持以及结构和航空电子设备维修项目的中级维修和基地级维修活动所需的资源。

主要的升级改型包括一个新的 4 叶片转子系统（具有新复合材料的半自动折叠式叶片以及与其性能匹配的变速箱）、一个新的 4 叶片尾桨和驱动系统升级的起落架，以及改良后的塔架结构。这两款飞机还包括通用、现代化和完全集成的驾驶舱/航空电子设备，会减少操作员的工作量，增强态势感知和安全性。UH－1Y“毒液”通用直升机和 AH－1Z“蝰蛇”武装直升机提高了机动性、速度和有效载荷能力。此外，AH－1Z“蝰蛇”武装直升机将当前的 AH－1W“眼镜蛇”直升机夜视瞄准系统（NTS）前视红外（FLIR）系统升级为第三代前视红外（FLIR）夜视系统，显著扩展了交战范围。

2014 财年和 2015 财年的采办数量与 P－1 所示采办数量不一致，反映出了对预期采办的执行进行了调整，并允许对 2016 财年的数据进行适当的分析和评估。

图 8.13　P－40 预算说明示例，第 1 页

P－40 预算行项目说明：PB 2016 海军					日期：2015 年 2 月			
拨款/预算活动/预算子活动： 1506N：海军部飞机采办/BA 01：战斗机/BSA 1：战斗机					P－1 行项目号/名称 0178/UH－1Y/AH－1Z			
识别码（A＝服务准备就绪；B＝服务未准备就绪）：A			代码 B 项的项目元素		其他相关项目元素：0604245N；0206120M			
行项目 MDAP/MAIS 代码：101			项目 MDAP/MAIS 代码					
计划说明			往年	2014 财年	2015 财年	2016 财年基数	2016 财年海外应急作战（OCO）	2016 财年总计
名称	说明	ID CD	数量/总成本（每个）/（单位：百万美元）	数量/总成本（每个）/（单位：百万美元）	数量/总成本（每个）/（单位：百万美元）	数量/总成本（每个）/（单位：百万美元）	数量/总成本（每个）/（单位：百万美元）	数量/总成本（每个）/（单位：百万美元）
1/UH－1Y“毒液”通用直升机	P－5、P－5a、P－21		120/3203510	13/356053	15/390789	12/339245	－/－	12/339245
2/AH－1Z“蝰蛇”武装直升机	P－5、P－5a、P－21		66/2322138	10/306875	16/506266	16/524166	－/－	16/524166
总计/武器系统成本			186/5525648	23/664928	31/899057	28/863411	－/－	28/863411

* 名称代表：1）项目数量/名称；2）武器数量/名称；3）武器改良的数量/名称（改良类型）。
注：由于四舍五入，本 P－40 汇总中的总计数量可能不准确或不完整。

说明：

2016 财年预算申请依据：2016 财年申请资金采购 28 架 AH－1Z“蝰蛇”武装直升机和 UH－1Y“毒液”通用直升机。2016 财年完成了 160 架 UH－1Y“毒液”通用直升机的采购计划。

在未来年度国防计划（FYDP）中，2014 财年更新的飞机成本反映出由于实施了更好的购买力和成本举措、积极的谈判和合同类型，降低了主承包商的人工费率和分包商的材料成本。由于费率变化，2014 财年开始的计划工程量已进行调整，以便能在 2019 财年和 2020 财年完成项目。2014 财年将采购 23 架飞机。2015 财年拟议购买 31 架飞机。

2016 财年，由于 APR－39B（V）2 和第二代任务计算机的过时，GFE 型二次测风雷达有所增加。新的 APR－39D（V）2 系统的成本是旧版系统的两倍，从 32 万美元增加到 65 万美元。APR－39B（V）2 是一种模拟系统电子设计，带有传统的四象限传感器、接收器和单叶全向天线。APR－39D（V）2 是一个数字处理系统，带有多频带传感器、数字接收器和双叶全向天线。新版系统显著提升了威胁检出率，提高了态势感知，并改进了 AAR－47

续表

机载导弹告警系统的功能。新技术也改变了任务计算机的成本，从第二代任务计算机的 13.7 万美元增加到现在的 23.8 万美元。

从 2016 财年到未来年度国防计划（FYDP），所有新发动机均计入预算。该项目更倾向于采购新的 T700－401C 发动机，以实现更高的可维护性和可靠性，增加机翼的使用寿命，并最终降低寿命周期成本。翻新的 T－700－401C 发动机是在预算限制和 H－60 B/F 时间表允许的情况下采购的。采购改良型发动机的另一个决定因素是 H－1“休伊”直升机、H－60“黑鹰”直升机和配备通用电气发动机服务（GEES）的舰队的维修（改良）合同上限，目前为每年 49 台发动机。

由于任务所需组件（如 M－299 导弹发射器和炮塔组件）的成本代码之间的重新调整，武器装备和辅助装备发生了变化。AH－1Z“蝰蛇”武装直升机携带的武器还包括 M197 型 20 毫米加特林机炮和炮管，以前可从 AH－1W“眼镜蛇”直升机上免费获得这些组件，但是由于现在无法获得此类组件，必须花钱购买 2015 财年（即第 12 批次）开始的所有批次组件。

支持成本要素（机身 PGSE、其他 ILS、Pub/Tech Eq）包括符合第 10 篇建制基地能力要求的基地站。

2016 财年特殊训练设备包括一套 AH－1Z“蝰蛇”武装直升机的战斗训练设备，用于卡内奥赫湾（Kaneohe Bay）海军陆战队航空站（MCAS）；HI 将于 2016 财年第 2 季度获得。

资源摘要应反映出 2014 财年将采购 23 架飞机。2015 财年拟议购买 31 架飞机。

图 8.14　P－40 预算说明，第 2 页

P－5 成本分析：PB 2016 海军					日期：2015 年 2 月	
拨款/预算活动/预算子活动： 1506N /01 /1		P－1 行项目号/名称 0178/UH－1Y/AH－1Z			项目号/名称［DODIC］： 1 /UH－1Y	
识别码（A = 服务准备就绪；B = 服务未准备就绪）：A			MDAP/MAIS 代码			
资源摘要	往年	2014 财年	2015 财年	2016 财年基数	2016 财年海外应急作战（OCO）	2016 财年总计
采办数量	120	13	15	12	—	12
总计/武器系统成本（单位：百万美元）	3203520	356053	390789	339345	—	339345
减：PY 预付采办（单位：百万美元）	108315	39859	37188	27152	—	27152
净采办（P1）（单位：百万美元）	3095195	316194	353601	312093	—	312093
加：CY 预付采办（单位：百万美元）	146175	37169	27152	—	—	—
专款授权总计（单位：百万美元）	3243379	353382	380753	312093	—	312093

（以下资源摘要行仅限用于信息处理。相应的预算请求记录于其他地方。）

续表

原始备件（单位：百万美元）																		
总计/武器系统成本（单位：千美元）																		
注：由于四舍五入，本 P－50 汇总中的小计或总计数量可能不准确或不完整。																		
成本因素	往年			2014 财年			2015 财年			2016 财年基数			2016 财年海外应急作战（OCO）			2016 财年总计		
	单位成本（单位：千美元）	数量（每个）	总成本（单位：百万美元）	单位成本（单位：千美元）	数量（每个）	总成本（单位：百万美元）	单位成本（单位：千美元）	数量（每个）	总成本（单位：百万美元）	单位成本（单位：千美元）	数量（每个）	总成本（单位：百万美元）	单位成本（单位：千美元）	数量（每个）	总成本（单位：百万美元）	单位成本（单位：千美元）	数量（每个）	总成本（单位：百万美元）
飞行成本																		
经常性成本																		
1	17780033	120	2133604	18762312	13	243910	18916883	15	283753	19384089	12	232609	—	—	—	19384089	12	232609
2	—	—	212876	—	—	30699	—	—	35400	—	—	35221	—	—	—	—	—	35221
3	625076	224	117617	—	—	—	—	—	—	619606	24	19675	—	—	—	619606	24	19675
4	428813	16	8661	370986	26	9464	377291	30	11319	—	—	—	—	—	—	—	—	—
5	—	—	1628	—	—	—	—	—	—	—	—	—	—	—	—	—	—	—
6	—	—	35767	—	—	2547	—	—	2713	—	—	2289	—	—	—	—	—	2289
7	—	—	81031	—	—	4578	—	—	5475	—	—	4652	—	—	—	—	—	4652
8	—	—	2562282	—	—	291540	—	—	228843	—	—	294437	—	—	—	—	—	294437
9	—	—	—	—	—	—	—	—	—	—	—	—	—	—	—	—	—	—
10	—	—	125857	—	—	—	—	—	—	—	—	—	—	—	—	—	—	—
11	—	—	14815	—	—	—	—	—	—	—	—	—	—	—	—	—	—	—
12	—	—	140672	—	—	—	—	—	—	—	—	—	—	—	—	—	—	—
13	—	—	2702954	—	—	291540	—	—	228843	—	—	294437	—	—	—	—	—	294437
14	—	—		—	—	—	—	—	—	—	—	—	—	—	—	—	—	—
15	—	—	137644	—	—	12973	—	—	16280	—	—	11947	—	—	—	—	—	11947

图 8.15　P－5 成本分析预算表，第 1 页

P－5 成本分析：PB 2016 海军		日期：2015 年 2 月
拨款/预算活动/预算子活动：1506N /01 /1	P－1 行项目号/名称：0178/UH－1Y/AH－1Z	项目号/名称［DODIC］：1/UH－1Y
识别码（A＝服务准备就绪；B＝服务未准备就绪）：A	MDAP/MAIS 代码	

注：由于四舍五入，本 P－50 汇总中的小计或总计数量可能不准确或不完整。

成本因素	往年			2014 财年			2015 财年			2016 财年基数			2016 财年海外应急作战（OCO）			2016 财年总计		
	单位成本（单位：千美元）	数量（每个）	总成本（单位：百万美元）	单位成本（单位：千美元）	数量（每个）	总成本（单位：百万美元）	单位成本（单位：千美元）	数量（每个）	总成本（单位：百万美元）	单位成本（单位：千美元）	数量（每个）	总成本（单位：百万美元）	单位成本（单位：千美元）	数量（每个）	总成本（单位：百万美元）	单位成本（单位：千美元）	数量（每个）	总成本（单位：百万美元）
1	—	—	95794	—	—	17884	—	—	2033	—	—	1662	—	—	—	—	—	1662
2	—	—	76450	—	—	3914	—	—	4363	—	—	3019	—	—	—	—	—	3019
3	—	—	106497	—	—	11578	—	—	12661	—	—	12696	—	—	—	—	—	12696
4	—	—	81178	—	—	18023	—	—	17564	—	—	15282	—	—	—	—	—	15282
5	—	—	2993	—	—	—	—	—	—	—	—	—	—	—	—	—	—	—
6	—	—	500556	—	—	64373	—	—	51921	—	—	44609	—	—	—	—	—	44609
7	26695917	120	3203510	27388692	12	354053	26052600	15	390789	28270417	12	228245	—	—	—	28270417	12	228245

说明：

（1）在未来年度国防计划（FYDP）中，2014 财年更新的飞机成本反映出由于实施了更好的购买力和成本举措、积极的谈判和合同类型，降低了主承包商的人工费率和分包商的材料成本。由于费率变化，2014 财年开始的计划工程量已进行调整，以便能在 2019 财年完成项目，而非 2020 财年完成项目。2016 财年已完成 160 架 UH－1Y“毒液”通用直升机的采购计划。

（2）2016 财年，由于 APR－39B（V）2 和第二代任务计算机的过时，GFE 型二次测风雷达有所增加。新的 APR－39D（V）2 系统的成本是旧版系统的两倍，从 32 万美元增加到 65 万美元。APR－39B（V）2 是一种模拟系统电子设计，带有传统的四象限传感器、接收器和单叶全向天线。APR－39D（V）2 是一个数字处理系统，带有多频带传感器、数字接收器和双叶全向天线。新版系统显著提升了威胁检出率，提高了态势感知，并改进了 AAR－47 机载导弹告警系统的功能。新技术也改变了任务计算机的成本，从第二代任务计算机的 13.7 万美元增加到现在的 23.8 万美元。

（3）从 2016 财年到未来年度国防计划（FYDP），所有新发动机均计入预算。该项目更倾向于采购新的 T700－401C 发动机，以实现更高的可维护性和可靠性，增加机翼的使用寿命，并最终降低寿命周期成本。翻新的 T－700－401C 发动机是在预算限制和 H－60 B/F 时间表允许的情况下采购的。采购改良型发动机的另一个决定因素是 H－1“休伊”直升机、H－60“黑鹰”直升机和配备通用电气发动机服务（GEES）的舰队的维修（改良）合同上限，目前为每年 49 台发动机。

（4）机身 PGSE 包括符合第 10 篇建制基地能力要求的基地站。

（5）2016 财年出版/技术设备包括出版物，以支持大修程序的新要求，从而降低整个生命周期的总拥有成本。

（6）其他 ILS 包括符合第 10 篇建制基地能力要求的基地站。

图 8.16　P－5 成本分析预算表，第 2 页

拨款/预算活动预算子活动：1506N/01/1				P－1行项目号名称：0178/UH－1Y/AH－1Z					项目号/名称［国防部识别码］：1/UH－1Y			
成本因素	海外应急行动资金	财年	承包商和所在地	方法/融资工具	采购承包办公室所在地	授予日期	首次交付日期	数量	单价	有可用型号？	可用日期	采购申请发行日期
机身/承包商提供的设备	√	2009	贝尔直升机德事隆公司/得克萨斯州赫斯特	C/FFP	海军航空系统司令部	2009年9月	2012年11月	4	18029000	是	2009年1月	2007年8月
机身/承包商提供的设备	√	2010	贝尔直升机德事隆公司/得克萨斯州赫斯特	C/FFP	海军航空系统司令部	2011年7月	2014年1月	1	19101000	是	2010年1月	2008年8月
机身/承包商提供的设备		2011	贝尔直升机德事隆公司/得克萨斯州赫斯特	C/FPIF	海军航空系统司令部	2012年12月	2014年12月	16	19679620	是	2013年1月	2013年1月
机身/承包商提供的设备		2012	贝尔直升机德事隆公司/得克萨斯州赫斯特	C/FPIF	海军航空系统司令部	2014年5月	2016年1月	13	18762312	是	2014年1月	2013年1月
机身/承包商提供的设备		2013	贝尔直升机德事隆公司/得克萨斯州赫斯特	C/FPIF	海军航空系统司令部	2015年5月	2016年10月	15	18384069	是	2015年1月	2014年1月
机身/承包商提供的设备		2014	贝尔直升机德事隆公司/得克萨斯州赫斯特	C/FPIF	海军航空系统司令部	2016年1月	2017年10月	12	19384069	是	2016年1月	2015年1月
发动机/引擎自适应巡航控制		2015	贝尔直升机德事隆公司/得克萨斯州赫斯特	C/FFP	航空与导弹司令部	2011年6月	2012年2月	36	295278	是	2010年10月	
发动机/引擎自适应巡航控制		2016	贝尔直升机德事隆公司/得克萨斯州赫斯特	C/FFP	航空与导弹司令部	2012年3月	2013年3月	30	738500	是	2011年10月	
发动机/引擎自适应巡航控制		2011	通用电气公司/马萨诸塞州林市	C/FFP	航空与导弹司令部	2013年1月	2014年10月	16	814507	是	2012年10月	
发动机/引擎自适应巡航控制		2012	通用电气公司/马萨诸塞州林市	C/IDIQ	航空与导弹司令部	2016年1月	2017年1月	24	819306	是	2015年10月	
发动机/引擎自适应巡航控制		2013	通用电气公司/马萨诸塞州林市	C/IDIQ	海军航空系统司令部	2013年1月	2014年3月	16	428795	是	2012年10月	

续表

拨款/预算活动预算子活动：1506N/01/1				P－1 行项目号名称：0178/UH－1Y/AH－1Z					项目号/名称［国防部识别码］：1/UH－1Y			
发动机/引擎自适应巡航控制		2014	QE 工程服务公司/俄亥俄州坎西纳斯市	C/IDIQ	海军航空系统司令部	2014 年 4 月	2014 年 4 月	26	370985	否	2014 年 10 月	
发动机/引擎自适应巡航控制		2015	QE 工程服务公司/俄亥俄州坎西纳斯市	C/IDIQ	海军航空系统司令部	2015 年 9 月	2015 年 2 月	4	377291	否	2016 年 10 月	
预购												
动态组件部分		2013	贝尔直升机德事隆公司/得克萨斯州赫斯特	C/FPIF	海军航空系统司令部	2012 年 10 月	2014 年 10 月	1	4505000	否	2012 年 1 月	2012 年 1 月
动态组件部分		2014	贝尔直升机德事隆公司/得克萨斯州赫斯特	C/FPIF	海军航空系统司令部	2014 年 3 月	2015 年 10 月	1	4203000	否	2013 年 1 月	2013 年 1 月
动态组件部分		2015	贝尔直升机德事隆公司/得克萨斯州赫斯特	C/FPIF	海军航空系统司令部	2014 年 1 月	2016 年 10 月	1	3067757	否	2014 年 1 月	2014 年 1 月
UH－1Y 舱室材料		2013	贝尔直升机德事隆公司/得克萨斯州赫斯特	C/FPIF	海军航空系统司令部	2012 年 10 月	2014 年 10 月	1	25739000	否	2012 年 1 月	2012 年 1 月
UH－1Y 舱室材料		2014	贝尔直升机德事隆公司/得克萨斯州赫斯特	C/FPIF	海军航空系统司令部	2014 年 3 月	2015 年 10 月	1	24014000	否	2013 年 1 月	2013 年 1 月
UH－1Y 舱室材料		2015	贝尔直升机德事隆公司/得克萨斯州赫斯特	C/FPIF	海军航空系统司令部	2014 年 10 月	2016 年 10 月	1	17533220	否	2014 年 1 月	2014 年 1 月
其他		2013	贝尔直升机德事隆公司/得克萨斯州赫斯特	C/FPIF	海军航空系统司令部	2012 年 10 月	2014 年 10 月	1	9616000	否	2012 年 1 月	2012 年 1 月
其他		2014	贝尔直升机德事隆公司/得克萨斯州赫斯特	C/FPIF	海军航空系统司令部	2014 年 3 月	2015 年 10 月	1	8971000	否	2013 年 1 月	2013 年 1 月
其他		2015	贝尔直升机德事隆公司/得克萨斯州赫斯特	C/FPIF	海军航空系统司令部	2014 年 10 月	2016 年 10 月	1	6550736	否	2014 年 1 月	2014 年 1 月

图 8.17　P－5a 采办历史预算表

P－21 生产计划：PB 2016 海军																	日期：2015 年 2 月														
拨款/预算活动/预算子活动：1506N/01/1								P－1 行项目号/名称：0178/UH－1Y/AH－1Z										项目号/名称［国防部识别码］：1/UH－1Y													
成本说明							2017 财年															2018 财年									
海外应急行动资金	制造商	财年	军队	采购数量	2016 年 10 月 1 日前接	10 月 1 日到期	10 月	11 月	12 月	1 月	2 月	3 月	4 月	5 月	6 月	7 月	8 月	9 月	10 月	11 月	12 月	1 月	2 月	3 月	4 月	5 月	6 月	7 月	8 月	9 月	余额
机身/承包商提供的设备																															
年前交付：99																															
√	1	2009	海军	4	4	—																									—
√	1	2010	海军	1	1	—																									—
	1	2013	海军	16	16	—																									—
	1	2014	海军	13	12	1	1																								—
	1	2015	海军	15	—	15	1	1	2	1	2	1	2	1	1	1	1	1													—
	1	2016	海军	12	—	12	—	—	—	—	—		—	—	—	—	—	—	1	1	1	1	1	2	1	1	1	1	1		—
发动机/引擎自适应巡航控制（新）																															
年前交付：142																															
	2	2011	海军	36	36	—																									—
	2	2012	海军	30	30	—																									—
	2	2013	海军	16	16	—																									—
	2	2016	海军	24	—	24	—	—	—	2	2	2	2	2	4	2	2	2	2	2											—
发动机/引擎自适应巡航控制																															
	3	2013	海军	16	15	—																									—
	3	2014	海军	26	26	—																									—
	3	2015	海军	30	30	—																									—
							10 月	11 月	12 月	1 月	2 月	3 月	4 月	5 月	6 月	7 月	8 月	9 月	10 月	11 月	12 月	1 月	2 月	3 月	4 月	5 月	6 月	7 月	8 月	9 月	余额

图 8.18　P－21 生产计划预算表

P－21 生产计划：PB 2016 海军								日期：2015 年 2 月				
拨款/预算活动/预算子活动：1506N /01 /1				P－1 行项目号/名称：0178/UH－1Y/AH－1Z				项目号/名称［DODIC］：1/UH－1Y				
制造商序号	制造商名称－地址	生产率（每项/年）			采办周期（月）							
		2016 年主要供应路线	2016 年	2016 年最大产量	采购准备时间 10 月 1 日之前	采购准备时间（10 月 1 日之后）	制造商生产准备时间	总计（10 月 1 日之前）	总计（10 月 1 日之后）	制造商生产准备时间	总计（10 月 1 日之前）	总计（10 月 1 日之后）
1		24	26	32	12	2	24	26	12	2	24	26
2		24	36	60	4	3	13	16	4	3	13	16
3		12	24	40	2	3	16	19	2	3	16	19

交付时间表中的“A”表示合同授予日期。

注：由于空间限制，P－21 交付日程表中的数量是根据日程表中的最大数量进行删减和四舍五入，如下所示：如果最大数量小于或等于 9999，则显示为个；如果最大数量在 10000 与 9999 之间，则显示为千；如果最大数量在 10000000 与 9999999 之间，则显示为百万（四舍五入到最近的千位数）；如果最大数量等于或大于 10000000000 与 9999999999 之间，则显示为十亿（四舍五入到最近的百万数）。反映的生产率适用于 UH－1Y“毒液”通用直升机和 AH－1Z“蝰蛇”武装直升机的联合生产，但 UH－1Y“毒液”通用直升机的最大产量除外。由于工具限制，UH－1Y“毒液”通用直升机的最大产量为每年 19 架。

图 8.19　P－22 生产计划预算表，第 2 页

备（GFE）。请注意，他们给每架飞机购置了两台发动机，因为需要安装两台，第二台并非备用发动机，因为备件需单独编入预算。第 1. 1. 7 项（ECO）表示工程变更单，即在生产过程中发生的微小设计变更，应按与项目风险相称的水平进行资助。通常情况下，新项目用于工程变更单的预算通常比成熟的项目更多。

支持项目包括机体特有的地面支持设备（PGSE），它是一种不适用其他航空系统的支持设备，也是预算系统中武器系统成本的特有部分。有时，会将常见的支持设备单独编入预算。类似地，项目还为特殊训练设备、公告和数据以及包括维护计划在内的综合后勤保障（ILS）编制预算，脚注提供了补充信息。

P－5a 显示了项目的采办历史，展示于图 8. 17。该表格显示了项目所有主要合同的信息，包括：招标书的发出时间，合同授予时间、授予对象，合同类型、数量和金额，以及首次交货时间等。这些合同通过竞争授予，主要合同类型分为价格固定合同、固定总价加激励费用合同或不定期交货合同/不定量合同。要注意这里有些工作是重叠的：2015 财政年度的机身招标书发布于 2014 财政年度合同授予之前，那时 2013 财政年度的飞机还未开始交付，2012 财政年度的飞机正处于交货阶段。筹资任务和管理任务似乎重叠，因为两项任务均需在财政年度周期内完成，目标都是为了确保平稳和高效的生产线以保证项目正常进行且成本合理。

观察 P－5a 中 2016 财年的发动机和机身项目。这些合同授予在 2016 年 1 月进行，并于 2017 年 1 月（发动机）和 2017 年 10 月（机身）开始交货。图 8. 18 显示的 P－21 生产计划与图 8. 19 显示的采购准备时间（ALT）和生产准备时间（PLT）相近。请注意一点，生产计划表显示 2016 财政年度的发动机将从 2017 年 1 月开始交货，到 2017 年 11 月交货完毕；机身计划从 2017 年 10 月开始交货，到 2018 年 8 月交货完毕，此期间称为投资项目的交付期。每年，预算应反映大约 1 年的交货量，即使交付发生在未来。机身的交货期为 11 个月，而发动机的交付会比它们将安装其上的机身适当提前几个月。交货期应该以风险可控又力争生产效率的方式来安排确定。

总之，这些图表向国会和美国民众展示了这项采购计划的情况，包括购买内容、卖方及合同类型、采办数量、时间线及生产速率等。该计划说明了与上一年计划相比发生的变化，它将全部成本分解成逻辑类别，并显示了诸如非变动成本之类支持项目。决策者最初采取生命周期成本估算并确定直升机的采购价值，这样可以快速知悉估算的准确性，并且根据之前的生产情况知悉新预算计划是否合理。在预算审查期间，各军种预算办公室（SBO）、国防部部长办公室（OSD）和国会可以审查该计划，并检验其是否合理或需要调整。

最后，预算需要与预算控制额度相匹配。一般来说，自下而上的成本计算和预算控制并不那么一致。预算编制时，需要与项目管理人员合作以确定哪些地方需要改变，使预算控制额发挥作用。在一个采购项目中，可为工程变更通知单分配调整资金，推迟地面设备的购置到下一年，生产工程进度水平可以调整，综合后勤保障建设项目可以加速或推迟完成。

8.3.2 预算审查

投资型预算的预算审查标准与支出型预算的审查标准相同。分析师将审查价格、进度、可执行性、拨款确认和一致性。这些标准的应用范围有些许不同，因为该预算属于全额资金预算，而不是增量资金预算。本节重点讨论采购预算审查的特别之处。

1. 价格审查

与支出型预算的价格审查相同，海军部将安排价格评估小组来评定估值。评估小组通过观察一段时间内的趋势，检查单位成本是否一致，通货膨胀系数是否得以正确应用，确定学习曲线，以及该项目是否寻求以经济订货批量进行购买，并由此审查估算方法是否恰当。表 8.3 由一位预算分析员提供，反映了使用正确通货膨胀系数重新计算的预算估计值。该表中，左半部分显示了计划办公室的预算，而预算分析员使用适当指标计算出了右半部分。该项目显示，从 2018 财年到 2021 财年寻求的资金比合理资金范畴高出近 100 万美元。

表 8.3　　重新计算的预算估值　　单位：百万美元

已提交			重新计算	
2017 财年	单位成本	113625		
	数量	24		
	总成本	2727000		

续表

已提交			重新计算	
2018 财年	单位成本	117045	115898	
	数量	110	110	
	总成本	1287500	12748725	(126275)
2019 财年	单位成本	120564	118215	
	数量	110	110	
	总成本	13262000	13003700	(258300)
2020 财年	单位成本	122973	120580	
	数量	110	110	
	总成本	13527000	13263773	(263227)
2021 财年	单位成本	125436	122991	
	数量	110	110	
	总成本	13798000	13529049	(268951)
总额（高估）				(916753)

与支出型预算相同，预算分析员将根据年中项目和预算审查情况，对比上一年预算与新一年预算，上一年授予的任何合同的额外实际成本数据应该包含在内。分析员将核实合同是否按时授予或逾期。应该有关于项目风险的决策信息，这将决定为工程变更单预留的资金数额。就 UH－1Y 而言，按预算采购的详情和合同谈判的结余对于评估 2016 财年项目定价的准确性至关重要。当然，预算总额也需要与控制额相符。

2. 进度审查

进度审查的一个核心问题是该项目是否在需求前购买。正如我们在 P－21 中所见，该项目的时间表与 P－5a 合同计划以及对采购和制造提前期的估算一致。情况并非总是如此。以下情况均可能出现：由于合同授予时间过晚、劳资纠纷、原材料供应问题、分包商不可靠或其他多种因素而导致供应商的进度落后。当进度落后时，可能需要调整该财年的订购数量以恢复生产线的平稳。

图 8.20 是一个提交调整方案的 2017 财年预算的真实例子。调整进度表显示了“入”和“出”，反映了设备在仓库入库，然后返回部队。类似于采购新设备，调整计划也应为每个预算提供价值 1 年的调整资金。计划进度显示，2015 财年预算资助的交货周期跨越 9 个季度，而不是 4 个，他们试图在 2016 财年通过只提供两个季度的资金来进行纠正和调整。

Q1/2/3/4=第一/二/三/四季度（以五百万美元为单位）

上一财年	2015财年	2016财年	2017财年基础测算	2017财年海外紧急行	2017财年合计	2018财年	2019财年	2020财年	2021财年	预期完成	合计
数额（每年）/总费用	数额（每年）/总费用	数额（每年）/总费用	数额（每年）/总费用	数额（每年）/总费用	数额（每年）/总费用	数额（每年）/总费用	数额（每年）/总费用	数额（每年）/总费用	数额（每年）/总费用	数额（每年）/总费用	数额（每年）/总费用
19/10146	8/1748	2/446	6/1364	–/–	6/1364	5/1171	–/–	–/–	–/–	–/–	40/14875
–/10146	–/1748	–/446	–/1364	–/–	–/1364	–/1171	–/–	–/–	–/–	–/–	–/14875
19/10146	8/1748	2/446	6/1364	–/–	6/1364	5/1171	–/–	–/–	–/–	–/–	40/14875
–/10146	–/1748	–/446	–/1364	–/–	–/1364	–/1171	–/–	–/–	–/–	–/–	–/14875
–/3358	–/3973	–/4586	–/2619	–/–	–/2619	–/3202	–/2227	–/1736	–/2096	–/1437	–/25270
–/3358	–/3973	–/4586	–/2619	–/–	–/2619	–/3202	–/2227	–/1736	–/2096	–/1437	–/25270
133604	8721	6932	2933	–	2933	4373	–	–	–	–	40145

2016财年			2017财年				2018财年				2019财年				2020财年				2021财年				总机构费用	合计
Q2	Q3	Q4	Q1	Q2	Q3	Q4	Q1	Q2	Q3	Q4	Q1	Q2	Q3	Q4	Q1	Q2	Q3	Q4	Q1	Q2	Q3	Q4		
3	1	1	1	1	2		2	2	1	1	–	–	2	2	–	1	1	–	–	–	2	2	3	40
3	1	1	1	1	2		2	2	1	1	–	–	2	2	–	1	1	–	–	–	2	2	3	40

图 8.20　预算生产计划摘录

然而，2017 财年计划——图中正在审查的预算——要求为跨 8 个自然季度的工作提供资金，而 2018 财年计划仅跨两个季度。2018 财年的计划将于 3 年多之后进行生产，但预算的其他部分，即采购和生产的准备时间仅有 18 个月。因此，2017 财年 6 个单位和 2018 财年 5 个单位的进度规划被认为是不合理的，因为它们“购入早于需求”，并且计划资助的交货周期远超一年的时间。为了让资金与计划生产进度适配，预算办公室调整了资金，只在 2017 财政年度调整 1 项，2018 财政年度修改 3 项，并在 2019 财年和 2020 财政年度修改余额。要注意，调整资金是为了符合预期进度，而进度表并未修改。预算审查应力图确保资金与实现预期的计划目标相匹配。

3. 可执行性审查

对项目的可执行性审查是多方面的。糟糕的定价和不相称的进度都会影响预算是否能有效执行。UH－1Y 发动机先于机体交付，就是确保了进度的可执行性的例证。供应商的产能是影响项目可执行性的因素之一。大多数生产线都有最低维持率和最大产能，而经济批量通常位于中间位置（见图 8.19 示例）。生产速率超出这些参数的预算都不可执行。如果项目有与系统设计或制造工艺相关的尚未解决的技术问题，则可能面临风险。要管理好这种风险，可以为工程变更单提供资金，或调整进度以将处理风险的时间纳入考量之中。

当年预算的支出模式也影响可执行性评估。如果承付资金或供应商支出慢于计划进度，那么可能存在剩余资金，从而导致资金滚动问题。为了充分使用这些资金，可能会提前购买配套支持项目，如数据包、地面设备或后勤规划系统。如果出现这种情况，那么随后预算中这些项目都应该调整。

4. 拨款确认审查

需要注意的主要问题是研发试验与鉴定资金和采购资金的并行性。分析员应确保为初始系统开发或系统现代化提供的资助与采购实际硬件的资金是区开的。修改设计属于研发试验与鉴定费用，其安装则属于采购费用。具体任务有时难以区分，因为研发试验与鉴定部分可能包括采购与生产项目难以区别的测试项目。

5. 一致性审查

对投资型预算一致性的关注与对支出型预算的要点相同。预算应具有内部一致性，例如准备时间与合同授予和生产进度一致。预算还应在一段时间内保持一致，能够通过解释充分说明自上次预算以来的所有变化，并用数字反映出来。预算也应与相关预算保持一致。相关预算最重要的是指研发试验与鉴定预算支持系统，所有的 AP 预算，以及两个系统共享设备的情况。请注意，UH－1Y 与 AH－1Z“蝰蛇”武装直升机有关，两者共同出现在同一个 P－40的报告中，但又分别有单独的 P－5s 和 P－21s。两种飞机的 P－5s 之和必须与 P－40 的数据一致。

8.4 小结

预算是对项目（计划）授权和拨款的正式请求，因此必须满足国会的要求。国会定期向国防部提供有关其预算说明的质量和审查过程管理的反馈。美国国会认为，预算表是国会对美国国防部在年度预算周期中试图采取行动的第一印象，因此，应该进行项目说明，并解决异常情况，以避免平庸评价（Lescher，2016）。国会向国防部保证，委员会的专业工作人员会彻读文件——对于大多项目来说，文件是他们手头的唯一信息，因此需要保证精确。

一旦国防部被要求向国会工作人员介绍项目情况，应将其视为人际互动和阐述请求的绝佳机会，这也是向国会提供有关该项目的最新情况并支撑预算要求的好时机。然而，这并不是调整预算或要求授权做一些未经正式预算报告批准内容的合适时机。预算是多层审查和决策的产物。除了极少数例外，被要求简述预算的人员必须支持所提交的预算，即使其个人不希望如此。

如果国会工作人员认为预算有缺陷，就会提出质疑。这些质疑显示了工作人员对项目和潜在评价的初步观点和想法。他们会向国防部提出建议，而国防部准确、清晰和彻底的答复对于避免潜在评价来说至关重要。如果预算被打分并写了申诉，他们建议申诉作者应首先确保他们能够理解打分依据。最好的办法是能够指出该打分依据的任何错误或不成立假设。如果没有错误，那么评价就有可能成立，而影响声明并不是特别有用，因为在标记成立的时候就已经考虑了。

本章描述了分析员编制预算的流程。预算分析员必须清楚技术层面的知识，但他们也需要了解正在建立预算资金的项目内容。他们需要了解影响项目进度和资金的重要事件以及主要的成本驱动因素。预算分析员应该是项目管理团队的关键成员之一。

本章还解释说明了合理预算的关键特征。合理预算应该定价准确，应该申请能够购买一年特定活动的资金，无论该活动代表“动词”，如飞行作战或机务维修，还是代表“名词”，如一定数量的直升机。预算中描述的计划应具有可执行性，而项目应该确保向这些计划适当拨款。预算应具有内部一致性，不仅在一段时间内保持一致，而且与相关预算保持一致。最后，预算必须满足目标受众的要求，即国会的当选议员和工作人员。

如果进展顺利，那么计划办公室大概会收到与申请的经费几乎相等的拨款。下一步是执行预算，这也是第 9 章的焦点。

综上所述，本章在对预算实践进行更详细的研究之前，以运行和维护（O&M）预算及采购预算为例，对预算编制和审查过程进行了系统解释。表 8.4和表 8.5 总结了主要拨款种类的预算编制和审查信息。

表 8.4　　　　支出型预算的预算编制和审查信息

	军事人员	运行和维护	研发试验与鉴定
预算使用期	1 年	1 年	2 年
预算用途	军官和士兵的工资、奖金和特别津贴。永久性驻地搬迁。医疗保健和退休应计费用	行政费用、平民劳动力、临时差旅、备件、设备维修、燃料、小规模采办和小规模建设、教育和培训、招聘、基地支持	基础型和应用型研究、先进技术研发、原型设备、系统开发和演示、研发试验与鉴定管理支持、业务系统改进
预算内容	叙述性说明和理由、成本数据、说明逐年变化的文字、库存数据（各类人员的最终人数和平均人数）	叙述性说明和理由、按支出用途分列的成本数据、说明逐年变化的文字、绩效数据、库存数据（文职人员数量，作战支援部队数量）	叙述性说明和理由、按项目分列的成本数据、合同数据、说明逐年变化的文字、开发进度
预算驱动因素	部队结构（部队的总体规模、部队组成、留存率、晋升率、退休率），政策（工资表、享有奖金的规则），部队雇佣费（海员工资、战斗工资、家庭分离津贴）	部队结构（部队的总体规模和部队组成）、部署率、部署间维护计划、签约战略、内/外包战略、商品价格、活动的速度或节奏	取决于研发类型：开发进度、技术成熟度、实验室或靶场设施的可用性、工程问题和测试结果、不断变化的要求、工作规模及速度

续表

	军事人员	运行和维护	研发试验与鉴定
预算审查标准	拨款审查（现役与预备役），与作战部队结构和就业变化的联系、年化费用、现役/预备役混编、技术因素（通货膨胀率、控制数、算术、完整性），内部一致性以及与以前的相关提交文件的一致性	拨款审查、支出/投资标准、价格和项目增长、成本的年度化、与作战节奏的联系、维护计划和人员配置战略、与新作战单位交货的联系、技术因素（通货膨胀率、控制数、算法、完整性）、内部一致性以及与先前相关提交文件的一致性	拨款审查、年化增量资金与最小结转、过去和现在的绩效对未来进度和资金需求的影响、力效分析、与采办的并发性、技术因素（通货膨胀率、控制数、算术、完整性）、内部一致性以及与先前相关提交文件的一致性

表 8.5　投资型预算的编制和审查信息

	采购	建造
预算使用期限	3 年	5 年
预算用途	耐用设备，如车辆、武器、飞机、工业设备以及对其进行的重大改造。耐用设备的初次装备成本	造船、改装和建造、包括初始舾装和核燃料（SCN）。建筑建造、采办及不动产改良（军事建设）
预算内容	叙述性说明和理由、按采办单位划分的可变成本细目、一次性和固定成本、合同和供应商数据、生产和交付进度、库存数据	叙述性说明和理由、按项目和项目阶段划分的成本数据、按地点划分的项目、合同和供应商数据、进度数据、库存数据、特殊考虑（历史遗址，环境保护，洪泛区管理等）
预算驱动因素	单位成本、硬件和验收成本为全额资助，而支持和项目管理成本则是递增资助，生产率、定价波动（通货膨胀、经济价格调整、经济订货量、外汇波动、学习曲线、投入/产出进度）、采办战略（联合方案、竞争、多年采办、双重采办、购买与租赁、块状与螺旋式发展）、生产进度、生产启动或终止	建筑物的规模和用途、环境因素、建筑地点环境、施工方法和材料、配套设施、场地准备、公用设施、建筑物固有的特征与被认为是配套的特征、应急费用、监督和开销、研究和许可、承包岗位与内部岗位

续表

	采购	建造
预算审查标准	拨款审查、与研发试验与鉴定的并行性、支出/投资标准、对支出类型的适当供资（全额或增量）、过去的绩效对未来拨款金额和进度的影响、生产成本相关的项目管理和支持成本、成本估算方法、工程修改进度与其操作进度、数量和进度（最低维持率或经济订货批量）、先期采办和多年采办整齐划一、资助的交货周期、技术因素（通货膨胀率、控制数、算法、完整性）、内部一致性以及与以前的相关提交文件的一致性	拨款审查（特别是建筑成本与建筑监督成本相较于建筑设备和配套成本）、过去的业绩（特别是多阶段项目）、设计状况、对运营预算的影响、成本估算的基础、采办战略、遵守适用的环境和安全法规、施工进度、技术因素（通货膨胀率，控制数，算术，完整性）、内部一致性以及与以前的相关提交文件的一致性

第 9 章　美国国防部的预算执行

预算编制是指通过确定需求，在需求中做出政策选择，估计政策实施成本，并通过正式立法授权和拨款程序使其合法化的过程。对比之下，预算执行则指与管理预算授权相关的流程：如何通过机构进行分配，实际执行决策的决定权和批准权，如何衡量和报告预算授权的状况，以及跟踪预算授权的受托角色如何体现于其他业务流程，如项目管理、工资支出和合同。

执行是预算过程中的一个阶段，在执行阶段，政策事项的暂定性和预期性转变为现实性。在这一阶段，预算和项目要求被已经实现、改变或否决。政策争端的胜负也已见分晓，目前的任务是完成胜者的工作。而胜者的工作会随着条件变化而不断演变。因此，如果视预算为一项计划，国会授权是对该计划的修订和批准，执行则是对该计划的实施和再加工。如果说预算申请授权、拨款授予权力，那么执行意味着行使权力。行使支持一个不断演变的计划的权力——这是国防部预算执行的本质。

在大多数政府中，预算执行广泛包罗各种活动，横跨政府财政收支两方面。州府和市政府通常被认为应承担平衡预测和收取的收入与这些资金的计划和实际支出的任务。管理者可获得的资金数额可能不确定，那取决于失业率和当地经济活动等因素。在经济紧缩时期，当收入下降而需求上升时，平衡权益项目尤其具有挑战性。在国家和地方层面，预算执行包括人力资源、缔约和实体工厂维护等职能领域。它还包括现金流管理，涉及税收、借贷和偿债、资本支出计划、政府内部转移和投资。

相比之下，国防部的预算执行要简单得多，因为只包括这些活动的一个子集。国防部在支出时很少考虑平衡其野心和为此支付的收入流（税收）。尽管预算执行办公室与人力资源办公室和合同执行办公室存在必要的互动，但三者通常是区分开的。资本项目的资金问题主要在预算编制阶段解决，届时将作出全额资金与增量资金的决定。尽管预算执行的关注面较窄，但该阶段十分关键，国防部指挥官、项目管理者、预算分析员或主计长都会面临许多挑战。

复杂的公共组织通常寻求实现多个目标，其中一些目标会相互矛盾。这就要求在各个目标之间进行权衡和妥协（Joyce，2003；McCaffery & Mutty，2003）。在预算执行方面，这些目标通常包括：

（1）遵守法律法规；

（2）确保行政任务快速和准确地处理；

（3）为完成任务管控组织的活动；

（4）保持或创造资源的灵活性，以适应突发事件；

（5）缓解资金短缺或立法授权的影响；

（6）管理信息流；

（7）确定财务事项决策权的归属；

（8）衡量组织的成本和绩效；

（9）减轻管理职能部门的开销负担，以提高单位美元的产量；

（10）衔接部门管理者、预算人员和计划评估员/审计员的目标和分析框架。

在本章中，我们讨论国防部预算执行的话题，建议为这些目标限定一个区域（见图 9.1），其中一个轴代表受托责任履行，即遵守拨款规则和严格控制财务活动以维系问责制，另一个轴代表任务或计划项目绩效（满足目标要求）。当然，也要将与预算执行相关的组织活动置于这一区域并进行管理，以便在完成任务的同时完全遵守规定。

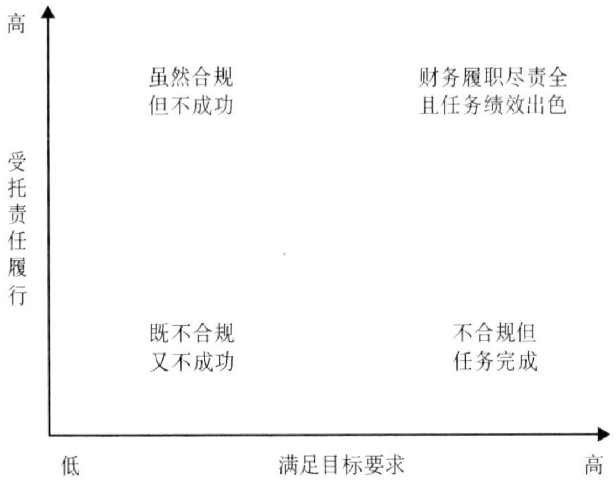

图 9.1　预算执行目标

本章首先概述了国防预算执行的受托责任：拨款法案的关键环节以及与预算执行相关的基本任务。开头部分可从财务控制轴角度和主计长视角进行研究，接下来则考虑到另一个轴，表达了项目管理者或作战指挥官的观点，对他们来说，项目成功和任务支持至关重要，预算执行活动旨在支持组织目标而不仅是实现预算执行本身的合规目标。除了描述可偿还程序外，本章还将解释完全由有偿工作订单供资的周转资金的操作。其次，本章对阻碍良好预算实践和良好计划管理的问题和特殊情况展开讨论。最后，对国防预算执行的性质进行总结。

9.1 预算执行受托责任

预算执行由一系列活动组成。当一个人“做预算执行”时，他具体做些什么？预算执行始于流向组织的资金。拨款一经颁布，预算授权就必须转交给负责管理资金并就购买对象作出最终决策的那个组织的领导人。反之，他们通常会按照一种或多种方法将一部分资金分配给整个组织。消耗资金——我们称之为承担义务（政府有义务从国库中支付资金以换取接收的货物或服务）——通过组织的业务流程完成，如人力资源部门负责发放工资，设施管理部门负责租金和公共服务，签订采办合同和服务合同，供应和旅行部门负责备件和差旅费。由于政府官员行使通过拨款法案提供的法律权力，资金不像企业部门那样具有可替代性。有一些限制条件约束着官员能购买的东西和购买时间。在整个流程中，通过评估并报告资金使用的系统跟踪状况，包括已经承付或支出的资金数额、承付主体、承付对象和承付理由等，能够确保限制条件得到政府官员遵守。而且，由于预算属于实现组织目标而制定的财务计划，组织管理人员会审查目标实现的进展情况，对如何重新分配当前的剩余资金提出建议，并设法影响未来年份的预算编制。

9.1.1 运行控制

在某种程度上，所有的预算系统都服务于组织的三个目的：支持战略层面的规划，关注组织的资源调整；支持目标/项目（计划）层面的管理控制，在亚组织层面关注效率和有效性；支持运行层面的运营控制，关注常规流程的责任履行（Schick，1966）。预算编制倾向于连接两个高阶层次，因为其决定具有前瞻性；预算执行倾向于连接两个低阶层次，因为其决定具有即时性，涉及计划的实施（见图9.2）。

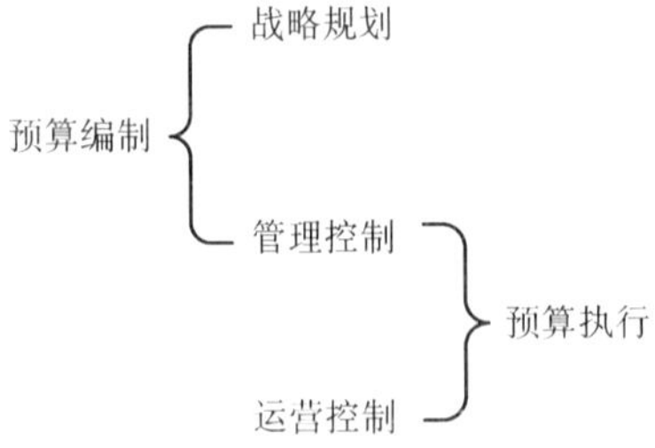

图9.2　战略制定以及控制预算编制和执行的关系

1. 预算授权、债务与支出

请注意本节的大部分内容与法律授权的流程和使用相关，与资金使用过程无关。除了临时出纳官（这一角色实际上是财政部官员担任）之外，国防部几乎没有资金。这些资金根据国防部提供的信息出入国库。国防部官员极少“花钱”。更确切地说，他们根据拨款法案行使法律权力，约束政府从国库中支取款项。我们称其为预算授权。因为《美国联邦宪法》规定，除法律的规定拨款之外，不得从国库中提取任何资金。我们必须从一些关于拨款的术语以及政府承担的义务流程开始，这些规则制约着国防管理人员的行动。

预算授权允许各机构购买商品和服务、雇用人员、发放贷款、提供补助金和担保，这些都将导致国库的支出。国会掌握着“财政权力”，这意味着国会授权项目，并为实施和维持项目分配预算职权。通过拨款，国会授予政府机构约束政府本身或向其追责的权力。当政府官员签署合同、雇用雇员、与其他机构签订资助协议或提供赠款时，他们就已经正式、合法地约束政府为成功完成任务而支出费用。这种具有约束的行为被称为预算的债务。

债务是一种合法的资金保留。它标志着政府已经与另一方达成了协议，并且该协议已无须政府采取进一步行动，但另一方的行动将需要国库支出费用。承诺是一种行政层面的资金保留，表示一种尚未“成长为”债务的暂定协议。例如，为潜在合同授予费预留的预算授权将被认作承诺，因为它仍然只是潜在授予。一旦确定已获得授予，该承诺就将成为一项债务。支出是指国库为履行（或清算）债务而实际支付的款项。支出近乎等同支付、开支或清偿债务。例如，政府工作人员的工资单或有偿供应商的发票。债务出现时可能同时会有支出，如现金购买时；或在之后很快支出，如工资单或信用卡购买时；也可能在多年后才有支出，如建造大楼或军舰。

2. 拨款时间线

大多数国防拨款都是确定的，这意味着他们为债务金额设定了上限。国防拨款承担债务的时间段也已经确定。像运行和维护（O&M）以及军事人员（MilPers）这样的支出型拨款的预算有效期通常为一年，这意味着新的合同预算只能发生在为该预算提供资金拨款的财政年度内。投资型拨款的预算有效期通常持续多年，以应对采办车辆、飞机或舰船等装备的复杂、漫长的交付周期。

图 9.3 显示了一项公开拨款的时间线。从颁布之时或一个财政年度的第一天起（以较晚者为准），公开拨款事项并引用该预算授权来履行新的债务。在规定的义务期结束时，拨款到期，意味着不再产生新的债务。但修订或取消现有债务是可行的。承付款项后可以在任何时候支出，直至截止日后的 5 年，拨款结束或失效时。

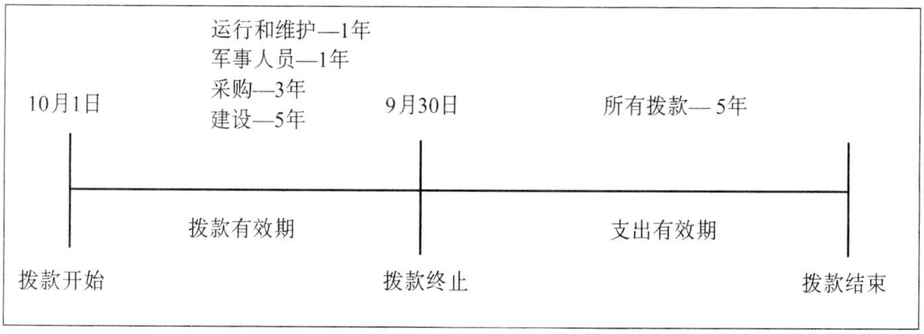

图 9.3　拨款时间线

“appropriation”一词来源于拉丁词汇“appropriare”，意思是“向外拨出”或“拨款”。财政法强化了这些概念。财政法的一个基本原则是，拨款只用于特定用途，而不包括任何其他用途。任何支出对象和为其供资的拨款额几乎是 1∶1 匹配。因为在少数情况下，一个特定的支出对象同时属于两笔拨款，而国防部有一定的自由裁量权来决定使用哪笔拨款。

3. 拨款中的限制因素——目的、时间、金额

所有拨款都有三个特点，约束着政府管理人员的行为。为使一项拨款成为合法的资金支出，必须遵守下列三项规定（GAO，2004）：（1）债务或支出目的必须得到授权；（2）债务的产生必须处于国会规定的时限内；（3）债务和支出总额必须在国会规定的数额内。目的、时间、金额——是对政府机构的三个限制因素。简而言之，国会决定机构的行动目的、行动时间以及行动水平。“对几乎所有预算管理人员而言，该法律体系包括一系列指导他们日常行动的规则。例如，他们知道不得在拨款之前承付资金，支出金额不得超出拨款金额，只能将拨款用于指定项目”（Jones & McCaffery，2008）。

《美国法典》第31卷第1301节规定：“除非法律另有规定，否则拨款应只用于指定目的。”这是一种正向授权，意味着一项支出只有得到拨款授权才生效。并非说没有规定禁止的支出行为就默认得到了授权（负向授权）。法院认为，“既定规则规定了只有在国会授权的情况下，支出公共资金才是合理的，而并非指除非国会禁止，否则可动用公共资金（MacCollom，1976）”。

有些拨款相当不明确，导致管理人员有很大的自由裁量权来决定如何完成任务。2001年9月18日发生了一个极端案例，当时颁布了一项拨款（P. L107-38），向总统提供400亿美元预算并且永不过期，总统可以将这些资金以任何数额转给任何机构，用于与恢复和应对一周前的恐怖袭击（“9·11”事件）有关的任何事项。资金的用途可以从清理“世贸中心遗址”，到部署部队打击恐怖主义，到加强国家交通系统的安全，到起诉罪犯或帮助受害者。

相对地，其他拨款行文严密，对预期目标和实现目标的手段都作出了规定。例如，2006财政年度的《国防拨款法案》包括以下措辞：“哪怕有任何其他法律规定，海军部长也应遵循本法案第二章‘海军陆战队的运行和维护’标题下提供的金额，向加州二十九棕榈市提供4800000美元的赠款，用于拓宽基地外的奥多比路。”这一措辞非常具体，没有表述任何自由裁量权，美国海军陆战队必须使用其运行和维护经费、海军陆战队的部分拨款来拓宽这条城市街道。

但是，即使在自由裁量权不太明确的情况下，也受到一项名为“必要支出原则”的限制。该规则的一份早期声明指出，“为特定目标拨款时，意味着有权为执行该目标而承担必要、合理或附带的费用，除非有另一项更具体的拨款，或者该购买行为非法”（Comp Gen，1927）。必要费用对成功完成授权

项目而言至关重要，合理费用用于支持项目的合理支出，但并不是关键支出。附带费用本身并不重要，但与其他必要或合理费用存在某种联系。

不得把效率或经济要求强加于“必要支出原则”。必要支出原则下，人们并不局限于最有效或最好的选择。然而，对逻辑关系的理解不能过于宽泛。高级官员的品味和意愿、私营企业的最佳做法或项目的重要性本身并不构成逻辑联系（Candreva，2008）（见框注 9.1）。

框注 9.1　　关于到期资金的谬误

“回流国库的资金”

一般说来，在拨款到期时，任何未使用的预算授权都会归还给国库。这一表述并不准确，因为资金都没有离开过国库。拨款并不是从国库中提取资金，它只是约束国库在适当情况下进行支付的权力。到期的是约束政府的权力。如果不行使这一权力，国库就永远不会动用一分钱。

使用拨款的一个重大限制来自于预算申请的结构。如果国防部提交的预算申请有特定的美元数额，并附上几页预算表为其说明，且国会在一个确定项目名称的行项目中拨出了这个确切的数额，则法律层面可以推定，国会打算完成预算申请的内容，而项目管理者则要完成预算描述的内容。对于大多数国防项目来说，这正是每年发生的情况。

如前所述，时间限制主要是指承担债务的时间段。拨款法案赋予两个基本权力：即承担债务的权力和支出的权力。至于时间，美国政府问责局指出：“有时限的拨款只能在拨款期间用于承担债务”。但是在该期限之后，仍可在一定范围内调整债务数额，并清偿债务款项。联邦法律（《美国法典》第 31 卷第 1502 节）称，定期拨款只能用于支付在可用期间合理产生的费用或用于履行在可用期间合理签订的合同。支出可能发生在拨款到期之前，根据图 9.3 所示，国防部在拨款到期后有 5 年时间来清偿债务。

就时限而言，拨款有一年期、多年期和无年限之分。除非另有说明，否则所有拨款都默认为一年期年度拨款，因此这些拨款可在联邦财政年度的 10 月 1 日至次年 9 月 30 日之间用于新债务。在美国国防部，运行和维护以及军事人员的拨款为一年期，但研究、开发、试验与鉴定拨款为两年期，采购拨款为三年期，施工拨款为五年期，基地调整和关闭以及周转资金为无年限期拨款。关于承付债务期限的合法性问题，可通过使用真实需求测试来解决，即可以承付一个财政年度的拨款以满足在拨款的财政年度产生的（或者在某些情况下，在拨款之前产生但继续存在的）合理或真正需求。真实需求问题涉及一项债务是否与该机构在拨款期间的需求有充分关系。例如，9 月 10 日订购的物品，预计要到 10 月 20 日（下一个财年）才能交货，这是否属于拨款财年的真正需求？如果 9 月确实需要该物品，那么就是“真实需求”。但是，如果这项采办只是使用即将到期的预算职权，而且只是预期在 10 月份可能需要它，那么并非“真实需求”。因此，关键是需求何时出现，而非需求何时满足。

在某些情况下，可以申请特别授权以绕过真实需求规则的限制。预先采购拨款允许在提供资金完成采购之前购置采购计划中的长周期项目。多年采办授权允许美国国防部签订多年的生产合同以节约成本。

预算金额限制有几种形式，并且不像禁止在一个机构只获得 100 万美元拨款的情况下承付 200 万美元债务那样简单。这些限制更普遍地涉及承付（尚）不拥有的资金。《反赤字法案》是处理这种金额限制的主要法规。《反赤字法案》禁止：

（1）从任何拨款（分配）中产生或授权承担超出其可用金额的债务或支出；

（2）为在项目目的拨款之前为其支付款项，而使政府参与任何合同或其他债务；

（3）接受以为美国服务为名义的志愿服务，或使用超出法律授权范围的雇员服务，但涉及人身安全或财产保护的紧急情况除外。

第一条款是一般定义，禁止承担超出拨款或该拨款的法律子集（如分摊或拨款）中规定的债务。这意味着如果在财政年度的第一季度分摊（分配）了特定金额的资金，即使已知下一季度会获得更多资金，也不能承担超过该金额的债务。第二条款意味着不能在特定一年的 9 月份执行合同，因为直到 10 月份（新财政年度）方可获得资金。可以谈判和起草合同，但在拨款用于偿还债务之前，不能执行（已签署并生效）。第三条款规定，如果政府雇员或供应商打算（或有权）最终为他们的工作记账，则在拨款之前，他们不得“免费”工作。即使上例中供应商任务紧迫，也不能“资源”在 9 月份开始执行合同。因为雇员一旦开始工作，政府就有义务向供应商支付工资，但目前还未批准拨款，无法用来支付这笔费用。

财政法中关于金额限制的一个关键问题是可分割性。当政府为一项任务提供资金时，为该任务支付的合理金额取决于该任务可分割或不可分割。可分割任务是指可以分解（分割）为两个或多个部分，每个部分都能满足政府单独一项需求。例如，请思考以下两个任务：一个任务是修剪基地的草，另一个是修理坏掉的水泵。如果基地指挥官为草地维护拟定一份合同，该合同可以分成多个部分，每部分都建议在草长到一定高度时进行修剪，但修泵的合同是一个单项。那么即使没有计算下半年的价值，上半年割了六个月的草也为政府带来了价值，但是只修了一半的泵却并没有提供价值。由于这些差异，美国国防部倾向于按财政年度给可分割任务提供资金（不超过1年的工时），并按工作提供资金给不可分割任务（完工的全部金额，无论需要多少工时）。美国国防部对可分割工作提供增量资金，而对不可分割工作提供全额资金。当一项不可分割任务被编入预算或签订合同时，管理者必须确保预算中有全额资金，或有承付的合约。任务可分割时，一年的资金将被编入预算并纳入合同。合同上标注1年的拨款（如O&M）可以为一年的服务提供资金，而且这一年的日期不需要与财政年度相吻合。即是说，合同年度可以是1—12月。这项服务合同的政策与政府活动间由可偿还资金提供的可分割服务政策不同。

为了完善对执行的法律框架的讨论，有必要指出，《美国法典》第31卷第1501节要求会计记录准确描述拨款情况，“一笔款项应被记录为美国政府的债务并有文件证明”。少记录债务（例如，避免被发现债务而违反《反赤字法案》）和多记录债务（例如，提高表面支出率）都是非法行为。记录债务只用于债务证实，并不创造债务。当机构的行动产生债务时，就必须记录并备案。

为什么会有人故意少记录一项债务？最有可能的情形是，为了隐藏可能违反《反赤字法案》的行为。如果只剩下1万美元，而司令部又急需购买价值2万美元的东西，他们可能会禁不住诱惑而少记录债务。可能也会禁不住多记录债务，给他人造成资金消失的假象，并提高表面预算执行率，以避免资金被用于其他用途。

9.1.2 资金流动

当拨款法案颁布且财政年度开始后，财政部就会向行政管理和预算局（OMB）发出拨款令（国库支付令）。国库支付令是一种财务控制文件，该支付令确定了为每个拨款项目能够从国库账户中提取的资金数额。

在获得支付令后，行政管理和预算局可以向机构分配资金。分配是指将拨款经费中可用于承付的金额分配至特定的时间段、活动、项目或这些的组合。分配的目的是“确保各机构开支率能够保持在其年度拨款所规定的限度内”（Lee Johnson & Joyce，2004）。O&M 资金由 OMB 按自然季度进行分配，一般以累计方式提供。各部部长负责制定规章制度，从行政上控制和分配额度。该系统旨在将债务限制在分配的数额内，规定违反分配的责任，并提供用于司令部之间行政划分拨款的简捷方法。分配可以有效防止在财政年度的任一时期过快承付。

机构根据预算编制时的既定方案申请分配。作为预算编制过程的一部分，各主要司令部根据预计合同授予日期、薪资水平和预定活动来提交分阶段计划（或称债务计划），以描述债务的预期模式。通常情况下，每一个司令部会根据提交的计划分配资金。之后，它们被要求对偏离该计划的行为负责。

一旦机构收到拨款，就会向下属组织分配资金。国防部财务副部长（主计长）负责向各军事部门（军种部）分配它们的国防拨款份额。反之，每一军种的助理部长（财务管理和审计）向其军种的各主要司令部分配在特定账户中承担特定数额债务的权力。例如，负责财务管理与审计的海军部助理部长将向海军航空系统司令部分配海军飞机采办预算职权。各主要司令部将进一步向下属组织、计划办公室、配置部门等分配预算职权。支出型账户（如 O&M，MilPers）通常简称为运行预算，投资型账户（如采购、建筑）通常简称为拨款分配。在作战单位层面上（如舰艇或中队），则使用作业目标（OPTAR）一词。

由于权力沿着指挥链向下分配，因此有责任履行《反赤字法案》（《美国法典》第 31 卷第 1341 节和第 1517 节）的规定，而不是超额承付款项。这种严格的法律责任通常延伸到各主要司令部或其主要部门之一。计划办公室承担着运行预算的责任，而它的下属办公室则受计划目标指导，如运行目标、津贴和支出限制。法律责任承担者通常由经过正规培训的高级主计长、律师、会计师和其他工作人员担任，以确保严格的责任维系与落实。军事部门确定《反赤字法案》责任的适当级别，以确保小预算持有者不会受到过度控制，也不会对不在其行政控制范围内的债务模式承担责任。因此不难发现，一艘舰艇、一个中队或一个第四/五梯队的司令部配有一名预算官员，但没有主计长或律师。

9.1.3 债务产生

在分配过程结束时，承诺生效，债务产生，最终进行资金支付。如前所述，承诺意味着承付资金的过程已经开始。债务一般为以下三种形式之一：与私营企业签订合同，政府内部可偿还交易（一个政府部门为另一个政府部门的某些活动提供服务，并因此得到偿还），以及薪资结算。薪资结算比较直接，通常利用有关雇员人数及其工资和福利成本的实时数据按月承付。多数情况下，通过为组织任务分配资金来实现薪资结算。某些情况下，如果员工所做的工作是为了让另一个组织受益，则该员工的工资和福利费用可能要用受益组织的资金来支付。

超过25%的国防预算在以工资或支付给供应商的方式离开国库之前，就已经在政府内部正式易主。没有哪个司令部能够完全自给自足，有一些司令部只发挥辅助保障作用。每当有舰艇或中队申购备件，采办计划办公室就聘用作战中心提供工程保障。国防部用军事部门间采购申请（Military Interdepartmental Purchase Requests，MIPRS）和服务文件来代替合同，允许供方司令部使用客户司令部的预算授权。签订协议对买方来说是一种负债，对供应商来说是预算授权增加。当供应商完成工作并产生成本时，他们就会承付MIPRS提供的预算授权。

合同代表了最大美元的债务数额。合同是政府和供应商之间的双边协议，以向政府提供特定的货物或服务。在《联邦采办条例》中可以找到关于合同的大量规则。合同签署时，有义务确定承付条款所包含的美元价值。可能会有一些其他成本，如成本补偿合同、奖金、授权费、罚金、选择权或变更单等，需要在其发生时承付。或在某些情况下，可能根据过去的表现及最可能出现的情况承付，并在后期进行调整。

9.1.4 债务和支出的衡量与管理

至此，我们已经总结了预算职权的分配，明确了行使职权的含义，并描述了债务的产生。由于拨款在时间和数额上都受限，因此评估预算授权的状况是非常重要且必需的。一方面，要确保遵守财政法；另一方面，又要确保国防部可用资源得到充分利用。如果国会向美国国防部拨款X美元以保护美国国家利益，它们自然期望得到X美元所能买到的国家安全。充分利用资源是体现全部价值的公认证据。

如果国防部比较幸运或管理良好，并能以低于X美元的价格提供价值X美元的安全保障，那么国会会期望获得额外的安全保障。立法机构不希望有闲置余额，在它们的共同认知里，投资已经完成。此外，还有很多没有资金保障的需求，所以良好的管理需要监管资金的使用，并在必要时重新分配资金，才能获得资金的全部价值。

衡量预算执行情况的最常见标准是债务率（或预算执行率）。债务率等于已经承付的预算授权额除以总预算授权额，表现形式为百分比。同样，支出率按照分子为支出，分母为总预算授权额进行计算。假设司令部或计划办公室获得2600万美元的预算授权。截至3月底，它们已经承付了1450万美元。那么债务率为14.5/26＝56%。

56%这个结果好吗？3月是财政年度的一半，所以它们的实际债务比直线预测数额要高。但是，直线预测就代表好结果吗？或许如此，但只有承担完债务所代表工作的情况下才算好。但它们只在某些时候这样做。如果大部分债务是政府雇用的劳动力，直线预测可能适用，但如果大部分是合同外包的工作，那么加速攀升的债务率会更适合。这是因为，在承付资金之前，工作不能开始。假设签订了一年的支持服务合同。该合同通常会在年初签署，并在当时承付整年的资金。因此，债务产生节奏通常会加速，与一年中的50%相比，56%是加速攀升的，但这仍然不能告诉我们56%是否为好结果。

前文已经讨论过分配问题，即数额基于项目规划。在预算编制阶段，每个预算递交办公室都会准备一份阶段性计划（有时称为支出计划）。阶段性计划即是对预计资金承付速度进行逐月预测。如果与指挥部提交的预算阶段性计划相吻合，那么例子中的56%则是好结果。

可以参见图9.4例子中的预算执行情况。某组织在第一季度收到了约1100万美元的拨款分配（注意金额较小，可能是由于10月份的持续决议导致），在第二季度又收到了700万美元，现在3月份有约1800万美元。它们的阶段性计划预计在3月底将承付约1650万美元（63%），目前支出率为56%，因此我们可以说它们执行力偏弱：因为其承付速度低于既定计划速度。同时，还可以看到，在本财年早些时候，它们的执行力略强于计划，因为实际债务高于计划债务。

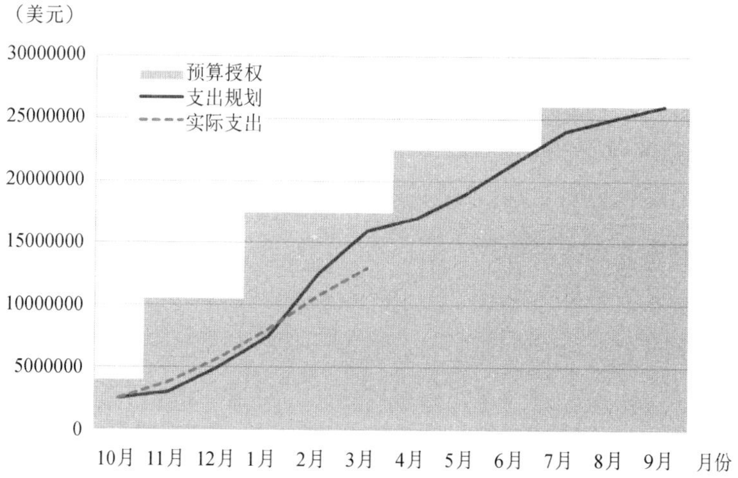

图 9.4　分阶段计划拨款与实际债务示例

这是单个司令部或计划办公室层面的例子。在军事部门（军种部）层面，此类数据经过汇总并以类似方法进行衡量。表 9.1 和图 9.5 显示了研究连续 14 个财年中的 O&M 账户的债务数据结果。与预期的一致，O&M 账户管理人员在年底拨款到期前承付了 99% 以上资金。各军事部门债务率各不相同，但通常遵循总体一致的模式。图 9.6 中，这一模式呈现得最为清晰（Kozar，1993）。

表 9.1　　国防部运行和维护月均债务率的高低区间　　单位：百分比

月份	平均	高点	低点
10 月**	11.2	12.3	9.8
11 月	8.0	9.7	7.0
12 月	7.3	8.2	6.5
1 月*	10.0	11.4	8.1
2 月	7.2	8.4	6.1
3 月	7.2	8.0	5.6
4 月*	9.1	10.6	8.3
5 月	6.7	7.6	6.1
6 月	6.7	7.5	5.9
7 月*	8.8	10.6	7.4
8 月	6.9	7.4	6.2
9 月	10.6	12.0	9.8
合计	99.83		

注：高点表示 14 年内最高的支出率，低点表示 14 年内最低的支出率。** 表示财政年度的开始；* 表示财政季度的第一个月。

图9.5 月度运行和维护支出

一般来说，财政年度的第一个月和最后一个月是债务率最高的月份。基于上述原因，10月份支出率通常较高，因为正值签订年度合同，任何前一年积压的无供资需求可能会获得预算。支出率在夏天的几个月份通常最低，因为大部分资金已经在合同和政府内部采购中“到位”。进入9月，即将到期项目的资金需要接受审查，以确保没有多余或短缺的资金。然后，释放为应急而保留的资金，并开始计划向下一年过渡。由于预期消耗所有的预算授权，再加上《反赤字法案》对超额承付款项的关注，债务率在9月通常会出现年终激增。因此，8月记录的债务率最低，9月和10月两项最高。

还需要注意的一点是预算执行呈现出典型的季度模式特征。第二至第四财政季度的第一个月（1月、4月和7月）经历了第三、第四和第五高的债务率。每一季度都以高额的支出率开始，并伴随连续两个月的低支出率。由于每季度向国防部分配资金，才导致这种模式。新的预算授权被迅速承付，以确保工作继续进行，在资金特别紧张的年份，承付需求则会受到挤压。该年最后一个季度明显是这种模式的例外。

虽然我们的讨论集中在运行和维护（O&M）方面，但其他拨款项目也遵循类似的规律。诸如采购和研发试验与鉴定（RDT&E）之类的项目多年期拨款没有O&M那么明显的季度模式，因为它们通常是每年分配一次拨款，但仍对债务率和支出率抱有预期。尽管RDT&E的拨款有2年可用期限，但预期第一年就能承付93%的拨款。因为研发试验与鉴定本身具备风险和不确定性，所以第二年提供了灵活性，但由于每年都有新的拨款，所以任何项目都不应明确计划在第二年承付款项。如果第二年才需要这些资金，则应列入后一年的预算。同样，海军的其他采购（Other Procurement，OP）——一个杂项采购账户——预计将在第一年承付大部分（86%），尽管拨款有3年可用期限。

9.1.5 创造预算松弛

预算编制和审查流程是为在资源限度内尽可能多地购买国防项目而设计的。该过程旨在仔细审查预算要求，并确保其尽可能节省资金。看似随意和模糊的预算类别，如“管理储备”或“工程改造”，经常被削减并且资金被分配至看似更高产的用途。这样做的好处是能够购入更多的项目，但风险是所有项目都可能面临资金不足，或者预算中没有足够闲置资金来处理难以避免的意外情况。项目管理的最佳实践证明需要管理储备金来处理难以避免的意外情况（Frame，2002）。同样，政府也应该创造松弛条件以确保政策举措的有效实施（Schick，2009）。然而，过度的松弛反而是一种浪费，并且降低了管理者效率和创造力（Mann 1988；Merchant，1981；Yuen，2004）。许多预算员试图在其预算中纳入松弛，但假设在预算编制阶段已消除此类松弛，预算员将有责任在执行期间创造预算松弛。

“预算执行有很大一部分受到意外事件、紧急情况以及不可预知突发事件中周密的挽救计划的必要性驱动的影响”（McCaffery & Mutty，2003）。预算员可以采取哪些行动来创造预算松弛，从而应对这些事件？随着资金被分配到下属单位，可能有一小部分储备资金被保留在委托账户中。虽然这导致组织单位收到的资金比预期少，但也激励他们发挥创造力，采取更严格的措施。若非如此，他们就会有动力去消费资金，且不管是否可以用更少的钱来完成任务。组织的部分成员可以用少额资金成功执行任务，而组织其他成员则不能完成任务。这些人会成为自由资金的接受者。重新分配通常于年中审查期间确定。

预算松弛也可以通过管理劳动力形式来创造。如果员工流失率很高，组织可能会选择在一年中的部分时间里较少雇用人员，以节省工资支出，从而将这些资源用于其他用途。另一个方法是将多余的资源“卖”给其他组织，这些组织可能会通过报销流程来抵消运营成本和一些固定成本。价格下降或有利的外汇波动可能会在预算中创造出意外收入，用以支付应急费用。另外，其他管理技术——从更有利的合同条款到精益的流程设计，都可以节省资金。

令预算办公室担忧的是，较低的债务率可能会暴露预算松弛。因此，为“储存”剩余的预算职权而夸大一些支出就颇具诱惑力。需要资金时，就把资金从原来的订单中扣除，然后用于新需求。虽然这种做法可以有效地管理支出率和创造松弛，但违反了记录章程，导致组织的财务状况不够准确，阻碍了部门高层科学决策。

9.1.6　年终动态

财政年度末是一个多事之秋，因为必须在到期前承付全部年度资金。管理这一过程有几个关键因素：了解和调整当前的支出状况，评估最终的薪资数额，编制有效的无资金需求清单，收集和集中控制所有剩余的预算职权，并为下一个财政年度做准备。只要规划得当，财政年度的最终结果就不一定是职权浪费。但研究表明，结果通常事与愿违。如前所述，因为预算不是资金，而是即将到期的法律职权，由于没有办法“保存”它，所以各级组织部门对执行完所有可用预算具有很强的动力。因此，必然造成大量的资金浪费、导致采办质量下降。此外，“任何执行不到位都可能导致下一财年的预算削减，或者司令部不得不作出回应”（Jones & McCaffery，2008）。对于预算执行部门来说，浪费承付额度比完全不承付支出要好。

正如9.1.5节中指出的预算松弛的有关内容，有一种趋势是全年持有储备资金，作为灵活应对突发事件和意外事件的方式。有了这些“未雨绸缪”账户，如果没有特殊情况，就会在当年晚些时候发放资金。假设美军的指挥系统有四层，每层都扣留3%，这意味着最底层只能收到88.5%的资金，剩下的11.5%将在年底逐级下拨。在某些情况下，底层单位可能见证的现实是，10%—15%的年度预算授权集中出现在一年的最后几周。还有一种情况是，内部委托的资金也可能没有被直接项目管理人员全部地使用，而是被划入中央账户。流入预算办公室的资金在年底时又流向有承付权的管理人员。

到了年底，资金通常不会流向有最重要需求的人，而是能够快速使用的人。达成这一点的方法之一是提高训练或作战运行的频率（强度）。在弗吉尼亚州，某训练舰队的一名海军飞行员在评论9月份的飞行时间过剩时说，“虽然我不介意飞到基韦斯特吃午饭，但这似乎有点浪费”。

合同必须与本年度相关联，资金项目转入下一年度的做法显然是不恰当的。因此，下一财政年度的草地维护合同无法在9月下旬签订。然而，人们可以“封顶”常规保存的材料的库存水平。或许，为了创造预算松弛而允许库存水平下降。当一年即将结束时，剩余资金可以用来恢复库存水平。

在做出这些决策前，应该对现有支出进行验证。理想情况下，部门管理者应该更新无资金支持需求清单——出现在这一年内且没有预算资金的新需求，或者根本没有编入预算又不太重要的事项。准备好清单、估算好价格、确定好合同，才能让年终采办更有效率和成果。

正如迄今为止所观察到的那样，在整个财政年度，人们都非常重视预算的作业控制。拨款提供了约束政府的法律许可，而且这种许可有严格的界限，也要求对预算、支出和会计流程进行一定程度的控制。必须充分理解和遵守这些嵌入法律的预算要求。上至具有行政责任的工作人员，下达执行部门日常业务的工作人员，预算职权在部门内流动。在某些情况下，因为一个组织在有偿的基础上支持另一个组织（即为另一个组织提供有偿服务），使得这种职权在部门之间横向流动。参与这些程序的每个人员都有责任确保他们在任何时候都了解预算授权的状况：持有人是谁，是否承诺、承付或支出，是否用于合法目的。这种预算授权不仅让国防政策得以实施，而且资金的使用速度也影响着未来预算决策。因此，部门积极管理支出和支出限度，以确保所有资金得到及时利用。法律上的限制产生了激励措施，使人们以确切方式行事，确保不违反规则。这些行为有时可能是不经济的，也可能与部门和所承担的军事任务的最佳利益不相符。下面，将视角从管理资金转向管理组织。

9.2 预算执行任务支持

在美国国防部内部，预算执行主要受美国 GAO《联邦拨款法原则》（2004）和美国《国防部财务管理条例》（2016）的约束。《国防部财务管理条例》中关于预算执行的一章涵盖了部分主题，如分配、转让和重制计划、记录承诺和支出标准、上年账户状况以及特殊情况，如不匹配的付款。《国防部财务管理条例》中的观点是，预算执行只包括跟踪预算职权在系统中的流动情况：来源、接收者及其状态。两个条例的存在正是为了确保遵守法律和信托责任的门槛水平，但几乎没有提到资金的高效使用等术语，也很少提到提供资金的计划目标。对记录信息的要求只涉及财务交易，而不含计划的目标和目的是否实现。

虽然这对主计长有帮助，但部门管理者更关心目标。他们有自己的规则和信息系统，从作战部队的备战状态到弹药供应水平，再到医院床位利用率和采办里程碑的进展都能够进行跟踪。其中一些数据被用于预算编制阶段，但在预算执行中，组织管理者的目标和支持他们的财务管理者的目标之间通常会存在差异。

9.2.1　管理控制

在管理控制层，有效的预算执行意味着项目优先级、人员配置和资源配置决策能够充分支持组织目标和战略。这意味着高级管理人员已经建立了一个控制环境，包括有明确记录的流程、检查和审计、受托责任的分离、完善的信息系统和训练有素的工作人员；意味着控制系统的设计方式能够减轻组织和公众面临的最大风险，同时保留足够灵活性来应对突发事件；意味着会计和其他信息系统在部门管理者和基层员工之间产生及时、相关联以及可靠的信息流。也就是说，部门管理者拥有所需要的财务信息来有效地指导组织，而基层员工则充分了解项目需求，以对财务行动提供建议来确保成功。

9.2.2　分配与再分配

由于预算执行的一项关键内容是为管理决策提供有用信息，因此必须以合理方式获得与维护转换为信息的基础数据。原始预算数据以交易描述的形式出现，如对某一特定合同资金的承诺或义务。必须确定元数据，并对事务性数据进行有效编码，以支持管理决策。因此，确保良好的财务管理状况是良好信息产生的关键。一个组织的基本财务管理设计决策是确定分配预算职权的基础。分配预算有四种基本方法，每种方法支持不同的管理目标。

1. 四种资金分配方式

第一种是组织结构分配法。按这种方法，根据组织设计来分配预算职权。各部门获得其份额，分成小组或团队，接着可能分成工作中心或个人，甚至可能分成天或小时。在典型的职能型官僚机构中，这样的分配方案可能适用，因为它能根据官僚机构的设计来汇总信息。

第二种是项目管理分配法。其他组织可能会发现他们的工作更倾向于项目，而项目管理方法更适合。此处意味着预算职权被分配给项目组合，并按项目、子项目、任务和子任务进行分项分配。项目比组织更重要，从事某项任务的人员可能来自多个组织。这种分配方案允许按项目进行信息汇总。

第三种是支出对象分配法。在本情况下，要关注的不是购买者或购买目的，而是资金购买的对象。该方法按支出对象进行分配，即对租金、水电、工资、设施、供应品等进行预算分配。最早期的公共预算是通过这种方法组织的（许多家庭预算也一样），当前国防和联邦预算中仍然保留着该系统。

第四种是支出方式分配法。一个组织可以选择按照支出方式方法来分配预算职权：即通过合同或政府间采办订单来分配。如果一个组织的任务得到几个大合同支持，资金可以进行相应分配：按合同、细列项目、任务、工作命令或单个支出要素。

这四种方法不仅能在个别组织层面上使用，通过模式规模，可以见到一个司令部或整个海军都采用这四种基本方法。

在现实中，大多数组织采用混合方法，即部分预算通过一种方法分配，其他部分通过另一种方法分配。试想一下，一个组织中有较大金额的集中管理费用，比如采取集中支付的大楼租金。设想这个组织拥有一支由政府和供应商组成的员工队伍，该组织的指挥官已经开始实施一个大型项目，每个部门都贡献了一些劳动力。主计长可以选择留出租金和水电费，进行集中支付。同样，也可以集中管理劳动合同，每个部门让供应商增加其员工的数量。特殊项目在项目管理者的指导下有单独预算。图 9.6 展示了这样的一个组织。

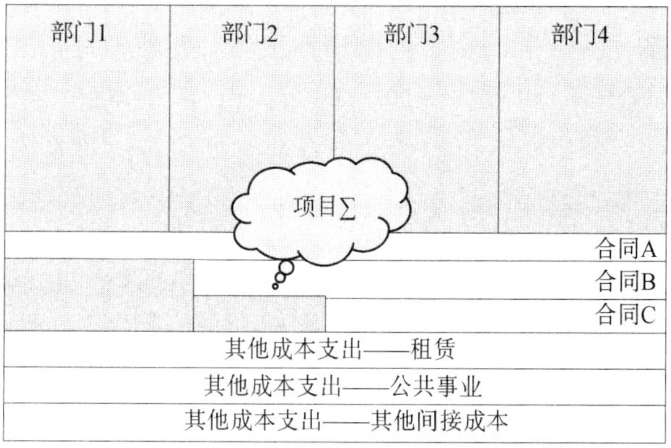

图 9.6　理论上的分配方案

虽然这种分配方案可以减少行政负担和交易成本（例如，一次性分配租金，而不是让每个部门负责自己的租金），但它也可能限制组织的分析能力（丢失有用信息），阻碍未来的预算决策。例如，该组织可能无法准确地说出合同 A 和 B 中的哪一部分支持项目 Σ。他们可能不知道与第 4 部门相比，第 3 部门的开销有多大。如果没有一个强大的成本会计系统可以按这些不同分配方法交叉处理，回答这些问题就可能具有挑战性，并阻碍组织对预算决策作出科学、全面的权衡分析。

2. 资金的再分配

有时，如果在 PPBE 运行过程中明确决定不会进一步削减某项目单元，那么就会固定拨款。一般而言，只有在军种主管或军种部长宣布的情况下才会出现这种局面。在较底层做出的决定通常被重新讨论。有时，国会取消一个项目，是为了防止削减其他类似项目。为此，国会规定“不得从该项目中转移资金”。国会也可以通过在拨款中使用“不低于”类型的语言来规定一个项目最低资金水平。但是大多数一旦进行分配，就不再是固定分配。如果有必要重新分配资金以使资源与任务需求最匹配，国防部可以采用一些科学的方法。这一重新调整的过程，即所谓重新规划（重制计划），通常实行在彻底审查需求和资源之前。

9.2.3　年中审查

管理者根据组织的战略规划审查资金分配和资金使用率是有好处的。公共机构需要知道自己期望达成什么目的，并有明确的任务目标。战略规划不仅是预算编制的重点，也是衡量资金执行情况的关键。Joyce（2003）认为，战略规划使得绩效和成本信息纳入预算执行考虑。为了使任何组织都能够评估其绩效或为追求该绩效而使用资源，必须首先知道打算做什么。合理的规划和准确的预算执行措施可以让管理者评估预算执行情况，并作出有效的调整，以确保战略实现（或至少将实现战略的预算风险降至最低）。调整可以随时进行，但通常在年中会有一次正式的全面审查。

在总统的预算于 2 月提交给国会后不久，军种预算办公室就与各主要司令部一起对本年度的执行情况进行年中审查。该审查对计划和预算表现都进行了监测。根据非财务信息系统中的确定目标衡量项目绩效，如准备就绪率、供应填充率、医院床位利用率、系统开发进度或合同的挣值。国防部内部的所有领域和部门组织都要评估其在实现目标方面的进度以及达到规定绩效标准的能力。通过年中审查，要明确绩效进展超出预期以及进度落后的具体项目。计划办公室、作战部队和支持组织在审查中展示“现实”的变化，这些变化包括意外的维护要求、特殊的法律规定、供应商违约、作战进度变化、燃料价格变化和不利的测试结果等突发事件。希望获得额外资金以应对此类事件的组织和人员，应当提出“无资金支持需求清单”（Un - Funded Requirements Lists，UFRs）。

同时，通过比较债务率和支出率与预算编制过程中制定的执行计划值来衡量预算执行情况，任何偏离计划的行为都会招致审查。针对执行力偏弱（承付额低于预测额）的部门，需要关注以下问题：它们是否超出了预算？是否落后于计划？是否有技术问题阻碍了它们的进展？是否出现管理问题？是否可以在不对当年计划的其他部分造成过度风险的情况下拿走剩余资金？针对执行力过强（承付额超过预测额）的人来说，也会出现类似的问题：他们是否提前完成了计划？是否有技术问题或管理问题？是否需要额外资金，或者是在今年剩余时间里用剩余资金完成？

在这两种情况下，预算办公室都要考虑对未来几年预算的任何影响。年中审查在冬末的几个月里进行，恰恰在《计划目标备忘录》（POM）军种预算的关键时期之前。在做出未来一年的分配决定时，可酌情对当前计划和预算状况进行详细审查。

在年中审查程序结束时，国防部通过国会，以综合重新规划行动的形式要求进行一系列的重新分配。可以从执行力偏弱的账户中提取资金，分配给遇到意外困难、需要更多资金的账户。一般说来，只有紧急需求才会得到资助，如业务上的突发事件、影响准备工作的事项、可能影响重要事件的关键采办计划问题，或媒体及政治层面紧密关注的项目。年中审查是开始释放司令部持有的储备金以支付无资金支持需求的时候。

从本质上讲，进行年中审查是为了确保目前的资金水平充足。接受审查的项目可能面临失去部分资金的可能。额外的资金可能会流向令人信服的无资金支持项目。随着年中审查的临近，许多管理者会紧张起来，尤其是那些行为偏离计划的管理者。用好具有信服力的偏离理由至关重要，以确保项目或组织不会成为一个不明智的“账单支付者”而牺牲自己的项目。

虽然年中审查是一种控制机制。但是它也为国防部做了准备，即用于拨款的一个既重要又具有灵活性的方法。当国会为国防部拨款时，在预算授权中建立了在不同账户之间转移资金的能力。

管理者认识到预算只是一个计划，为满足国家的需要就需要灵活变通。在年中审查之前，可以通过分配流程满足不断变化的需求，但到了年中，就必须要有一个真实定位与客观评价。实现这些变化的主要方法是能够将资金从一个用途转移到另一个用途，或将资金重新规划。

9.2.4　重新规划（重制计划）

简单地说，重新规划就是将一定数量的预算职权从其颁布时的目的转换为其他目的。财政年度后期的一个常见的典型案例是，部门需要确保每个工资账户中的资金数额恰当合适，从而需要对资金进行重新规划。图 9.7 展示了一个例子，增加了海军陆战队军官和士兵的工资和津贴的预算授权，减少了海军入伍人员的工资和津贴的预算授权，海军永久性基地搬迁费用和其他人事费用。注意表格中提供的解释。可以预见这样的重新规划，是因为在这一时刻之前半年到 2 年所做的预算不可能准确地预测实际在职的人员数量，也不可能预测搬迁的确切数量和费用。

在美国成立之初，重新规划的想法就已诞生。例如，1809 年的 A11 号法案赋予总统在国会闭会期间转移资金的权力，此后这种权力一直在起伏变化（Fisher，1975）。一百几十年间，国会的审查程序已经定型。根据现有规则，由四个国防委员会负责（众、参议院拨款委员会以及众、参议院军事委员会）审查重新规划的请求，每个委员会都可以批准、拒绝、减少或增加所请求的数额。

有四种类型的重新规划作业模式，即事先批准重新规划、内部重新规划、通知信函重新规划和低于阈值重新规划。前三者通常被统称为“高于阈值”的重新规划。事先批准重新规划，顾名思义，在转移资金之前需要国会批准。一些标准会触发事先批准类型作业，如增加主要终端项目的单位数量，开始新的项目或终止项目，行动影响了国会特殊利益项目的资金，使用一般转移授权，或价值超过特定阈值等。通常情况下，每年在年中审查程序之后，都会向国会提交一份大型综合重新规划行动文件。在 2014 财年年中审查之后，国防部副部长（主计长）向国会提交了一份事先批准重新规划的请求，该请求长达 78 页，总金额超过 43 亿美元，涉及几十个项目的变化。图 9.7 展示了其中一个事先批准重新规划案例。

非机密	重新规划行动案例							第 1 页，共 1 页
学科：《军事人员要求》							美国国防部编号：FY03－29PA	
拨款条目《军事人员海军》03/03；								
《军事人员海军陆战队》03/03							是否包含转让？是	
部分序列号	（金额以千美元计）							
FY03－10PA	《国会行动反应程序库》		先前制定的计划		重编方案		修订计划	
列表项目	数量	金额	数量	金额	数量	金额	数量	金额
a	b	c	d	e	f	g	h	i
此重新规划已提交以供事先批准，因为它根据公法 108－11 的第 1311 节使用特殊的转移权限，即紧急战时补充拨款法案。基于不可预见的需求，该行动是针对比最初拨款的项目优先级更高的项目。它符合国会的所有行政和法律要求，国会没有否决任何项目。								
《2003 财年重新规划增加》						+70000		
《军事人员海军陆战队》03/03						+70000		
预算方案 1：办公津贴								
	1945078		1945078			+8000		1953078
预算方案 2：入伍人员的工资和津贴								
	6826543		6826543			+62000		6888543
说明：由于预备役人员的复员速度比预期的慢，因此需要为军事人员成本增加提供资金。								
《2003 财年重新规划削减》						－70000		
《军事人员海军》03/03						－70000		
预算方案 2：军人薪资和津贴								
	16111663		16111663			－39000		16072663
说明：由于复员计划加快，资金到位。								
预算方案 5：永久性调动								
	803954		803954			－22000		781954
说明：由于更多的军事人员选择重新入伍，因此减少了入伍和退伍，因此需要减少当年的入伍人数。								
预算方案 6：其他军事人员费用								
	108074		108074			－9000		99074
说明：由于可用的失业救济金成本估算修改.								
核准（签名和日期）2009 年 9 月 5 日								
DD1415－3	非机密							

图 9.7　重新规划行动案例

当不符合事先批准重新规划标准并且更改后的目的变化不大时，就会采用内部重新规划。这通常用于调整外币汇率波动账户，从一个运行和维护账户到另一个账户转移资金，或者可能将资金从转账账户转移到正常账户。转账账户拥有某一特定事件的预算授权，但在承付之前必须转移到正常拨款账户（如运行和维护或军饷）。为突发军事行动而准备海外应急行动转移基金是其中一个例子。2014 财年，国会向舰艇现代化运行和维护基金拨款，为海军打算退役的舰艇的现代化提供资金，这些资金随后被重新分配到运行和维护（O&M）账户或其他账户，以便承付相关费用（见图 9.8）。

当现有计划的调整低于事先批准行动的阈值，或为了实施国会在授权或拨款法案中指示的转移，就会使用通知信函重新规划。图 9.8 展示了一个具体案例。

国防部助理部长办公室

1100 华盛顿特区 五角大楼 国防部

20301-1100

PERSONNEL AND READINESS

2014 年 9 月 5 日

陆军财政管理助理部长兼主计长备忘录

主题：国防部转国务院（FY 14-10LTR）

本备忘录记录了从阿富汗基础设施基金 13/14 向国务院转移 1.795 亿美元资金。本次转移符合 Ike Skelton 国防公法 111-383 第 1217 节 2011 财年授权法案。2014 年 8 月 15 日，国防部副部长（主计长）向国会国防委员会提供了必要的通知信。附复印件。

随时的数据表提供了此转移的详细信息。在行政管理和预算局批准分配之前，不得将资金转账，该分配将在行政管理和预算局批准后转发。

John Graveen, Director
Program and Financial Control

附件：
如上所述

抄送：国防部审计副部长办公室 P/B 行动处

图 9.8　重新规划通知信函示例

最后，低于阈值重新规划是对适度变化的累计授权。每个拨款项目都有确定的阈值。国防部主计长对部门行动进行统计，并向国会提交半年期报告。

2000 财年以来，高于阈值重新规划行动的数量有所下降（见图 9.9）。美国国防部一项数据显示，重新规划涉及金额每年平均约 210 亿美元，约占国防预算的 3%。2015 财年，海军有大约 150 个低于阈值重新规划，约转移了 20 亿美元资金。

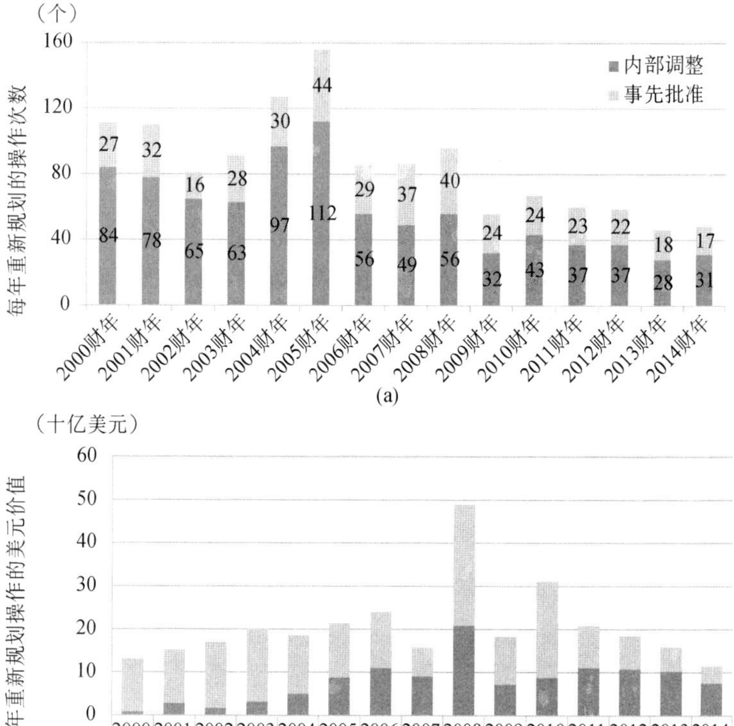

	2000财年	2001财年	2002财年	2003财年	2004财年	2005财年	2006财年	2007财年	2008财年	2009财年	2010财年	2011财年	2012财年	2013财年	2014财年
事先批准	12.1	12.3	15.4	17	13.4	12.6	13.1	6.56	28	11.2	22.4	9.77	7.66	5.59	3.96
内部调整	0.85	2.77	1.62	3.12	5.04	8.8	11	9.1	20.9	7.18	8.73	11.1	10.8	10.3	7.48

(b)

图 9.9　重新规划行动

重新规划最常发生在 3 月至 5 月，即年中审查之后，以及 8 月至 9 月财政年度接近尾声的时候。年中审查通常以一个大型综合行动而告终，届时会增减数百个账户。在受持续决议影响的年份，往往会出现更多重新规划行动。重新规划行动主要涉及当年的预算授权，但也可能涉及前一年尚未失效的资金。事实上，通常会将逾期拨款的未承付余额重新编入账户，使之当前可用。按金额大小降序排列，运行和维护（O&M）受到的影响最大，其次是采购、军事人员以及研发。在 21 世纪初的战争时期，O&M 受到的影响较小，因为要通过补充拨款来满足运行和维护的需求（Roum，2007）。

9.3　预算执行中的政府内部业务

没有一个军事组织能够完全自给自足，任何组织最终都会向另一个组织订购用品或服务。或者，它们可能向另一个组织提供资金，以便达成合同或以其他方式获得他们的支持。本节主要涉及此类政府内部交易。首先，讨论了可偿还交易——A 活动向 B 活动提供其部分预算职权以换取货物和服务。其次，对不可偿还交易的描述，如直接引用资金和基于预算的转账。这些都是会产生经济后果的获得另一个组织支持的替代方式。最后，结尾讨论了周转资金——这些组织不接受拨款，但可通过可偿还交易获得所有的预算授权。

9.3.1　可偿还交易

当一项政府活动向另一项政府活动提供货物和服务，而提供的同时没有为该任务拨款时，就会出现可偿还订单，要求买方使用其拨款偿还费用。这方面的例子包括从公共工程部门租用车辆供战舰使用、采购备件，或计划办公室从研发中心获得工程保障。在上述关系中，供应商通常代表资本资金活动——下一节将更详细地讨论——但也可能代表任务资金活动。可偿还交易的成本根据这一差异而有所不同。

第4000.19号国防部指令对军种间和政府内支持作出规定，“如果请求活动的负责人认为这符合美国政府的最佳利益，并且供应活动的负责人认为有能力提供支持且不损害指定任务，那么该国防部活动应向其他政府内活动提供所需要的支持”。

1. 可偿还成本

可偿还成本的类型取决于供应商组织的筹资方式。

第一，如果所执行的任务是供应商核心任务的一部分，并且获得了拨款，那么即使供应商的任务预算不足以执行所需的服务水平，也不允许补偿。回顾一下，拨款的数额特征是国会进行工作量管控的工具。为核心任务功能提供补偿，篡夺了国会的权力，并可视为不正当地增加了供应商预算。例如，美国海军研究生院（Naval Postgraduate School，NPS）为海军（美国海军和美国海军陆战队）军官的研究生教育提供任务经费（接受拨款）。如果司令部想送一名海军中尉到美国海军研究生院（NPS）学习，他们不需要补偿学校。如果美国海军研究生院（NPS）没有足够的预算授权来供应这个额外的学生，那么这个学生就需要等待。这名中尉所在的司令部也不向美国海军研究生院（NPS）补偿费用。

第二，如果支持活动有任务经费，并为其核心任务获得拨款，但本活动不在核心任务范围内，那么他们只能在所提供的支持增加供应商的直接成本的情况下获得补偿，即直接归属于该客户任务的增量成本。间接支持费用或共同支持费用一般不能补偿，因为供应商的任务预算中本来就应当包括这些费用。例如，陆军派一名上尉到美国海军研究生院（NPS）攻读硕士学位，陆军需要支付学费以偿还直接成本。

第三，如果供应活动是一项周转资金活动，那么执行工作的全部成本费用——包括间接费用、一般和行政费用以及共同资助费用，都可以得到补偿，因为这些活动没有得到国会的直接拨款。

有偿工作（可偿还交易）可根据任务是可分割性还是不可分割性而获得增量资金或全额资金。可分割性工作是根据经济法令（Economy Act Orders，EAO），也称为工作请求，按年度递增提供资金。经济法令的资金在拨款到期后就会失效，届时工作必须停止，通常与财政年度一起结束。可分割性工作必须在下一个财政年度开始之际发出新的订单，使用新的拨款，以继续提供服务。不可分割性工作根据项目订单（Project Orders，PO）而得到全额资金。只有在确定工作和具体情况下才可以使用 PO，例如修理坏掉的电机或申购备件。对 PO 的资金供应在完工日到期，并可能跨越财政年度。资金用完或完成任务时工作终止，而不是在拨款期之后停工。

可偿还订单可以在固定费用或实际成本基础上提供资金。如果按实际成本，买方将向供应商提供估计的预算授权金额，当成本高于预估时，则买方需要补足差额部分资金。同样，如果成本低于预估，供应商需要将差额退还买方。任何剩余资金都应在到期前偿还，以便用于其他需求项目。

2. 可偿还交易会计流程

从会计的角度来看，当客户下了可偿还订单，就要记录资金承诺。当供应商接受订单并同意开工时，客户记入支出，而供应商则记录其相应增加的支出权限。从本质上讲，客户的预算授权被转移给了供应商。当供应商引发与任务相关的费用时，就会承付客户的资金。随着资金的消耗，买卖双方都可以在其会计系统中看到从资金总额中扣除的支出。

即使每个客户购买的可能是类似的东西，但是他们使用的拨款也可能不同。例如，F/A－18 项目办公室和 P－8 项目办公室可能从同一个空战中心雇用航空工程支持。买方主计长分析真正需求和必要开支，但为了保证拨款数据的完整性，售方主计长必须对这些资金进行单独核算。假设一位工程师上午在 F/A－18 项目工作，下午在 P－8 项目工作，那么他上午的时间将计入 F/A－18 项目可偿还订单，下午的时间将计入 P－8 项目可偿还订单。一个客户订单上的剩余资金不能用来弥补另一个客户订单的差额。

可偿还交易中面临的巨大挑战是，确定交易活动是否为可分割，以及使用经济法令（EAO）还是项目订单（PO）。再次假设 F/A－18 项目管理者从美国海军空战中心（Naval Air Warfare Center，NAWC）雇用工程师来为项目办公室的工程小组配备人员。EAO 将给予资助，因为这是一项可分割任务（工作），目的是利用专家劳动力，而工程师工作的每一天政府都能获得价值。稍微改变一下情景，假设 P－8 项目管理者雇用 NAWC 的工程师来执行一项特定任务，例如重新设计一个燃料阀。该任务可用项目订单的形式进行资金支持，因为它是一个有明确产品的独立任务，这项任务不可分割。

9.3.2　不可偿还交易

有一种交易看起来可偿还，但其实并非如此。我们假设 A 司令部想雇用 B 司令部做一个项目，B 司令部需要把部分工作承包出去，因为它们没有某种能力，或者说没有足够的能力。这项工作将花费 20 万美元，B 司令部认为它们可以做 40% 的工作，并将其他 60% 的工作承包出去。如果 A 司令部给可偿还订单转账 20 万美元，这项交易将违反 51% 规则（51% 规则是指支持活动必须完成至少 51% 的“大部分”工作）。但 A 司令部可以转 8 万美元作为可偿还款项，再转 12 万美元作为直接引用资金，或者简称直接资金。直接资金指一份允许 B 司令部承付 A 司令部资金的支票，但 B 司令部从未在自己的账上占用这些资金。这就像给 B 司令部开了两张支票，一张写着“按 B 司令部的命令支付”，金额为 8 万美元，B 司令部将资金存入他们的账户。另一张支票的金额不超过 12 万美元，写着“受款人（空白）”。当 B 司令部准备雇用供应商时，会填写了确切的金额（小于或等于 12 万美元）和供应商的名字。B

司令部从未将第二笔钱存入它的账户。在这个例子中，会计是如何运作的？B 司令部接受这项工作时，A 司令部已经承付了 8 万美元，并加入了 B 司令部的预算授权。而 A 司令部允诺承担的 12 万美元，在 B 司令部签署合同时将成为债务。

最后，可偿还交易理论表明，一个组织不能与自己签订合同。考虑如下情况，两个组织相互寻求开展可偿还业务，而且都是由同一个运行和维护子活动组提供资金。在这种情况下，没有必要进行偿还，各主要司令部可以干脆重新调整预算授权。我们称之为基于预算的转让。在第二种情况下，这两个司令部可以用类似的拨款来资助，而且支持成本也得以最小化。这样一来，低于阈值重新规划可能比有偿交易更合适。再考虑第三种情况，预计 B 活动将连续几年为 A 活动提供持续支持。那么可以进行职能转让，转移 A 活动的预算限额到 B 活动。第 8 章的图 8.1 中提供了一个职能转让的例子。表 9.2 概述了交易类型。

表 9.2　　政府间交易类型对比

	可偿还交易		不可偿还交易	
	项目订单	经济法令	直接引资	以预算为基础的转让
任务类型	完整，不可分割的	可分割的	两者之一	两者之一
资金性质	全额资金（研发除外）	增量资金	取决于石油的任务	资金持有人之间转移充足的资金
资金	如财政年度结束前未完工，则可结转	财政年度结束时到期	须于到期前承付	同样的规则适用于所有账户。跨账户承付可使用低于阈值重新规划或职能转移
客户承担义务	接受工作时	接受工作时	签署合同时	取决于特定事件
51%规则	适用于（根据《财务管理条例》规定）	适用于（根据海军政策规定）	不适用	不适用
中止工作	用完资金或完成工作，以先发生者为准	用完资金或资金到期，以先发生者为准	根据合同条款规定	只要转让有效，工作就会继续（无论一次性或经常性）

9.3.3　周转基金

周转基金（Working Capital Funds，WCF）是一种循环资金，自 19 世纪末

以来一直以多种形式在美国海军中运用。在循环资金中，所有收入都来自于该活动的运作，可用于资助持续的运作，并且不受财政年度的限制。简单地说，循环资金活动接受客户的订单，使用周转基金支付运营成本，然后向客户收费，客户的拨款将偿还基金。

总而言之，周转基金（WCF）是一种财务战略，它在明确建立的客户—供应商关系中采用私营部门的商业技术进行资源管理、成本核算和成本分配，这一关系很像合同关系。让我们审视循环资金独特的预算编制和执行情况。

为军事组织提供资金主要有两种方式。首先，任务供资是政府人员最熟悉的，也是本书绝大部分内容所描述的。它是“支票簿式”会计，每年或每季度存入预算授权，并在财政年度结束时耗尽。任务供资有一个积极的PPBE流程来确定预算额度的大小，说服部门相信项目的价值，竞争资源，规划工作和制定计划，并且每年重复这个过程。直接拨款限制了资金的用途、时间和可用性。投资的资金来自于运营成本外的单独拨款。

第二种方式是周转基金。这些运营更像做生意，其预算授权来自于向客户出售商品和服务，而客户则用其拨款来偿还这些费用。对WCF司令部没有实行直接拨款。司令部可能从不同来源获得多种资金，其中一些资金必须混合使用以支付间接费用和日常性开销。被动的PPBE流程把司令部需要的拨款资金置于周转基金之前。也就是说，司令部的周转基金规模是由《计划目标备忘录》（POM）和预算中明确的客户需求决定的。

周转基金的概念以类商业模式运作。运作看起来是商业性的，因为有明确的买方（客户）—卖方关系，卖方收回了提供服务或货物的全部成本，包括所有间接成本和经常开销，而且卖方维系着一套非常商业化的账簿：收入表、资产负债表、折旧的资本资产等。但事实并非如此，因为定价是基于完全分配的成本模型，而不是市场压力，没有利润动机，而且向客户收取的价格在一年中没有变化。

1. 周转基金的运作原理

图9.10描述了WCF运作的概念。客户（示意图右方）接受拨款以资助其项目。客户决定使用WCF服务，并启用可偿还订单。接受订单后，就代表为WCF的预算授权，涵盖了提供服务的全部费用。

WCF活动设置了单独的工作订单号，以核算每个客户的订单，直接材料和劳动力被计入其中。当雇员为自己的时间出价或为工作购买用品时（成本

“泵”)，WCF 活动就会获得预算授权（收入“泵”)。WCF 活动收取的小时费率必须高于雇员的工资和福利，因为它没有收到电费、清洁费和不计费的劳动力（不直接为客户工作的部长或主计长）等经常开销的拨款。对于每小时的工作收费，一部分赚取的收入会支付给雇员，但其余收入会进入 WCF（资金池)，WCF 不再是客户资金。间接材料、劳动力、一般费用和行政费用（经常开销）都记入间接费用账户，用 WCF 支付。

WCF 指挥官的财务激励措施是完全收回所有成本，不多也不少。因为司令部在最初就有一个资金库（以上述资金池为代表)，全额成本回收意味着资金池水平不会上升或下降。资金池水平上升意味着司令部的回收量超过其成本；资金池水平下降意味着回收量不足（见图 9. 10)。

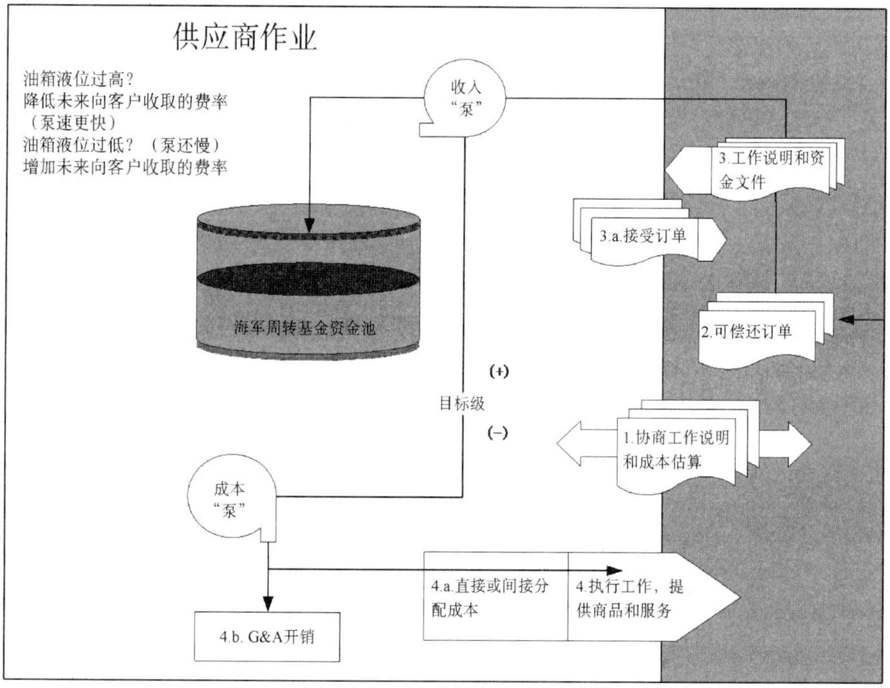

图 9. 10　WCF 运作概念

如果费率过高（或低估成本)，WCF 活动收回的收入可能多于其成本，资金也会增长。如果费率过低（或没有控制成本)，WCF 活动可能无法收回所有成本，资金就会减少。在一年内降低未来向客户收取的费率会导致资金池水平下降；反之，资金池水平过低将导致未来的费率上升。为保护付费客户的利益，司令部不会在年中改变费率。稳定费率是为了确保实现任务资助的项目目标，并将成本风险转移到 WCF。

在预算方面，资金池水平被称为累积运营成果。年度收入或损失的计算是净运营成果。目标是通过维系净运营成果来保证累积运营成果为零。

2. 周转基金的年度费率

WCF 活动的一项重要预算任务是确定年度费率。由于该 WCF 活动试图完全覆盖所有成本，因此费率设定的基础是估计成本除以估计产出（如工作年数）。这被称为目标单位成本，在执行期间作为管理基准，与实际成本和工作量进行比较。在 POM 流程中，WCF 活动与客户讨论了工作负荷需求，并计算了不同情况下的单位成本目标。一旦锁定 POM，就将设定费率，起草预算。（最终，美国国防部副部长将在国防部部长办公室的预算审查中通过发布项目预算决定来确定最终费率）

目标单位成本只是费率的基础，因为该活动仍然必须考虑到累积运营成果的差异。如果前几年收回了超额收入，那么预算年度费率将降低，并从估计费用中减去累积运营成果的数额。反之，则会加上前一年的损失。最后，偶尔会有一项活动赚钱或亏钱是为达到某种目的。也许国会认为 WCF 活动的资金（资金池水平）过高，那么，该活动就会故意亏损来耗费资金。

因此，费率计算为：费率＝（C－A＋M）/O，其中 C 是提供估计产出水平的估计成本，O、A 代表调整累积运营成果，M 代表预算授权调整。在 PPBE 系统运行的预算阶段，将拨款预算（客户）和 WCF 活动（供应商）合并调节后设置费率。

为了阐释费率的设置，我们假设司令部在年底的累积运营成果为 60 万美元，司令部的明年预算要求出售 12 万个工作日的劳动力，这些工作日的总成本为 9200 万美元。因此，根据上述公式，费率为（9200 万美元－60 万美元）/120000＝761.67 美元/计费工作日。

显而易见，WCF 活动预算的实质是分析预期工作量和提供该工作量的相关费用，并为实现长期累积运营成果为零目标而作出的规定。我们称之为年度运营预算。还应该注意到，WCF 活动所承担的每一项成本都必须过渡给客户，包括资本采办。由于大宗采办会干扰年度预算，因此在其使用期限内进行折旧，只将年度折旧费用过渡给客户。

海军周转基金（NWCF）的规模相当大，代表了六大类 280 亿美元的业务，有近8万名雇员。WCF活动有单独的预算和财务目标，但在整个国防部，这些活动是在活动小组内进行集体管理。活动小组与主要业务领域保持一致，如供应管理、机务维修、财务会计以及交通运输。图9.11以2016财年为例，描述了在海军各活动组别中开展的相关业务的规模。

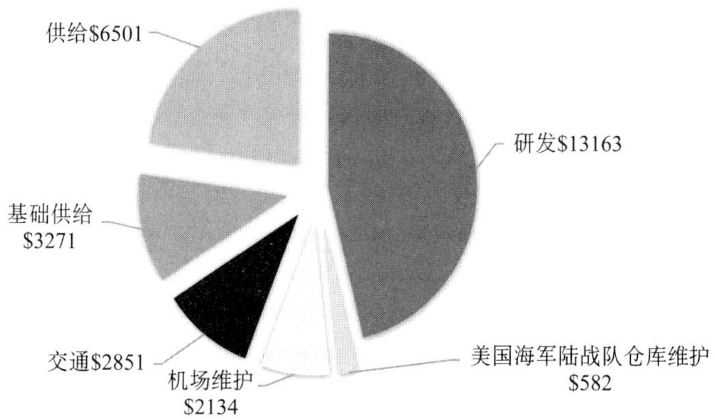

图9.11　海军周转基金（NWCF）规模和范围

表9.3节选自海军水下作战中心，该中心是一个WCF司令部。它通过收入减去支出来计算年度净运营成果。请注意如何通过设计新的预算来实现累积运营成果为零的目标。因为他们预计2016财年开始时累积运营成果为负值（资金池水平很低），所以他们在2016财年的单位成本目标上增加以形成费率。在预算的其他部分（未显示），单位成本目标为每直接人工时数98.88美元，设定费率为每小时99.69美元（见表9.3）。

3. 周转基金的优点

第一，也许是最重要的一点，是其融资结构需要具有成本会计核算能力，能够给活动、客户和利益相关者提供关键数据。与国防部的其他资金相比，循环资金的重点是成本管理，而不是支出管理。第二，循环资金为关键业务活动提供专门的管理监督。第三，稳定费率通过将管理转移成本的负担转移到WCF活动，在执行期间为拨款客户提供一定程度的财务稳定性。第四，循环资金确保这些支持活动的规模只限于支持主要（采办和运营）客户所需。第五，由于所有客户共享同一基础设施成本，对非国防部客户的销售实际上是对国防部预算的补贴。

表 9.3　　　　**海军周转基金（NWCF）预算示例**

单位：百万美元

财务状况：			
	上一年实际	今年估算	明年预算
订单/收入/费用/运营成果			
	财政年度 2014年	财政年度 2015年	财政年度 2016年
订单	$1015.3	$1102.0	$1126.6
收入	$1014.7	$1103.1	$1126.3
费用	$1035.6	$1101.4	$1121.8
运营成果	($20.9)	$1.7	$4.4
资本附加费	$0.0	$0.0	($1.8)
净运营成果（NOR）	($20.9)	$1.7	$2.6
影响累计运营成果的其他变化	($1.6)	($2.2)	$0.0
累计运营成果（AOR）	($2.1)	($2.6)	$0.0
背景：该订单以2090万美元的净运营成果和210万美元的累计经营结果结束了2014年的财政年度。他们预计2015财政年度净运营成果为170万美元（给他们的累计运营成果为（40万美元）），但经指示他们将现金增加220万美元，因此将其记为亏损。他们的目标是在预算年度实现净260万美元的净运营成果，以使累计运营成果归零。为了取得正向净运营成果，他们将收取略高于其单位成本的稳定费率。		**目标**：年末累计运营成果为零的预算，而不是零净运营成果 净运营成果预算=年初累计运营成果的相反数	

4. 影响周转基金的负面因素

通常情况下，WCF 活动在真正的竞争性市场之外运作。不以价格或数量来区分客户，而是由其相对优先级 WCF 活动管理部门决定。关键客户可能希望能更多地控制工作日程。WCF 管理团队有动力发展业务，以便将经常开销分摊到更大的业务基础，从而降低单位成本。最后，稳定的费率扭曲了成本状况。如果销售单位是工作日费率，那么使用很少资本设备的劳动密集型工艺的价格就会高于它应有的价格，因为设备资产折旧被分摊到了所有的劳动力；反之，如果一个资本密集型工艺的劳动消耗很少，那么价格就会明显偏低。

9.4　小结

本章的总体结构旨在表明预算执行的双重性特点。一方面，国防部使用资金有法律和法规限制。由于资金以法律规定的预算职权的形式出现，因此遵守法律是最低要求，支持部门运作的财务交易必须受到控制。另一方面，国防部由任务驱动，资金只是支持这些任务的众多资源之一。预算执行应该为完成任务服务，但这有时会与受托责任相冲突。

第 10 章　美国国防预算与财务管理和会计业务

我们可以从广义或狭义两个方面看待国防部的财务管理。从广义上讲，财务管理包括多种管理职能，包括：

（1）完整的 PPBE 系统；

（2）主计长、会计和报告、审计和财务职能；

（3）运行和维护、资本资产规划、采办和采购、物流管理（包括库存管理和控制）及订立合同；

（4）人事和人力资源管理、退休账户管理以及这些账户的受托管理；

（5）风险分析及管理、方案评估、定值和政策分析。

财务管理几乎涉及国防部的所有职能，尤其是常驻职能。狭义上，可以将财务管理视作不同于预算的一组实践活动，这里说的财务管理仅包含的是更多与技术职能责任相关的财务流程，而不是更笼统的资源分配决策。广义上的财务管理在本书前面章节中均有涉及，而本章主要围绕狭义视角来讲解。

在狭义视角下，预算不同于财务管理。我们应该注意到“无论在地方政府还是联邦政府，预算无疑比财务报表更重要”（Smith & Chen，2006）。预算编制程序是制定政策、确定优先事项、分配资源乃至决定输赢的过程。在执行过程中，预算也可作为控制手段使公共管理者专注于政策优先事项。而财务管理通常被管理者视为一项不影响决策的“内务”。国防部的审计长办公室多分为两组，但是 Hoge & Martin（2006）认为，“有时，预算办公室和会计办公室之间的沟通就像外事访问，语言完全不通”。基层管理人员很少与会计师沟通，却经常与预算方相互交流。美国国家公共行政学院（2017）发现，尽管自 1990 年《首席财务官法案》通过以来取得了很大进展，但“财务管理的关键职能——战略规划、预算编制、会计和财务汇报——始终未得到适当整合。财务数据和报告对决策者（包括决策者和计划管理人员）来说并不总是易于使用，成本核算尚未得到广泛实施”。然而，大多数专家一致认为，在过去30年中，财务管理流程、实践、数据系统和战略决策流程的整合取得了实质上进步。本章探讨的就是这些主题。

在进一步讨论之前，必须要注意到国防部的财务管理范围是任何公司或其他政府机构无可比拟的。根据有关数据，截至2014财年，美国国防部内约有47000名财务经理。在2015财年，国防财务会计服务局（DFAS）处理了超过1.35亿笔支付交易，支付了570万笔差旅费和1180万张商业发票，处理有效拨款1367笔，并维护了超过1.9亿个总分类账户。国防部2014财年的财务报表确认了2.2万亿美元的资产，使用预算资金1.1万亿美元，并报告该年度的净运营成本为6400亿美元。

10.1 国防部财务管理

10.1.1 财务管理概念界定

鉴于前文专门讨论了预算编制和预算执行，本章采纳狭义的财务管理观点，我们把国防部财务管理定义为那些职能和支持过程，包括国防部对项目绩效和委托给它的相关预算权限进行公共核算的能力，以及国防部活动的财务影响。

进行公共核算包括正式制定和发布部门的季度和年度财务报表、随附的保证声明和绩效信息，但也包括不那么正式地回应来自部门内外对拨款状况、信托资金、特殊利益计划、应急操作成本、负债、外汇波动、采购计划成本超支等问询。该定义不仅包括形成这些报告的过程，还包括确保这些报告及时、准确和可重复的基本要求。

对委托给国防部的预算授权进行会计作业，意味着预算编制、计划管理和财务管理之间的密切联系。在有关PPBE的章节中，我们讨论了国防部如何决定预算中应包括哪些计划，以及为实现计划既定目标而承担的债务和资金支出。财务管理提供部门财务状况的大致情况，供决策者分配资源时参考。就以往预算和计划绩效对未来预算的影响程度而言，财务管理为过去绩效提供了依据。在预算编制的后期，财务管理与执行阶段紧密结合。要注意的是，财政拨款并不是直接向国防部提供资金，而是授予政府从国库支出资金以支援国防部的义务，并且这种授权受特定目的、时间框架和金额的制约。该部门必须有适当的流程、手段和专业知识来解释该授权的状态，确保不违反这三个制约。这种预算授权的核算是财务管理的要素之一。

最后，国防部活动的财务影响包括库存估值、资本计划折旧、供应商付款、政府内部转移和偿还，以及二手物品、环境和其他负债估值。该部门的大多数业务职能和许多运行职能都受到财务影响。其中有些简单直接，可即时完成，例如少量消耗品采购。其他的则较为复杂，例如购买存货、资本投资、以外币支付的设备出口，或雇用一个可获得退休福利的长期雇员。这些支持采购、库存、不动产管理、对外军事销售和人力资源等主要行为的系统，必须与财务管理系统对接，以收集这些行为的财务影响。

10.1.2　财务管理立法规定

《美国联邦宪法》赋予国会拨款的权力，大多数人将其理解为政府拨款计划。美国宪法第1条第9款规定："除依照法律规定的拨款外，不得从国库中提取任何款项。所有公共资金收支的报告和账目，应经常公布。"许多人遗忘了第二句话。鉴于这属于国会的职权范围，他们应对此类报告和账目的类型和形式立法。自1921年《预算和会计法》颁布以来，国会一直是联邦会计和财务管理变革的推动力。20世纪90年代是一个风云变幻的时代，通过的几项关键法案，构成了当今财务管理的格局。

10.2　国防部的会计与审计

对政府财政进行会计核算不仅是上述法律法规的要求，而且代表着遵纪守法、政府运作透明和对纳税人资金负责等公共服务。国防管理人员应承担实现所有三个目标的责任，其实现过程还需要保证可靠财务信息的持续流动。财务管理过程力求在符合管理决策的同时执行所有三个职能——合规性、透明度和问责制。本节重点考察会计在政府和国防部中的作用。它考虑了各种会计基础知识，强调每个基础的信息内容、它们支持的决策类型以及需要此类信息的利益相关者。以下简要介绍和描述了国防部和联邦政府财务报告的部分内容。它以讨论的形式综合了生成可供审计财务报表要求的各种观点，收益是否值得付出成本，并描述了国防部的形成可审计财务报表的过程。

10.2.1 会计基础

在美国国防部，会计分为三类：财务会计、管理会计和预算会计。

1. 财务会计

财务会计指包含在公开交易的营利性公司的年度报告中看到的内容，包括资产负债表、损益表、现金流量表和所有者权益表。与财务会计相关的术语包括利润、息税前利润、折旧和收入确认。财务会计捕捉经济事件，并根据公认的会计原则在权责发生制基础上进行。也就是说，交易是在收入和成本发生时进行记录的，这可能与实际的收入或支付不一致。交易规则不仅十分严格，且受到政府监督。其重点是准确可靠地采集、记录、分类和呈现历史经济事件，目标受众是外部人员。正如 Candreva（2004）指出，对于公司而言，外部人员是指资本市场的参与者（潜在的投资人和投资者）；对于政府机构来说，外部人员是那些利益相关方（立法者、纳税人和政府债券的机构投资者）。

2. 管理会计

管理会计不记录在公司的年度报告中。管理会计信息属于公司的内部分析，以权衡某个决策与另一个决策。如，我们应该扩大这家工厂吗？我们应该放弃那个产品线吗？我们应该购买还是租赁特定的能力？与替代方案相比，提供此服务的代价是什么？与管理会计相关的术语包括资金加权平均成本、分配、成本动因、内部收益率、利润中心、差异分析和量本利分析。管理会计注重业务活动的成本，并以成本为基础执行，而非权责发生制。管理会计有通用的工具和实践，却没有普遍接受的管理会计原则。管理会计的关注焦点在于组织任务和运营范围等内部管理决策，目标是通过了解成本和利润来增加企业价值，受众在企业内部。事实上，这些数据保密性极强，以至于企业通常都不会与业界、政府或公众共享。在国防部，这种类型的会计使 WCF 活动能够根据单位成本设定费率，它也是决定投资决策成本估算的重要信息。

3. 预算会计

预算会计是政府雇员们最为熟悉的业务。它是对各种拨款进行预算、说明和核算的过程。与预算会计相关的术语包括承诺、支出、分配、负债、授权和支出。预算会计收集法律事件，并以现金为基础执行，收到现金时，会记录为一次事件（或预算授权）。预算授权是强制性行为，并且有义务完成支付（债务被清偿）。联邦拨款法案和总主计长阐明的原则中都有严格的规定，并受到严格监管。预算会计关注的焦点是遵守法律——资金的使用符合拨款限制所附的目的、时间和金额。受众既有内部的，也有外部的。表 10.1 总结了会计三基础（Candreva，2004）。

表 10.1　　会计基础分类

	财务会计	管理会计	预算会计
相关术语	损益表、资产负债表、现金流量表、收入确认、税息折旧及摊销前利润（EBITDA）、每股收益率（EPS）、市盈率（P/E ratio）、速动比率	分配、成本和利润中心、产品线、作业成本法、内部收益率、投资回报率、非财务指标	承诺、负债、支出、拨款、分配、预算、阶段性计划、币种
投资期	历史——已发生事件的记录	未来——关于替代行动方案的决定	历史，现状和未来
记录	经济事件	成本信息	法律事件
受众	资本市场：股东和投资人	内部管理*	股东：管理者、纳税人、国会、每个人
规则委员会	公认会计原则	有工具，没有规则*	适用法律
监管	组织证券交易委员会，美国注册会计师协会，美国财务会计准则委员会	无*	国会、纳税人、行政管理和预算局、联邦会计准则咨询委员会、指挥系统
目标	透明度、问责制和可比性（随时间推移和跨实体）	最大化盈利能力，增加经济价值，管理者决策	合规情况

注：* 与联邦政府签订合同的公司必须遵守某些成本核算标准。

试想购买和使用一项资产设备的过程。根据会计基础，可以用不同的方式描述事件的相同发生顺序，请见表 10.1。在财务会计或权责发生制中，经济事件一旦发生，交易就会被记录下来。当设备被装运（或接收）时，组织就有了资产和相应的应付账款。当该款项完成支付，流动资产减少，应付账款偿清。当该款项用于生产待售产品或服务的过程中，流动资产将折旧，折旧费用与所产生的收入相当。取得款项时，管理会计分析可能支持自制—外购—租赁决策或融资决策。管理会计还涉及记录与其支持的业务线或成本中心相关的计划成本。预算会计会在确定承包方式时记录一项承诺，在签订合同时记录一项义务，并且在支付设备费用时记录一项支出（见图 10.1）。

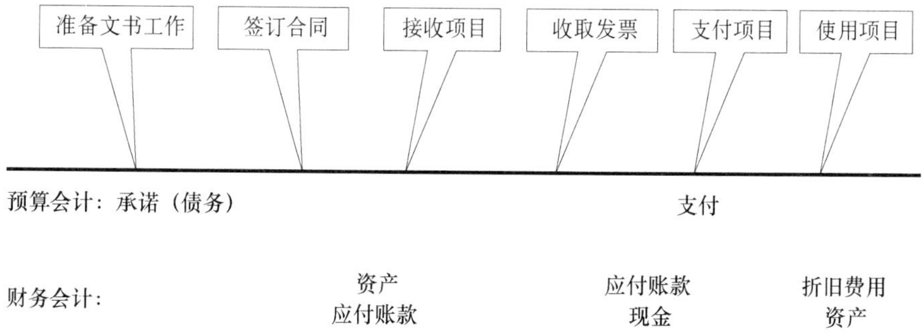

图 10.1　比较预算会计与财务会计记录

请注意，预算会计仅记录支付的承诺（债务）和支付事项本身，但不会采集资产的所有权或该资产对任何业务线的影响。预算会计不会告诉经理拥有什么以及如何使用，因此它对管理决策的效用有限。正如时任国防部总主计长蒂娜·乔纳斯曾在众议院委员会上所述，“需要注意的是我们的财务系统和流程都是为支持预算和拨款流程而开发的。因此，不幸的是，它们无法生成满足部门决策者需求的财务信息类型”（Tina Jonas，2002）（见图 10.2）。

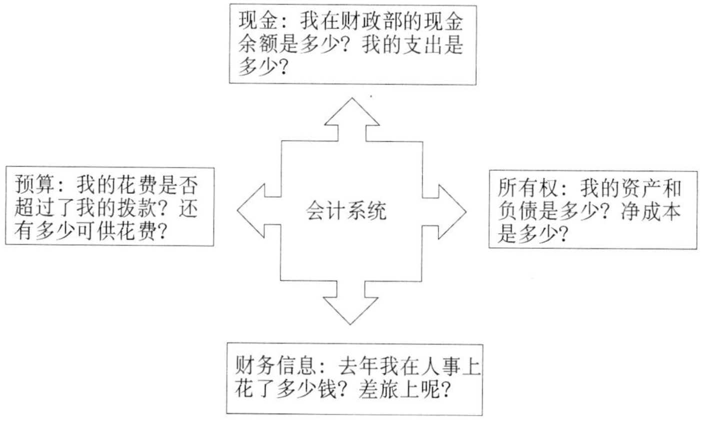

图 10.2　会计系统的功能

长期以来，财务会计和管理会计实践一直被视为预算会计的重要补充部分，财务管理实践应确保综合应用所有三种会计形式。1950 年的《预算和会计程序法》要求部门负责人“建立并维护好旨在提供可靠会计结果的会计系统，作为部门预算要求、预算控制和预算执行的基础”（Hoge & Martin，2006）。上述例子——购买和使用资本资产——是单一系列动作，可以描述为由某些金融和经济交易组成，这些交易在各种会计系统中都能采集到。由于所有三种会计形式都在描述同一系列动作，人们应该能够融会贯通各种会计报告中的信息，形成对组织的全面了解。在图 10.2 中，Hoge & Martin 以图形的方式展示了会计系统存在的不同目的。我们可以看看 10.2.2 节和 10.2.3 节中联邦政府和国防部编制的各种财务报表，以及它们是如何进行联系的。

10.2.2　联邦政府财务报告

财政部与行政管理和预算局每年都会编制联邦政府财务报告，通常称为合并财务报告（Consolidated Financial Report，CFR）。合并财务报告（CFR）和预算是联邦政府编制的两大主要财务文件，CFR 具有可追溯性——记录着上一个会计周期发生的事情及其对国家的财务状况的影响。预算具有前瞻性——记录着政府愿景、政策目标和具体的计划建议，以及它们所需预算授权，还有对产生可支付预算的利润的期望。CFR 中的图 10.3 会进一步解释这一点（美国财政部，2020）。

联邦政府预算	联邦政府财务报告
● 主要以“收付实现制”编制。 ● 基于主动性和前瞻性：专注于目前和未来计划的主动性，以及如何使用资源为其提供资金。 ● 收到时记录的数据（“现金收入”）、税款和其他收款。 ● 支出（“现金支出”），主要在付款时记录。	● 主要以“权责发生制与改进收付实现制”编制。 ● 基于机构、回顾性“前期”和现有的用于实施计划的资源。 ● 收入：税收收入（超过总收入的90%）以改进后的收付实现制确认。剩余部分在赚取时确认，但不一定收到。 ● 成本：在发生时确认，但不一定支付。

图 10.3　美国联邦政府编制的主要财务文件

CFR 类似于企业的年度报告，它令我们得以一窥政府经营业绩结果和其财务状况。它提供了政府筹集和花费资金的核算，并且报告经营业绩以及会计系统和内部控制的效力（GAO，2009）。由于 CFR 的目标和企业年度报告的目标很相似，所以其结构也如出一辙，包括管理层讨论、财务报表、报表附注、补充信息和审计意见。此外，联邦政府还为无形投资（例如基础研究或教育）和特殊类别资产（例如国家公园）提供管理信息。CFR 中的大多数财务报表都是利用权责发生制会计基础进行编制的，包括净成本表、经营和净资产变化表以及资产负债表。它们还会与报表中的预算编制和预算会计实践相核对，即与净运营收入（或成本）和总体预算盈余（或赤字）核对。

如表 10.2 所示，年度预算赤字和净运营成本可以直接比较和核对。为什么净成本可能高于或低于预算赤字？请参考表 10.2 中 2014 年的数据。运营成本比预算赤字高出 3079 亿美元。这意味着做出的政策决策对经济的影响大于该财年的现金影响。也就是说，他们修改了对未来现金流量的现值估计。可以分析出包含大部分差异的类别，并自省哪些政策改变以解释成本升高（见表 10.3）。

表 10.2 预算赤字与净运营成本 单位：百万美元

	2014 年	2013 年
净运营成本	$（791.3）	$（805.1）
变化：		
联邦职员和退伍军人福利支付	$134.3	$264.3
环境处理负债	$20.0	$10.1
财产、厂房和设备、净值 1	$18.4	$（41.7）
政府资助企业	$44.4	$（30.9）
保险和担保计划负债	$28.3	$（26.4）
年末上升/（下降）信贷改革补贴重估，净值 2	$22.9	$（23.1）
其他，净值	$39.6	$（27.5）
小计 – 净差额	$307.9	$124.8
预算赤字	$（483.4）	$（680.3）

表 10.3 美国联邦政府资产负债表 单位：百万美元

净资产	2014 年	2013 年	增加 $	（减少）%
资产				
现金及其他货币资金	$264.9	$206.3	$58.6	28.4%
应收贷款净值	$1123.5	$1022.3	$101.2	9.9%
存货及相关不动产净值	$318.4	$311.1	$7.3	2.3%
不动产、厂房及设备	$878.3	$896.7	$（18.4）	（2.1%）
其他	$480.2	$531.9	$（51.7）	（9.7%）

续表

净资产	2014 年	2013 年	增加 $	(减少)%
总资产	$ 3065.3	$ 2968.3	$ 97.0	3.3%
减：负债，由以下组成：				
公众持有的联邦债券和应计利息	$ (12833.6)	$ (12028.4)	$ 805.2	6.7%
联邦雇员和退伍军人福利	$ (6672.6)	$ (6538.3)	$ 134.3	2.1%
其他	$ (1259.8)	$ (1310.9)	$ (51.1)	(3.9%)
总负债	$ (20766.0)	$ (19877.6)	$ 888.4	4.5%
净资产（资产减去负债）	$ (17700.7)	$ (16909.3)	$ (791.4)	(4.7%)

资产负债表显示了美国联邦政府资产和负债的性质和数量，两者间的差额就是净资产。表 10.4 展示了一张简略的资产负债表。

净成本报表按机构和部门展示了联邦政府的运营成本。成本基于权责发生制显示，而不是基于预算授权或实际资金支出。因此，长期负债之类的计划在其产生时就已记录，而不是在支付时记录。为更直观进行说明，表 10.4 反映了美国财政部 2015 年发布的美国政府净成本报表。

表 10.4　　美国政府净成本报表　　单位：百万美元

美国政府净成本 截至年度 2014 年 9 月 30 日	总成本	已获运营收入	小计	假设变化带来的（收益）/损失	净成本
卫生与公众服务部	1029.5	78.1	951.4	0.1	951.5
社会安全局	906.8	0.4	906.4	—	906.4
国防部	716.9	61.5	655.4	6.9	662.3
公众持有债券利息	260.0	—	260.0	—	260.0
退伍军人事务部	207.4	4.3	203.1	(22.1)	181.0
农业部	150.5	9.3	141.2	—	141.2
财政部	182.9	79.9	103.0	—	103.0
人事管理局	85.3	19.5	65.8	21.3	87.1
交通部	77.2	0.9	76.3	—	76.3
教育部	80.9	24.8	56.1	—	56.1
劳工部	53.6	—	53.6	—	53.6
能源部	57.0	5.0	52.0	—	52.0
国土安全部	58.1	10.3	47.8	(1.3)	46.5
住房和城市发展部	44.4	1.6	42.8	—	42.8

续表

美国政府净成本 截至年度 2014 年 9 月 30 日	总成本	已获运营收入	小计	假设变化带来的（收益）/损失	净成本
司法部	33.0	1.7	31.3	—	31.3
退休基金保险公司	38.5	11.2	27.3	—	27.3
国务院	30.6	3.8	26.8	(1.4)	25.4
美国航空航天管理局	18.4	0.2	18.2	—	18.2
内政部	18.7	2.4	16.3	—	16.3
国际开发署	11.7	—	11.7	—	11.7
联邦通讯委员会	9.3	0.4	8.9	—	8.9
商务部	12.0	3.2	8.8	—	8.8
环境保护局	8.9	0.5	8.4	—	8.4
铁路职工退休管理委员会	13.9	5.6	8.3	—	8.3
国家科学基金会	7.2	—	7.2	—	7.2
美国邮政局	73.6	66.9	6.7	—	6.7
美国千禧挑战公司	1.0	0.8	0.2	—	0.2
美国国立博物馆	0.7	0.6	0.1	—	0.1
美国核管理委员会	1.1	1.1	—	—	—
美国总务管理局	—	0.2	(0.2)	—	(0.2)
美国进出口银行	(0.3)	0.1	(0.4)	—	(0.4)
美国农贷体系保险公司	1.4	1.9	(0.5)	—	(0.5)
田纳西河流域管理局	10.5	11.1	(0.6)	—	(0.6)
小企业管理局	(0.3)	0.4	(0.7)	—	(0.7)
国民信贷公会管理局	(1.2)	0.1	(1.3)	—	(1.3)
联邦存款保险公司	(4.4)	8.8	(13.2)	—	(13.2)
所有其他实体	54.9	1.3	53.6	—	53.6
合计	4251.4	417.9	3833.5	3.5	3837.0

运营报表和净资产变化（见表 10.5）以类似于企业损益表展示利润、成本和收入的方式来展示政府运营的年度财务结果。由于联邦政府不产生“收益”，收入（主要是税收）与成本之差被称为净资产变化，这反映在政府资产负债表中。

表 10.5　　**美国政府运营报表和净资产变化**　　单位：十亿美元

美国政府 运营报表和净资产变化 截至年度 2014 年 9 月 30 日止	2014 年			
	非专用资金	专用资金	减去	合计
收入：				
个人所得税和预扣税款	1374.0	919.0	—	2353.0
公司所得税	317.8	—	—	317.8
消费税	38.6	56.3	—	94.9
失业税	—	52.6	—	52.6
关税	32.9	—	—	32.9
遗产税和赠与税	19.3	—	—	19.3
其他税款和收据	125.8	50.8	—	176.6
杂项收入	14.0	5.0	—	19.0
政府内部收入	—	113.8	(113.8)	—
收入合计	1922.4	1257.5	(113.8)	3066.1
政府净运营成本：				
净成本	2333.2	1503.8		3837.0
政府内部成本	113.8	—	(113.8)	3066.1
净成本合计	2447.0	1503.8	(113.8)	—
政府内部转移	(299.9)	299.9		
不匹配交易和余额	(20.4)	—		(20.4)
净运营（成本）/收入	(844.9)	53.6	—	(791.3)
净资产（初期）	(20053.0)	3143.7	—	(16909.3)
前期会计准则变更	(0.4)	0.3	—	(0.1)
净运营（成本）/收入	(844.9)	53.6	—	(791.3)
净资产（末期）	(20898.3)	3197.6	—	(17700.7)

净运营收入（或成本）与总体预算盈余（或赤字）的对账（见表 10.6）展示了政府净成本与年度预算赤字之间的关系。多数美国民众都熟悉年度预算赤字概念，即收入和支出之间的净差额，但不太熟悉净成本概念。该报表将预算账户与基于年度财务业绩的权责发生制的账户进行核对。

表 10.6　　美国政府净运营成本与总体预算赤字核对　　单位：十亿美元

美国政府

净运营成本与总体预算赤字核对

净运营成本			2014 年 (791.3)	2013 年 (805.1)
非预算赤字的净运营成本组成部分				
	军队人员福利负债增（减）		52.9	(43.9)
		军队养老负债	40.9	42.2
		军队医疗负债	12.9	(85.7)
		其他军队福利	(0.9)	(0.4)
	退役人员补偿负债增（减）		32.3	213.2
	文员福利负债增（减）		49.1	95.0
		文员养老负债	37.3	95.6
		文员医疗负债	10.1	(1.4)
		其他文员福利	1.7	0.8
	环境治理负债增（减）		20.0	10.1
		能源环境治理负债	19.6	11.8
		其他环境治理负债	0.4	(1.7)
	财产、工厂和设备折旧费		67.7	62.1
	物业、厂房和设备处理与重新估值		4.8	36.2
	到期应付效益增（减）		17.3	8.1
	保险与保障项目负债增（减）		28.3	(26.4)
	其他负债增（减）		7.3	(20.9)
	应付账款增（减）		2.8	1.0
	应付账款净额与税收增（减）		(0.8)	8.0
	机构年底上升（下降）的信贷改革补贴再估算		24.5	1.6
	政府赞助企业负债增（减）		—	(9.0)
	政府赞助企业未实现损失和收益		44.0	(30.9)
非净运营费中的预算赤字组成部分				
	全部资本化的财产、工厂和设备		(54.1)	(67.6)
		国防部	(27.7)	(37.0)
		其他机构	(26.4)	(30.6)

续表

美国政府

净运营成本与总体预算赤字核对

			2014 年	2013 年
净运营成本			(791.3)	(805.1)
	去年机构的影响向上/下信贷改革补贴再估算		(1.6)	(24.6)
	库存增（减）		(7.3)	(12.1)
	债务和股票的增（减）		(7.6)	2.4
	其他资产的增（减）		—	(5.2)
	信用改革和其他贷款服务		13.1	(1.4)
	其他资产的增（减）		14.8	1.5
总体预算赤字			(483.4)	(680.3)

图 10.4 展示了美国联邦政府四个主要的权责发生制财务报表间的关系。权责发生制会计的优势之一是能凸显组织的长期负债与其流动资产及创收资本资产间的反差。不幸的是，联邦政府的财务报表在这方面颇受局限。与汽车制造商这类企业不同，美国政府不用在工厂生产商品并出售以创收。政府通过其税收权来创收。征税权并不是资产负债表上的一项资产。虽然这是由于各种原因导致的，但是最主要的是估值困难，政府的资产负债表也不包括国家公园等资产。比如，政府很难对科罗拉多大峡谷（位于美国亚利桑那州西北部，科罗拉多高原西南部的著名峡谷）进行估值，但无论价值多少，只要政府不利用它的价值来偿还债务或产生收入，那么它的价值就不过是个数字。此外，资产负债表并不包括所有长期负债，而是包括社会保障和医疗保险的长期负债。资产负债表展示的仅为“到期应付”的金额。

社会保险报表（见表 10.7）填补了主要福利计划的空白。该报表用基于 2014 年度有关资质和付款的法律的精算预测，为政府提供这些计划下的负债的现行估值。我们可以见到，根据 2014 年度相关政策，以现值为基础进行计算，社会保障金在未来 75 年内（即到 2089 年度）收入预计将超过 13.3 万亿美元。与医疗保险计划的 28.5 万亿美元净负债相比，这种差异相形见绌。

整个联邦政府的合并财务报表都是根据政府各个部门和机构的报表合并编制成的。国防部则自行编制财务报表，这些报表是由三大军事部门、国防

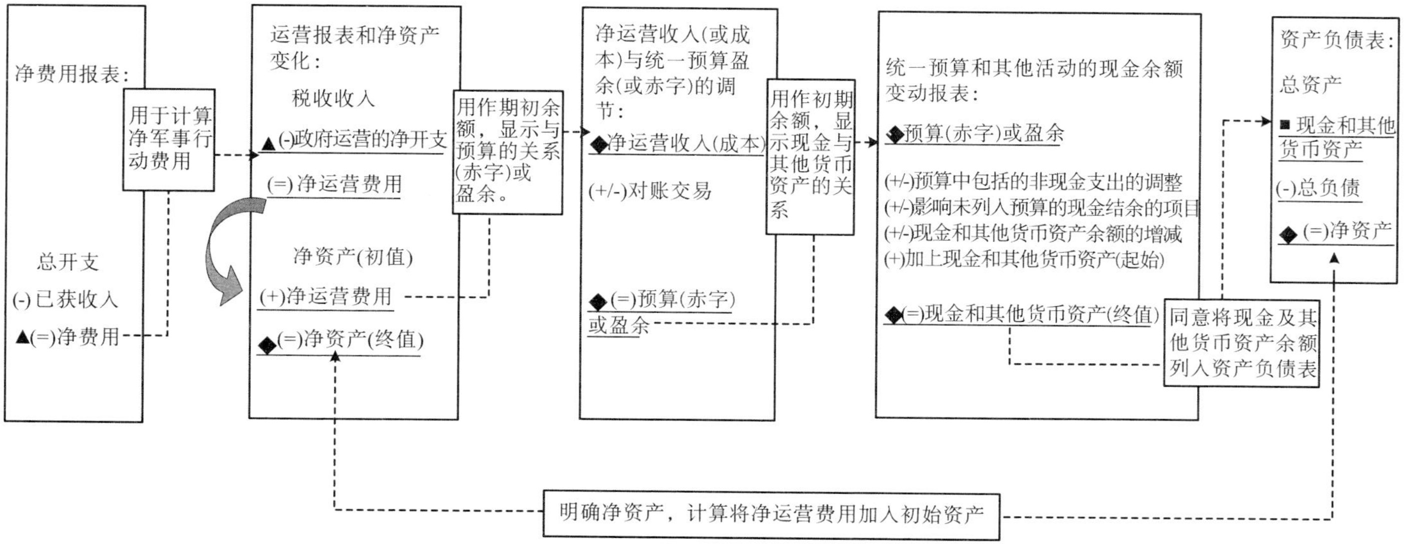

图 10.4　美国政府财务报告之间的关系

表 10.7　　美国政府的社会保险报表（部分）　　单位：十亿美元

（以十亿美元为单位） 截止时间为 2014 年 9 月 30 日	社会保障	医疗保险 HI	医疗保险 SMI	其他	总计
未来 75 年（年初）当前和未来参与者（“开放组”）未来收入减去未来支出的净现值（NPV）	（12294）	（4772）	（22530）	（102）	（39698）
年内净现值变化的原因：					
估值期间的变化	（540）	（239）	（988）	（2）	（1769）
人口数据和假设的变化	235	（139）	（152）	2	（54）
经济数据和假设的变化	（604）	—	—	（1）	（605）
法律或政策的变化	（37）	108	（42）	—	29
方法和计划数据的变化	（90）				（90）
经济和其他医保假设的变化	—	772	（1090）	—	（318）
投射基数的变化		447	142	—	589
开放组测量的净变化	（1036）	949	（2130）	（1）	（2218）
公开组测量，年终	（13330）	（3823）	（24660）	（103）	（41916）

由于四舍五入的关系，总数可能不等于各组成部分之和。

附注也是财务报表的组成部分。

1. 金额代表估值日期 2013 年 1 月 1 日至 2014 年 1 月 1 日之间的变化；

2. 包括 2013 年 1 月 1 日至 2014 年 1 月 1 日之间铁路退休计划的变化和 2013 年 9 月 30 日至 2014 年 9 月 30 日的“黑肺计划”变化。

机构和退役军人信托基金等 33 个附属报告实体的汇总。如表 10.8 所示，国防部给出了四个关键财务报表，对各报表提供的信息进行了简要说明。为便于直观理解，选取美国国防部 2014 年度的上述四个报表的具体项目数据为例进行展示，报表内容详见表 10.9—表 10.12。

表 10.8　　国防部关键财务报表

报表	提供的信息
资产负债表	反映该部门截止报表日期（2014 年 9 月 30 日）的财政状况。资产是该部门所拥有或管理的未来经济效益的总额。负债是该部门所欠款项金额。资产额是资产和负债之间的差额
净成本报表	报表另列了在这一时间内该部门业务净成本的组成部分。净成本等于该部门的业务总成本减去从活动中赚取的任何外汇收入

续表

报表	提供的信息
净资产变化报表	列出在开办以来业务的累计成果和在财政年度末期仍未使用的向该部门提供的未动用经费的总和。该报表聚焦于如何筹措业务的净成本。由此产生的财政状况表示合并资产负债表上资产与负债之间的差额
预算经费报表	该表提供了关于如何获取预算经费的相关信息以及在该期间结束时预算的状况。这是根据该部门预算总分类账按照预算审计规则所制造的唯一财政报表。预算资源表是唯一在合并与否基础上编制的主要财务报表。因此，所有使体内的交易都包括在报表报告的余额中

表 10.9　　国防部资产负债表　　单位：十亿美元

	2014 财年	2013 财年	变化金额	变化率
资产				
国库资金余额	$480.4	$482.7	($2.3)	-0.5%
投资额	787.1	714.8	72.3	10.1%
应收账款	8.0	11.7	(3.7)	-31.6%
其他资产	78.8	77.0	18	2.3%
库存与相关资产，净值	261.5	254.0	7.5	3.0%
一般资产，工厂和设备，净值	619.0	639.6	(20.6)	-32%
总资产	$2234.8	$2179.8	$55.0	2.5%
负债				
应付账款	$19.8	$21.7	($1.9)	-8.8%
其他负债	46.1	51.5	(5.4)	-10.5%
军队退役金和其他联邦就业福利	2334.0	2280.6	53.4	2.3%
环境治理负债	58.6	58.3	0.3	0.5%
总负债	$2458.5	$2412.1	$46.4	1.9%
净资产（资产减负债）	($223.7)	($232.3)	$8.6	3.7%

表 10.10　　国防部合并净成本报表　　单位：百万美元

截至 2013 年 9 月 30 日至 2014 年 9 月 30 日	2014 合并费用报表	2013 合并费用报表
项目成本		
总成本	$727082.4	$695856.1
军队退休金福利	101877.6	64422.3
建筑工程	8842.2	9756.7

续表

截至 2013 年 9 月 30 日至 2014 年 9 月 30 日	2014 合并费用报表	2013 合并费用报表
军事人员	143294.9	146052.1
作战，军备与支持	272780.6	292918.2
采购	98488.2	76216.1
研究、开发、试验与鉴定	68741.5	70147.0
家庭住房与军队建设	33057.4	36343.7
（扣除：已得收入）	（93915.1）	（75009.7）
军队退休金福利精算假设变动损失与收益前的净成本	$ 633167.3	$ 620846.4
军队退休金福利精算假设变动损失与收益	6875.8	（62838.6）
净运营成本	640043.1	558007.8

表 10.11　　国防部合并净资产变化报表　　单位：百万美元

截至 2013 年 9 月 30 日至 2014 年 9 月 30 日	2014 合并费用报表	2013 合并费用报表
累计军事行动结果		
期初余额（包括专用于托收的资金）	$ （732997.7）	$ （901225.7）
预算资金来源		
其他调控（经济下行，其他）	（7.6）	0.0
拨款使用	657113.2	687146.0
非交换收入	2886.4	2890.5
捐款与没收的现金与现金等价物	414.1	75.1
无偿调入/调出	（220.6）	142.8
其他	（145.8）	（84.2）
其他资金来源		
捐款与没收的财产	10.6	9.9
无偿调入/调出	56.6	（14.6）
设算资金	5569.8	4896.8
其他	（19104.2）	32173.5
总资金来源	$ 646572.5	$ 727235.8
行动净成本	（640043.1）	（558007.8）
净变化值	$ 6529.4	$ 168228.0
累计军事行动结果（包括专用于托收的资金）	$ （725468.3）	$ （731997.7）
未支用预算拨款		

续表

截至 2013 年 9 月 30 日至 2014 年 9 月 30 日	2014 合并费用报表	2013 合并费用报表
初期余额（包括专用于托收的资金）	499735.3	628955.6
预算资金来源		
拨款收入	675748.6	710120.8
调出/调入拨款	(310.4)	(208.9)
其他调控	(16294.7)	(51986.2)
使用拨款	(657113.2)	(687146.0)
总预算资金来源（包括专用于托收的资金）	$2030.3	(29220.5)
未支用预算拨款（包括专用于托收的资金）	$501765.6	$499735.3
合并净资产	$ (2237027)	(232262.4)

表 10.12　　国防部预算资金联合报表　　单位：百万美元

国防部全机构预算资金联合报表 起止时间：2013.9.30—2014.9.30	预算资金账目		预算外资金账目	
	2014 总和	2013 总和	2014 总和	2013 总和
预算资金				
未支配结余，10 月 1 日前	$143813.4	145692.5	$46.8	$15.5
收回上一年未付的债务	49442.5	63172.6	0.0	0.0
未支配结余的其他变化	(17411.2)	(13817.9)	0.0	0.0
上年度财政资金支配中的未支配结余，净值	175844.7	195047.2	46.8	15.5
拨款（自由支配的与受支配的）	737644.3	733535.9	0.0	0.0
借款授权（自由支配与受支配的）	0.0	0.0	368.0	26.9
订约授权（自由支配与受支配的）	70599.4	65506.0	0.0	0.0
抵消税收的支出授权（自由支配与受支配的）	100315.6	103712.7	120.4	83.2
总预算资金	$1084404.0	$1097801.8	$535.2	$125.6
预算资金使用状况				
承付款项	$933688.6	$953968.4	$488.1	$78.8
未支配余额，年末				
拨款	113158.7	109896.8	0.0	0.0
免除分摊	2603.4	4046.6	0.0	0.0
未分摊的	34953.3	29870.0	47.1	46.8
总未支配余额，年末	$150715.4	143813.4	47.1	46.8
总预算资金	$1084404.0	$1097801.8	$535.2	$125.6
保留余额的变化				

续表

国防部全机构预算资金联合报表	预算资金账目		预算外资金账目	
起止时间：2013. 9. 30—2014. 9. 30	2014 总和	2013 总和	2014 总和	2013 总和
未偿债务				
未偿债务，10 月 1 日	$ 437365. 2	$ 468570. 2	$ 300. 7	$ 541. 6
承付款项	933688. 6	953988. 4	488. 1	78. 5
支出费用	(891105. 0)	(922020. 8)	(303. 9)	(319. 9)
收回上一年的未偿债务	(49442. 5)	(63172. 6)	0. 0	0. 0
未偿债务，年末	430506. 3	437365. 2	484. 9	300. 7
未收回货款				
联邦预算资金未收回货款，10 月 1 日前	(77203. 9)	(77953. 4)	(52. 4)	(83. 5)
联邦预算资金未收回货款变化	(1187)	749. 5	(22. 8)	31. 1
联邦预算资金未收回货款，年末	(77322. 6)	(77203. 9)	(75. 1)	(52. 4)
备忘录条目：				
保留余额，年初	$ 360161. 3	$ 390616. 8	$ 248. 3	$ 458. 3
保留余额，年末	$ 353183. 7	$ 360161. 3	$ 409. 7	$ 248. 3

10. 2. 3　可供审计财务报表

1. 审计标准与程序

自 1990 年《首席财务官法案》起的一系列法律中，所有内阁机构和某些子机构必须使用能够经受独立审计的，基于权责发生制会计（财务会计）规则编制的财务报表。这类审计不是一次性事件，而是每年定期进行。

此类审计由独立审计师完成，通常是政府聘请的公共会计事务所进行审计并提供意见。审计意见是审计师关于财务报表是否合理地反映了所审计实体财务状况的声明。审计师不会就组织是否管理良好发表意见，他们只对财务报表的准确性发表评论。

审计师提出审计意见应当遵循一套严格的审计标准。美国政府问责局（GAO）进行审计旨在“提供客观分析以协助管理层……改善计划绩效和运营，降低成本，促进负责监督或启动纠正措施的各方作出决策，并有助于公共问责制的实行”。相比之下，审计财务报表的目的是“就一个实体的财务报表是否在所有重大事项按适用财务报告框架公允列报提供意见”（GAO，2011）。

适用于所有审计类型的通用标准包括独立且不受管理层影响，在计划和执行审计时采取专业评判标准，具备专业能力，并且保持对审计流程的质控系统等要求。对于财务审计而言，在与受审计组织的沟通、内部控制重大缺陷测试、舞弊或违法违规检查以及审计文件等方面，还有一些附加标准。

审计时，审计师需要检查组织内部标准操作流程、含有财务数据的信息系统、关键人员和业务流程以及对人员和流程的管控。随后审计团队会进行风险分析，以帮助他们规划审计具体实施。对于审计流程把控可能在某些方面遇到问题，审计团队可以补充审计员遗漏的某些内容以及杜绝失误的可能性。审计师会根据有关组织和风险分析的知识制定审计方案，对财务交易进行抽样，检验内部控制能力，并了解这些交易在主要和附属财务报表中的准确性。然后，审计师会收集和评估这些数据。可以通过从金融信息技术（Information Technology，IT）市场运行报告这种电子方式完成数据收集，审计师可能会要求查看收据、发票、合同、旅行代金券或其他实实在在的记录。评估完数据后，审计师会发表意见。首先，审计师传阅报告草案，之后对其进行评论和更正，才能发布最终报告。

2. 审计意见

财务审计完成后，审计师针对财务报表选择四种规定意见之一发表。审计师不会说这些报表完全准确——因为这需要对所有交易进行100%的认证。相反，审计师只对交易进行统计抽样并测试会计流程的内部管控，以查看这些交易是否可通过系统溯源并正确反映在财务报表中。测试完数百起交易之后，审计师才能给出意见。

第一种是无保留意见——这是最有利的意见。无保留意见是每个企业所追求的。审计师要表达的是，他们没有发现任何证据表明这些报表不可靠。因此可知，审计师表达出的意见即未经修改的财务报表公平地反映了组织的实际状况。

第二种是保留意见——同样是有利意见。审计师表达的是财务报表合理地呈现了组织的状况，但也有一点例外，该例外也已详细说明。经审计后，报表确认合理后，并可发布。

第三种是否定意见。这里审计师表达的是虽然这些账簿是可审计的，但它们有故意或疏忽造成的错误，因此不可靠。显然这是不利的意见，但还好，它并不常见。

第四种是无法表示意见。此处审计师表达的是他无法判断这些报表是否准确，因为他无法将每笔交易精准追溯到财务报表的每一笔记录上。对过程或系统的把控不够有效，无法证明报表的可靠性，以落实意见。国防部大多数可报告实体收到的就是这个意见。

需要注意的是，出具保留意见的审计报告并不意味着组织的财务状况良好或管理良好，它只是说财务报表近乎准确。正如国防部主计长所说，“与大众印象相反，财务报表审计并不是专门为了避免潜在浪费或低效率。”哪怕正面的意见也不能说明资金都用在了刀刃上。同样地，没有正面的财务报表审计意见并不意味着存在铺张浪费或舞弊，或者不知道钱花在了哪里。缺少无保留意见，或者说正面的意见，确实意味着我们的流程、系统和控制不符合现行会计准则（McCord，Speer，Rabern & Aguilera，2016）。

自 20 世纪 90 年代起，美国政府多次要求国防部提交财务报表接受审计，然而此后长达 20 多年的时间里，五角大楼从未详细报告领取多少拨款及具体用途。2018 年，美国国防部历史上首次财务审计正式拉开帷幕，由 2400 名审计员对国防部 2.4 万亿美元资产进行审计，包括人员、房地产和军火。国防部审计官员诺奎斯特宣布，“从 2018 年开始，国防部将每年定期迎接审计，并于 11 月 15 日发布审计报告”。

由此可见，年度审计在国防部中正变得越来越重要，并且这个趋势会持续下去。可审计要求不仅是主计长的职责，也是国防部指挥官的职责。审计的范围也远超会计办公室，囊括了所有涉及财务的业务过程，包括运营、维护、采购、人力资源、旅行、医疗保健和无数其他消耗资源的职能。任何资金交易都是完整记录下来的，并且是无差错、可追溯、安全和可靠的，这是所有审计组织的终极目标。为实现这一目标，制定会计标准和理解遵守公认会计准则是一项长期而富有挑战性的努力，它包括财务管理界内部流程的标准化，涉及整合和升级信息技术，例如企业资源计划系统和业务分析，并确保数百个与财务系统交互的信息技术（IT）系统可控、可靠、安全地运行。它也包括解决系统、交易和过程的内部控制的重大缺陷，还包括对财务人员、内控主管和部门领导的培训。

3. 财务报表的审计价值分析

可审计、企业式、基于权责发生制的财务报表的立法要求如何制定，一直存在争议。在报表的效用、报表的适当性以及审计意见的价值上，也一直存在争议。首先，一些人认为这些报表价值不大甚至根本没有价值，因为几乎没有人实际使用报表中的信息（Brook，2010；GAO，2007；Jones & McCaffery，1997）。

大部分批评都来源于职能机构或立法机构未能将财务报表中的信息用于预算决策。一些研究表明，机构投资者和地方债务信贷机构才是极少数实际用得上这些报表的人（Smith & Chen，2006）。这并不奇怪，表10.1总结了会计基础及其内容和主要受众，这或许是产生批评的主要原因。这些批评认为，因为报表没能满足某种期望，所以报表的价值降低了。然而，这种期望是没有根据的。不幸的是，OMB和GAO共同造成了这样的期望，认为此类报表可以改进管理和预算成果。我们不能因为这些报表没做根本做不到的事情而吹毛求疵。管理的改进应该主要取决于管理会计以及预算会计，而不是依赖财务会计。

然而，追求无保留意见具有积极的溢出效应。为了获得无保留意见，业务交易执行系统与解释这些交易的财务影响的系统之间进行的信息交换必须可靠。只有做到了交互可靠，管理人员和决策者才能获得更可靠的信息以支持决策，精益六西格玛（Irina Lyskova，2020；Silva，Rosini，Guevara，Palmisano & Venanzi，2017）之类管理方法的经济效益才更容易量化，成本－效益分析依仗的数据才更可靠。并且，数据流也会更快更准，并被普遍认可。

鉴于政府和企业间存在本质区别，部分学者质疑该要求的正当性。Chan（2003）和政府会计准则委员会（2006）概述了行业之间的几个关键差异，表明它们间的财务报表也有本质区别。第一，政府没有所有者，也就是说基本会计等式（资产＝负债＋所有者权益）不成立。企业资产负债表遵循以下逻辑：如果某人清算了所有资产，偿还了债务，那么剩余的归所有者。但这个简单的逻辑在政府中却说不通。第二，政府资产经常通过非经济交易（例如，征服领土）获得，且历史成本会计通常毫无意义。之前讨论过，某些资产和负债不会反映在资产负债表上。政府的合同和法律责任大概是不言而喻的，但其对民众公共福利的政治和社会责任却并非如此。第三，企业会计需要联系费用与其产生的收入。也就是说，提供了商品或服务之后，才能确认收入——这也就是说收入与产生它们的成本相匹配。在政府中，收入（支付的税款）和分配的福利间则很少有联系。更进一步说，在提供预算授权（收入）之前产生费用通常是拨款法禁止的，这种行为会颠倒会计逻辑的限制条件。第四，许多政府交易是非自愿的，不符合作为公司会计准则基础的市场交易假设。

部分学者认为，尽管财务报表实用价值较低，但获得的无保留审计意见很有价值（Candreva，2017），可以说是既有民主价值，也有管理价值。在公众看来，国防部整顿其财政部门已取得进展，这具有民主价值。自美国政府问责局于 1990 年开始发布高风险列示以来，国防部的财务管理一直是突出的问题（GAO，2021）。获得无保留意见是对其能力和问责门槛标准的一次外部检验。追求这种财务敏感度应当有间接管理收益。正如前文所说，实现可审计性需改进运营和财务管理流程，以及能够提高绩效并提供更及时和准确财务信息的会计系统。

10.3　国防部的财务管理改革

距《首席财务官法案》通过已经有 30 余年，在加强可审计财务报表编制过程中，国防部采取了多种措施。过去 30 年，国防部进行了一系列改革，其中一些改革直接针对财务管理缺陷，另一些则寻求相关业务流程的改进。其中部分由军方领导发起，部分由文职官员领导发起。部分受到行政管理和预算局的启发，另一部分则是为应对来自国会的施压。改革覆盖面很广，进行的次数也较多，但这不是说它们都有效。某些领域取得了重大进展，而另一些领域仍有相当多工作要做。

20 世纪 90 年代早期是国防部财务管理改革的关键时期。那时，1990 年颁布的《首席财务官法案》已经讨论完毕。1991 年，时任国防部长切尼创立了国防部财务会计服务局（DFAS），以整合和改进整个国防部的会计和财务职能，并令其标准化，其目的在于加强其财务管理的同时，降低部门财务和会计业务成本（DFAS，2020）。所有军人、文职人员、退休人员和主要国防供应商的费用由 DFAS 支付，并且 DFAS 还负责国防部大部分会计工作。成立之初，DFAS 就负责 300 多个层级的财务和会计办公室，330 个财务和会计系统以及 27000 名工作人员。截至 2017 年，国防部财务会计服务局（DFAS）已将运营站点整合到仅 9 个（缩减 97%），淘汰了三分之二旧的财务管理系统，相关工作人员已缩减到 11000 人。如今，大多数供应商付款渠道都是通过广域工作流和电子发票等无纸化工具完成，员工薪水则直接转入其银行账户。

20 世纪 90 年代中期，国防部创立了一个高级财务监管委员会并指定了首席财务官计划进程表来重构财政流程，并确保国防财务会计服务局持续巩固和改善财务运营，以满足《首席财务官法案》的要求。财务管理和采购社区的建立，为合同双方和国防供应商付款提供了电子数据交换工具。国防部还重构了业务流程（例如差旅流程）作为更宽泛的联邦绩效评估战略的一部分。20 世纪 90 年代后期，电子数据交换已扩张到更广泛的电子商务领域，并配备有“无纸化”签约和财务语言，支付手段从纸质支票转为电子资金转账（Francis & Walther，2006）。

2000 年，国防部采用了行政管理和预算局通告 A－76 竞争采购指南，已审查超过 270000 个可能的外包职能。国防部财务运营则进一步利用了管理自动化和行业伙伴关系。政府采购卡和差旅卡使用地更广泛，从舰队到各场所都不再使用现金，取而代之的是电子支付。薪资管理技术人员的生产率提高了五倍以上，计划预算会计系统减少了问题支付和国防供应商多付款额的数量。

这种商业实践从 21 世纪开始一直持续使用到如今，其重点是测量、外包、质量提升、优化至最佳方案和信息共享。小布什总统在位期间，国防部财务管理议程寻求的是将资源与绩效目标联系起来的方法。拉姆斯菲尔德部长则为国防部制定了一个特别起作用的业务改革议程，他相继创立了资深执行官理事会、商业战略理事会和国防商业实践委员会。

国防部财务副部长（主计长）办公室成立了一项财务管理现代化计划，以继续巩固财务和会计系统和信息流向好的趋势，令国防部更接近其编制可审计财务报表的目标。确定会计内部控制问题的根源在于支撑会计系统的非金融系统时，财务管理现代化计划演变为国防部副部长（分管采购、技术和物流）领导下的商务管理现代化计划。商务管理现代化计划是一项宏大的计划，旨在提升会计系统与管理着物流、设备、人力资源和医疗保健的供给系统之间接口。到 2005 年前后，国防部制定了总主计长办公室的财务改进和审计准备计划，明确描述了获得无保留意见的步骤。时至今日，该计划仍然有效，且在定期更新，并每季度向国会报告状况。

2005 年 2 月，商务管理现代化计划为国防商务系统管理委员会所取代。防务业务系统管理委员会（DBSMC）的创立，“旨在推动全世界范围业务运营的发展，支援作战人员……防务业务系统管理委员会将推荐融合国防部业务转型所需的政策和程序，并审查、批准国防企业业务架构以及业务系统和流程的跨部门、端到端互用性”。在 2005 年底，为了更便于领导和协调国防部内部企业的业务转型工作成立了业务转型机构（BTA）。这些都通过企业转型计划实现。企业转型计划接管了主干系统的计划管理职责，例如国防差旅系统等。他们还通过企业业务架构为国防业务系统制定了标准。时过境迁，企业转型计划的许多职能以立法形式分配到其他地方，因此该计划于 2011 年被解散。

早在 2002 年——《首席财务官法案》通过的十多年后——五角大楼预计要获得无保留意见可能还需要 8 到 10 年，尤指能够获得可供审计财务报表（Kucinich，2002）；根据 2010 财年《国防授权法案》（NDAA）的相关内容，指出对于五角大楼进行审计实施工作的预计又要推迟到 2017 年。进展比预期慢得多。如前所述，国防部须由财务改进和审计准备计划实现报表可审计性，该计划又由各个军事部门单独的财务改进计划组成。2011 年，时任国防部长帕内塔指示各军种在 2014 年底前达成其预算资金报表的审计准备，作为 2017 年实现全面可审计的中期目标。随后，继任的哈格尔和卡特部长也强调了审计的重要性。

然而，直到 2018 年，美国国防部才首次开展全面审计工作。审计工作围绕国防部财务管理目标展开，其主要内容反映在图 10.5 中。请注意，审计准备不仅意味着更好的信息技术系统或标准化流程，而且需要主计长办公室内外多种努力的集合。从全面审计执行效果来看，2018 年、2019 年两个年度的审计成绩均不够理想，结论为“不合格”（人民网，2020）。2020 年，五角大楼再次开展全面审计。与之前审计不同，此次审计依托私营审计公司进行，耗资达 2.03 亿美元，主要对五角大楼下属机构及价值 2.9 万亿美元的资产进行审计。然而，最终的审计结果仍然是让人尴尬的“不合格”。美国国防部副部长诺奎斯特评价称：“20 余年来历经多位总统换届，五角大楼一直不愿接受全面审计，因为不确信自身能否通过审计。”因此，期望获得无保留意见的审计结论可能只是国防部的一厢情愿。国防部审计副部长哈克表示，由于五角大楼机构庞杂且业务程序运行非常复杂，美国国防部官员对于无保留意见的审计期望可能需要到 2027 年才能够逐渐实现（人民网，2020）。

由此可见，美国国防部财务管理改革仍然任重道远（见图 10.5）。

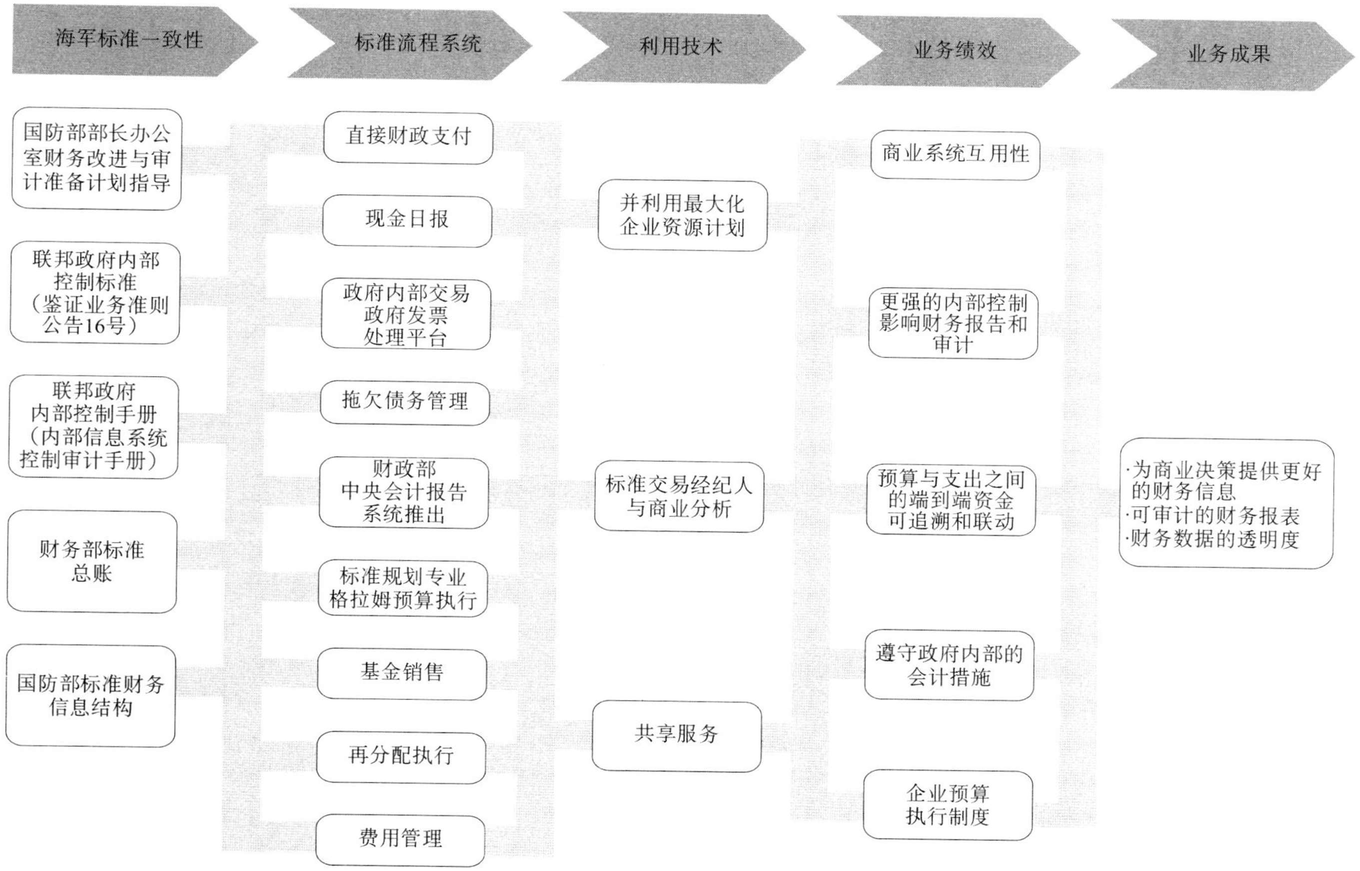

图 10.5 国防部财务管理改进目标

10.4 财务管理改革的困难挑战

自国防部（以及前身战争与海军部）成立以来，对业务职能进行有效管理一直是该部门关注的问题。19 世纪初，新建的海军前六艘舰艇的建造出现了很多管理问题，包括原材料供应、造船厂容量、水兵资质、成本超支、需求变化和设计争议。此外，受政策影响，计划管理常受挫于国际事件和国会“猪肉桶”计划（托尔，2006 年）。如今的造船计划也受类似问题困扰。

一个世纪前，海军部长乔治·冯·L. 迈耶（George von L. Meyer）在他还是一位马萨诸塞州商人时，曾试图重组海军并在海军运营中应用商业原则，包括造船厂的现代成本核算和顶级科学管理技术。

第二次世界大战后，历任国防部长都接受了其商业管理改革议程，因此国防部几乎受到了所有同时代管理学理念影响，其中许多来自商业部门。一项对这些改革议程的细致盘点和分析表明，它们有共通的主题：最大化资产（资本、人力或财务）的效用或效率，应用资产达成政治目标，衡量进展，以及去除不增值的组织要素及流程（Francis & Walther，2006）。

站在客观视角，国防部财务管理改革步履维艰，进展迟滞。发生这一状况的主要原因是基于改革面临两个关键困难与挑战：（1）改革工作的战略方向和管理；（2）业务系统的复杂性和现代化。首先是高层领导每 2 到 3 年更换一次，导致每个人的职权受限，且大多数领导上任时并不完全了解部门业务流程和技术复杂性。他们根本没有时间充分了解改革并计划有效改革措施，更不必说见证改革完成。因此造成了“速成式改革”的偏见，这会扰乱职业雇员的长期协调工作。

此外，当高层领导忙于开展反恐战争或争取完成部门首要工作的预算时，尝试改革会分散高层领导的注意力。高级国防管理人员更看重具有直接军事价值的计划上，例如，战术飞机、造船、网络战能力、指挥控制系统等。仅对以上职能起辅助作用的系统——合同、人力资源管理和会计系统——在历史上一直不受重视，管理者也较少关注。多数情况下，对业务系统的要求旨在优化军事目标，例如支援伤兵或加速装备部件生产。支撑业务目标的功能（例如降低医疗保健成本或更高效的库存管理）可能在系统设计和开发中已经受到损害。国防部的“底线”是国家安全和赢得战争胜利，它无法由资产负债表头寸定义。因此，资产负债表准确性的优先级从来都不高。

然后，自家系统优先的信念促成了军种专用和闭门造车式系统的激增，从而导致业务需求解决方案的冗余和冲突。举例来说，尽管军事人员管理有许多基本相似之处，但国防部无法为所有军事人员建立一套统一的人力资源管理系统。军事部门很难放弃各自系统，转而去实施一套统一的系统。结果，国防部在 2010 年放弃了它花费 10 亿美元所构建的国防综合军事人力资源系统，因为经过 10 年的发展，它“几乎未能展现出价值，并且没有什么前景”（Peters，2010）。

由于业务系统的复杂情况，改革变得特别麻烦。尽管营利性企业可能会实施企业范围的系统来捕获不同系统的大部分业务职能，但国防部的数千个系统中，有多个企业资源规划系统。国防部不仅要制造飞机，而且还要运行和维护飞机。他们不仅运营战术飞机，还运营固定翼和旋翼的货运飞机和教练机。他们建造并运营机场，其中一些是核动力航母搭载的跑道。他们需要招募和培训飞行员、机械师和航空调度员。同时，他们也维持着庞大的舰队和地面车辆。国防部运营着多所重点大学、整个医疗保健系统、约 300000 个住房单位、比亚马逊（美国最大的网络电子商务公司）还多的仓库等。国防部涉足成百上千种业务。据不完全统计，国防部除管理美元之外，还管理着 1367 种其他类型的货币。

10.5 小结

综合比较而言，编制预算比财务管理更重要。预算编制具有前瞻性，并直面着决定优先事项以及计划成败的重要问题。财务管理具有追溯性，并对过去的事实提供核算。财务管理也是一体化的，并认为战争支援流程也是一致、有效、高效和可解释的。对于一个专注于规划未来并对突发事件有准备的组织，预算编制更有趣且更有价值。但是，涉及会计核算、业绩展示和确保“运转良好的国防机器”时，还必须注意财务管理流程。对于那些国防供应商比在战场上的士兵还多，支付在管理支援服务合同上的资金比用于新舰船、坦克和飞机的资金还多的军队来说尤其如此。编制这些未来预算取决于过去支出的可靠数据。

本章将财务管理定义为职能和支持过程，包括国防部对项目绩效和委托给它的相关预算权限进行公共核算的能力，以及国防部活动的财务影响。概述了国防部财务管理的一系列立法要求，国会明显对国防部的进展缓慢不满，因此更加积极地指导具体行动以期更快改进。

本章还联系了财务会计、管理会计和预算会计，并整体展示了国防部和联邦政府的财务报表。这三大会计基础是互相补充而非相互替代的，因为每个基础都以不同的方式为不同的受众解释该部活动，并支持各种决策。了解会计实践的质量很重要，随着会计能力水平提高，决策者应该学会使用更复杂的财务信息。有时成本数据相比债务数据对决策更有帮助。企业式的实践、报表和审计标准是否适合政府实体还有待商榷，也存在反对意见的。

最后，解释了国防部管理持续改革的现象。长久以来，人们不断尝试解决持续困扰国防部的管理问题。但是，由于国防业务的复杂性和负责管理的高级官员任期较短的双重挑战，进展一直非常缓慢。

第 11 章　可供我国国防预算与财务管理借鉴的主要经验与启示

他山之石，可以攻玉。美国在国防预算与财务管理中的长期实践经验与成熟做法，值得我们深入学习与借鉴，其不足、改进和思考值得我们进行更深一层研究。本章重点针对美军国防预算管理的核心系统——PPBE 进行深入剖析，并总结美军财务管理实践与改革中的有益做法，为加强我国国防预算与财务管理能力建设，提高国防资源配置综合效益，实现由军队财务保障任务与国防建设与军队战斗力提升目标的有机衔接，提供具有价值的思路借鉴，并从宏观、中观、微观和综合性角度对我国国防预算与财务管理未来发展提出改进建议。

11.1　美国国防预算与财务管理的主要经验

长期以来，美国国防预算与财务管理始终围绕一个核心问题进行研究，即如何建立有效的机制和方法，从而不断提升国防资源配置效益，以更好配合国家国防战略的变化与发展。从本书前面章节内容看，美国国防预算的核心机制是 PPBE。该系统从全局性、长远性的系统工程战略思想出发，是一种依托国家国防与军事战略总体目标，统筹兼顾国防建设中远期规划任务和年度国防预算现实需求，并对分配方案预算的制定与执行进行有效监管的规范性方法。美国国防部财务管理则在 PPBE 确定预算方案的前提下，以预算会计、财务会计和管理会计三大会计基础，可供审计财务报表为核心工作机制，实现对军事活动的精准财务保障，对资金信息数据的挖掘分析，并对财务管理业务的真实性、合法性、效益性等进行正确、科学的审计评估。

在第 10 章中，我们知道，广义的国防财务管理是包含国防预算的。然而，正如 10.5 节中指出那样，编制预算比财务管理更重要，预算编制具有前瞻性，并直面着决定优先事项以及计划成败的重要问题，财务管理具有追溯性，并对过去的事实提供核算。因此，在下面的讨论中，我们将美国国防预算与财务管理的主要经验做法综合为一个单节（在 11.1 节中）说明，而不再单独进行阐述。

11.1.1　注重国防预算管理的战略牵引特征

美军早期的军事需求能力生成模式是典型的“烟囱式”生成模式，美军海、陆、空各军种在这种需求能力生成模式下各行其是，只站在本军种角度考虑自身利益和诉求，需求的眼界过于片面和狭隘，缺少军种联合作战条件下的综合需求分析，缺乏从美军国家安全总体战略的格局下通盘考虑国防预算资源配置问题，致使各军种军事需求“烟囱”林立，资源配置无法达到全局最优。而 PPBE 提供了一种从“国家安全战略——军事安全战略——军事能力需求”的新型需求生成模式，能够紧紧围绕美国国家安全战略和美军军事安全战略的总体目标和基本方向，确保所提出的军事能力需求始终能够与国防和军队安全战略相吻合、相适应。正如美国国防部长劳埃德·奥斯汀三世在发布总统 2023 财年国防预算时声明的那样，“我们需要与战略相匹配的资源，与政策相匹配的战略，以及与美国人民意愿相匹配的政策（美国国防部，2022）”。

11.1.2　突出国防预算管理的需求主导特色

需求主导是美军 PPBE 的一个非常突出的特色。这是因为，PPBE 中发展“联合作战能力”的内容要求，与美军实现“多种作战能力”的军队建设目标具有内在一致性。美军的“多种作战能力”是随着美国国家安全战略、国防战略的变化而不断调整的，各预算年度的能力包含着各自具体的内涵。比如，2018 年版《美国国防战略》就明确指出，“美国需要建立一支致命性强、富有弹性与快速应变能力的强大联合部队”。这里的“强大联合部队”所具备的具体能力，在《美国国防战略》中亦有明确表述，即“包括现代化的军事关键能力，以太空与网络空间作为作战域的太空能力，网络防御与网络弹性建设能力，阻滞其他竞争性大国夺取与开发信息的能力，反战区导弹威胁的能力，受限环境下的联合杀伤能力，多域作战环境下部署、韧存、作战、机动与集成的能力，与其他大国发生战争的能力”等等（美国国防部，2019）。

因此，通过 PPBE 有效运行，将美国国防与军队建设的各个环节、各个层面的军事任务需求通过规划、计划、预算与执行的系统程序紧密地衔接起来，使得美军在国防预算资源配置过程中能够有意识、有导向性地向提高美军“联合作战能力”目标倾斜，确保国防预算资源配置能够为美军作战司令部的总体作战能力需求、作战意图和作战部署提供财力保障服务。

11.1.3 优化国防预算管理的全局统筹特性

PPBE 将国防预算资源配置活动作为国家层面的综合性系统工程来看待，坚持全局统筹思想，确保国防预算资源配置在规划、计划、预算与执行过程中具有统一性、集中性。PPBE 着眼于美国国防与军队建设全局工作，区分各军事建设项目的重要性、紧迫性和功能平衡性，将各军种军事建设项目有机统筹起来，通过宏观调控的方式加强项目统管与总体协调，在全军层面上确保军事任务建设步调的一致性，减少国防预算资源重复配置和低效配置。比如，公布的美国 2023 财年国防预算中，核力量建设与维护计划（不列入军种，而是单列计划统一建设）投入 344 亿美元，空军力量建设计划投入 565 亿美元，海军力量建设计划投入 408 亿美元，地面部队建设计划投入 126 亿美元，导弹防御建设计划投入 247 亿美元，空间和天基系统建设计划投入 276 亿美元等（美国国防部，2022）。由此可见，这些建设项目都是在美国国家层面进行的集中决策，有利于全局资源的统筹优化。

11.1.4 凸显国防预算管理的动态调整特点

PPBE 在工作程序上，对于预算年和非预算年是存在明显区别的，即所谓的“两年一滚进”的特殊预算管理方式。预算年制定未来两年的国防预算方案，非预算年则根据上一年预算执行情况、任务完成质量情况、美国国家安全形势变化、军事任务目标调整等情况进行国防预算方案的调整工作。在这个过程中，预算的调整始终保持与美军军事战略总体目标的长远一致性，预算调整过程是动态的、及时的、客观的，以此确保对于国防预算资源配置结构与经费流动方向的有效管控，确保年度国防预算在合理范围内进行波动。同时，PPBE 能够基于零基预算思想，对每年的新上项目与历史项目放在同样的平台和条件下重新进行项目审查与评估，动态调整项目优先发展顺序，调整重组国防预算资源配置方案。

11.1.5　建立国防财务管理的作业规范标准

美国国防财务管理与国防预算执行阶段紧密联系，具有非常明确的财务作业规范标准。

一是建立会计核算标准。美国国防部具有一套功能完善、高效稳定的会计作业系统，该系统将预算会计、财务会计和管理会计的基本职能进行明确分割，三者既相互区别、又互为依托，在功能上相互补充。预算会计是对各种拨款进行预算、说明和核算的过程，关注焦点在于是否遵守法律——资金的使用符合拨款限制所附的目的、时间和金额；财务会计重在捕捉经济事件，以正确还原反映经济业务活动为目标，并根据公认的会计原则在权责发生制基础上进行记录；管理会计注重业务活动的成本并以成本为基础执行，其关注焦点在于组织任务和运营范围等内部管理决策，目标是通过了解成本和利润来增加组织价值。通过会计作业系统的功能发挥，将最广泛的会计信息进行分类收集、整理、筛选、分析，挖掘规律、特点和潜在价值，寻找会计数据中的经济规律，以数字化的形式反馈财务执行中的重难点问题，为国防部预算管理提供科学决策。

二是建立财务管理可审计标准。自 1990 年《首席财务官法案》起的一系列法律中，所有美国政府内阁机构和某些子机构必须使用能够经受独立审计的，基于权责发生制会计（财务会计）规则编制的财务报表。从美国国防财务管理角度看，可审计要求不仅是主计长（国防部财务副部长）的职责，也是国防部指挥官的职责。自 2018 年度，美国国防部开展全民审计以来，美国国防部审计的范围也远超会计办公室，囊括了所有涉及财务的业务过程，包括运行和维护、采购、人力资源、旅行、医疗保健和无数其他消耗资源的职能。审计过程中，美国国防部被要求提供可供审计的财务报表，基本标准是：任何资金交易都是完整记录下来的，并且是无差错、可追溯、安全和可靠的。同样，审计师提出审计意见也遵循一套严格的审计标准。审计师需要对组织内部标准操作流程、财务数据信息系统、关键人员和业务流程进行审前分析，还要完成内部控制风险测试，审计方案编制和审计抽样计划制定等工作。

11.1.6 严格国防财务管理的全程监控要求

美军十分重视对国防预算资源统筹规划和科学配置的评估、审计、监督和管控工作，注重对规划、计划、预算和执行的全过程进行严密的监督，对重点环节进行管控，以保证各个项目的建设高效、顺畅运行。一方面，以财政监督的形式来加强国防预算统筹配置使用效益的全程监控，主要由政府预算管理机构负责。另一方面，以审计监督的形式来加强国防预算配置使用效益的全程监控。国防预算的审计监督的第一层次是国会的政府问责办公室，第二层次是国防部监督机构，第三层次是各军事部门（军种部）监督机构。其中，第一层次的政府问责办公室可以对国防预算进行全程审计，对编制、执行和决算等环节进行全方位的监督和审查。在第二层次，美军成立了以国防部第一副部长为主席的“财务管理高级监督委员会”，加强对军费管理中重大决策的监督；国防部财务会计服务局从整体上对国防经费的运行情况进行监督；国防部长领导的监察长负责国防部国防预算执行的审计工作，在国防部内部实施跨部门的内部审计。此外，美军各军种部和国防部直属业务局均设有相应的审计机构，分别负责对各自的国防预算编制、执行和决算进行审计。

11.2 我国国防预算与财务管理的增长点分析

2019 年颁布的《新时代的中国国防》白皮书中明确指出，中国始终不渝奉行防御型国防政策，以坚决捍卫国家主权、安全发展利益为根本目标，以坚持永不称霸、永不扩张、永不谋求势力范围为鲜明特征，以坚持走中国特色强军之路为发展路径，服务构建人类命运共同体。

新时代中国国防和军队建设的战略目标是，到 2020 年基本实现机械化，信息化建设取得重大进展，战略能力有大的提升。同国家现代化进程相一致，全面推进军事理论现代化、军队组织形态现代化、军事人员现代化、武器装备现代化，力争到 2035 年基本实现国防和军队现代化，到 21 世纪中叶把人民军队全面建成世界一流军队。

我们要看到，一方面，我国国防预算与财务管理的建设水平总体仍然不高，与美国国防预算与财务管理规范做法相比，无论在理论储备，还是机制建设或是技术方法成熟度层面上都存在一定的差距；另一方面，新时代中国国防和军队建设战略目标的提出，给我们研究国防预算与财务管理提供了理论生长的空间，为开展我国国防预算与财务管理实践探索提供了新的增长点。

11.2.1　增长点应当具备的特征

1. 有利于提高新时代国防和军队建设的资源配置效益

国防预算与财务管理应当遵从军事战略目标导向，应该以“战斗力”为标准，将战略导向下的国防预算管理与长期战略目标、短期财务指标、非财务价值指标互动关联，将军队各级单位的军事行动计划与组织整体战略系统对接，将战略行动计划与下级单位和部门业绩评价、资源配置效益评估紧密联动。笔者认为，新的增长点应当能够确保实现预算投量投向“精细布控”，财务保障“精准对接”，提高国防资源使用的军事效益和经济效益，保障军队战斗力提升，确保我国新时代国防和军队战略意图的有效实施。

2. 有利于实现新时代国防和军队建设的资产保值增值

随着新军事进程的不断深化，我军每年投入大量资金用于新型武器装备采购，同时又有大量的武器装备面临退役和报废。我军军队规模结构和力量编成改革持续深入推进，部分老单位面临撤、降、并、改，原有资产需要严格转隶交接以防止军队国有资产流失，新组建单位则急需补充各项硬件设施，以确保职能运行。以上种种情形，都涉及海量的军队国有资产权属变化、数量增减、价值损益。因此，新的增长点应当立足于全口径预算理念进行国防预算编制，摒弃传统财务管理工作中“重钱轻物、重供轻管”的错误认识，围绕军队国有资产保值增值问题开展研究。

3. 有利于促进新时代国防经济建设与国民经济建设协调发展

国防中有经济问题，经济中有国防问题。国防经济建设与国民经济建设的协调发展，既蕴含了“富国”与“强军”两者要求的内在统一，也是国防预算和财务管理领域长盛不衰的研究热点。当前，我军正处于装备信息化建设加速发展时期，装备的大量服役给我国国民经济带来了沉重的财政负担。当下，我们又处于新冠肺炎疫情常态防控阶段，国民经济下行压力持续增加（2020 年我国 GDP 增长速度仅为 2.3%），国防经费供需矛盾会进一步加剧。

因此，我国国防预算与财务管理的新的增长点还应当关注国防经济建设与国民经济建设的协调发展。如何科学测算国防预算规模，如何促进军队各级有效使用军费，避免经费供应的结构性失调，拓展国防经济反哺国民经济的手段和方式等，是推进国民经济发展和宏观经济运行，进而保障国防经济建设的关键。

11.2.2 潜在增长点与实施路径

1. 国防预算生成顶层设计中的增长点

目前，我国国防预算资源配置的顶层设计规划与美军相比存在明显差距，相关部门职责界面不够清晰，资源配置职能存在一定程度的缺位或越位现象，国防预算资源配置与国防和军队建设战略任务衔接程度仍需加强，资源统筹抓总能力还有提升空间，资源调控数据信息挖掘、共享利用不足，全军范围内资源调配较为困难，资源统筹配置的依据科学性还需要进一步论证，仍未最终形成严格规范的国防预算资源配置管理程序。

一是加强规划、计划和预算、执行的衔接紧密度。一方面，在测算年度国防预算总体需求规模时，应当站在国家和军队建设全局的角度来统筹考虑，打破军种自身局限，加强信息化建设，提高军队内部各部门的信息共享水平，理顺资源协调渠道，剔除重复需求，合并相近需求，排查国防预算资源统筹疏漏与盲点，防止国防预算资源统筹规模测算失真；另一方面，通过梳理上年度各军兵种主要军事项目的建设进度情况和预算执行率数据，加强对国防预算资源的覆盖范围、支撑程度等信息的收集与掌握，找出国防预算资源配置过程中的结构失衡点，分析结构失衡原因。在此基础上，通盘制定国防预算资源配置统筹调整方案与实施举措，动态调整年度国防预算，确保国防预算与国防规划、计划间的战略吻合，促进国防预算资源配置的真正效益发挥。

二是对现有国防预算资源布局状况进行系统性优化。在全军范围内，加强部队年底各项结余经费清理工作，对年度结余经费按管理渠道及时、足额上缴，严格控制结余留用经费数量，二次发挥结余经费效益。坚持动态发展的观点，统筹好历史经费存量和年度经费增量，关注重大项目建设的经费保障情况和资金运用效益，对国防预算资源进行宏观调控，严密国防预算资源配置决策程序，科学测算经费需求，着力纠治国防预算资源配置条块分割、自成体系的问题，杜绝“关系经费”现象，科学论证年度国防费规模与结构，为制定年度国防预算提供充分依据；针对部队范围内，某些单位经费富余而某些单位经费短缺并存的现象，进行局部范围内的优化调剂，改善经费分布结构失衡状况，减少经费资源重复配置、多头配置、低效配置。部队各级党委应当超前筹划，通盘制定单位年度综合预算，并严格按照计划执行。对于进度偏慢、效益偏低的项目，开展必要性论证，淘汰非必要建设项目，集中优势经费向重点建设领域投入，化解经费结构矛盾问题。各级部队应当因地制宜采取措施，对于军地通用性较强项目，充分利用社会资源，防止军队建设“大而全”，节约大量的不必要开支经费，比如军地通用装备维修、医疗卫生、军事物流供应和交通运输等保障性任务占用经费资源多，可依托社会资源进行保障，而装备建设、战备训练经费资源少，应当进行经费的调剂补充。军队机关部门经费资源相对富余，而作战部队和一线单位经费资源相对紧张，应当调剂部分经费向后者倾斜。

三是提高国防预算资源的即时调整能力与速度。我国国防安全形势不是一成不变的，而是受国际环境变化、国家周边军事力量消长等因素影响处于动态调整变化中。而国防安全形势的变化会引起一系列的连锁反应，体现在军事任务需求的相应调整，乃至项目预算经费的增减。比如，2022 年 8 月 2 日，美国国会众议院议长佩洛西窜访我国台湾事件发生后，我国立刻采取反制措施，在台湾周边海域举行军事演习活动。这就需要重新调整年度预算安排，以确保临时突发性任务能够得到充足的资金保障。因此，需要在不同军事任务和项目间进行综合平衡、系统调节，动态优化资源配置的结构比例，加强国防预算保障弹性，加快调整完善机动经费与标准经费相结合保障体系构建。在当前军种主建的要求下，各军种大单位应当具有一定预算自主权和机动资金，以灵活弥补预算年度由于年初国防预算存在刚性不能适应即时变化的国防安全形势的缺陷，按照专项任务、专项经费、专项管理要求进行机动费弥补与使用，不断提高国防预算资源配置对于国防战略调整的敏感性和灵活性。

2. 国防资源配置运行机制中的增长点

目前，我国国防预算资源配置运行机制尚处在不断探索、建设和完善中。资源配置存在一定程度的随意性，在资源配置所必需的需求评估、综合决策、论证审查、执行管理和监督评价等环节中，科学性、规范性和组织严密性等方面的执行细节都可以充分借鉴美军 PPBE 的成熟做法，进一步补强相应的机制建设。

一是着力健全综合决策机制。基础是严把预算关，在国防预算编制上加强审核，军队各级财务部门应当按照全口径预算、零基预算等先进预算编制思想的要求和方法开展国防预算编制工作，对于不符合全口径预算、零基预算要求的预算方案，坚决不予审批通过，逐步在全军内摒弃经费管理“先定盘子，再找项目”的供给主导式传统思想，真正建立起以国防建设客观需求和军事能力需求为导向的全口径预算、零基预算管理体系。在此基础上，各级部队可抽调本单位业务部门骨干，聘请院校教学经验丰富的教授专家等，逐步建立和完善决策智库，形成集中统一的综合决策咨询制度，针对本单位年度项目管理的重要时间与任务节点，充分交流与咨询，提高重大决策事前、事中、事后风险和效益评估的科学性。

二是着力健全论证审查机制。对于国防预算资源配置问题，应当站在国防建设的战略层面上进行研究，而不能仅仅看成是一个后勤保障问题。长期以来，由于相关研究的格局不大、认识不足，以至于我军在权威专业的国防预算资源配置专业团队和评审机构建设上起步较晚、水平受限、经验不足，这种先天性的机制缺失必然导致对国防预算资源配置方案的论证审查层次不高、水平有限。因此，一方面，应当加强在全军层面上搜寻兼通军事指挥和经济管理的复合型人才，优化整合军队科研院所人才力量，逐步建立正规、具有资质的军内论证评审机构；另一方面，应当充分吸纳地方力量，依托第三方战略研究机构等开展国防预算资源配置论证审查辅助工作。如美国最著名的民办研究机构兰德（Rand）公司，就是一个研究政治、军事、经济科技、社会等各方面的综合性思想库，长期参与美军战略规划与项目论证工作，取得了许多开创性的成果。应当注意，在引入第三方战略研究机构时，由于涉及国家和军队秘密，且密集程度很高，应当加强对其资质审查，并全程监督其保密安全管理。

三是着力健全执行管理机制。我国在国防预算资源配置上面，经费预算的法规约束性不强，少数单位曲解了经费使用的严肃性和灵活性之间的关系，过于夸大灵活性需求，破坏了严肃性的底线要求，侵害了国家和军队利益，给国防建设造成巨大经济损失。少数单位滥用行政权力，变相套现挪用经费，变通开支违规发放福利，私自截留上级对下拨款，超范围行使经费管理权限等。因此，应当充分发挥军队财务部门的经费管理职能，重点关注规划计划的内容与年初预算内容是否具有一致性，年初预算与经费实际开支是否具有一致性，严把经费报销关。各级部队还应当加强所属人员的财经纪律教育，增强部属按照规定花钱办事的责任意识，形成廉洁自律的清风正气。

3. 军队财务管理技术方法中的增长点

长期以来，我国国防预算资源配置的方法手段过于单一和陈旧，已经不能够适应深化国防和军队改革背景下，走中国特色强军之路的现实需要，应当结合经济、管理、数学等专业领域的最新研究成果对原有方法手段进行补充、更新和完善，形成具有创新特点的多层次方法手段体系。

一是强力推行全口径预算、零基预算编制方法。在现阶段，虽然我军对于开展“全口径预算”、“零基预算法”进行单位年度预算编制的要求已经反复强调，但按照传统“增量预算”方法进行预算编报的固有思想和观念在相当长的一段时间内难以彻底转变，以至于部队在实际预算编制时，仍然不愿摒弃原有的经费分配思路，仍然墨守成规，不愿创新求变，不敢勇于突破“舒适区”。一些单位虽然表面上按照“零基预算”的格式要求编制年度预算，但预算编制过程中仍然是采用传统“切蛋糕”分配那一套，先确定当年经费总量，再按照往年各单位经费数量的大致比例，进行粗放式的简单切分。一些单位没有认识到推行全口径预算方法的重要意义，在确定预算规模盘子时对经费各来源渠道梳理不清晰，重钱轻物思想较重，实物资产底数不掌握，不愿意立足现有物资开展调配保障，这些行为将会大大削弱国防预算资源配置的效果。因此，想要切实推行零基预算编制方法，就需要军委机关从政策、制度和监管等方面，坚持多管齐下，持续关注并抓好落实，一旦形成示范效应，就能够打破既有的利益格局，形成全局性的国防预算资源配置优化。

二是大力引入科学先进的仿真计算与量化分析方法。目前，针对我国国防资源配置研究的深度和精细化程度不高，缺少对我国国防资源配置环境的真实模拟，缺少高精度条件下的国防预算资源配置模型仿真分析与实证检验，缺少科学缜密的定量化分析方法和技术手段工具。因此，应当鼓励和支持从事国防资源配置工作的各类机构和人员，建立模拟国防预算资源配置的运行仿真实验室，积极开展量化分析方法研究，这将有利于以点带面，逐步实现对国防预算资源配置的精确管理和调节控制，改变经费统筹配置的粗放管理，提高资源配置的严肃性、规范性，为改进资源配置实践工作提供有力的技术工具。

三是综合运用现代计量经济学分析方法。在传统资源配置方法手段上，往往忽视了从现代计量经济学的角度来对问题进行深层次分析。通过运用现代计量经济学分析方法，关注国防费的时间序列特征，进行因果分析和回归建模，注重从数据自身特性上面寻找统计规律，对于数据规律特征进行深入挖掘，形成对国防预算资源的形成机理和分配机理研究的系统性思考，突破国防预算资源配置研究中的技术瓶颈。

11.3 我国国防预算与财务管理的发展方向展望

11.3.1 宏观方向——军费预算管理优化改革

练兵之法，管之为要。2018 年，中央军委政策制度改革工作会议强调，要推进军事管理政策制度改革，形成精准高效、全面规范、刚性约束的军事管理政策制度。笔者以为，军费预算是军队财经工作的龙头，军费预算管理是建设巩固国防和强大军队的全局性、基础性工作，是战斗力生成和提高的倍增器。军费预算管理的优化改革，关系到军事系统运行效率的高低，国防资源使用效益的高低，军事力量建设和使用效能的高低。只有不断完善优化军费预算管理制度，提高军费预算管理水平，才能推动我军高质量发展，提升履行新时代使命任务的能力。

1. 军费预算管理优化改革的意义

长期以来，军费管理粗放是制约我军装备建设发展的一个突出问题，军费投量投向论证不够科学，预算配置功能发挥精细化程度不足。当前，随着国家军费资源投入不断增加，军队组织结构和装备技术构成日益复杂，我军向信息化转型步伐加快，特别是在我军建设处于换挡加速、提质增效的关键阶段，加强军费预算管理的优化改革，更具有鲜明的时代意义。

因此，军费预算管理优化改革是拓展深化军队领导管理体制改革的重要任务，是贯彻改革强军战略的必然要求，是畅通战略管理链路的重要支撑，是提高军费使用效益的制度创新，是加强军费监督管理的现实需要，亦是深化国防和军队改革的重点和难点。

2. 军费预算管理优化改革的构想

一是在全军顶层建立军费预算论证协调机制。基本构想是，一方面，在军委机关层面成立一个综合预算论证协调机构，其应当履行以下职能：贯彻落实党中央和中央军委有关决策部署，指导督促预算编制相关任务落实；组织研究军费资源配置重大问题和新时代军费经济学转型发展研究，提出有关决策建议；组织指导军兵种预算编制工作，审查预算需求，协调军兵种间预算资源配置和跨领域跨部门跨军地重大问题；检查督导预算执行情况，指导军费预算管理绩效评估工作开展；牵头负责军费预算管理相关财经法规制定；另一方面，在综合预算论证协调机构下设置一个专家办公室，用于辅助综合预算论证协调机构开展预算论证工作，相关人员可以从军队院校、研究所、各级部队等具有长期财务管理工作经验的人员中进行抽选兼职，并建立专家库定期进行人员遴选更新与流动。通过以上机制设计，突出预算战略管理功能地位，推动规划与计划、需求与预算之间的衔接耦合，进而贯通战略管理链路。

二是建立军费集中统管与军种主导机制。基本构想是，打破原有军费配置分散、条块分割，管理多头、运行多线的经费保障体制，将军费的供应保障纳入统一归口管理，依托军委后勤保障部对军队发展的中长期规划进行拟制，并负责全军军费总预算编制和总决算审核。这样做的优点在于，能够强化军队财权财力集中统管，也有利于促进军队建设与国家经济社会发展协调衔接。打破军费预算编制“条块分割、以条为主”的基本传统，而借鉴美军PPBE思想，充分发挥“军种主建”的职能，赋予军兵种和战区更大的经费资源配置主导权，形成“条块结合、以块为主”的全口径军费预算，由传统“条条预算”向“块块预算”逐步转变。

三是形成多层次的预算职权放管模式。随着“军委管总、战区主战、军种主建”的军队指挥领导新体制形成，军费预算管理的权限应逐渐下放，重心逐渐下沉，形成由军委机关业务分工指导下的军种全口径经费预算模式，在经费支出上赋予各军种更大自主权。在这种模式下，军委机关各部门只负责提报本级及所属单位支出经费预算需求，并对各军种编制提报的预算进行审核把关；军种负责本单位（陆军、海军、空军、火箭军等）的预算需求生成，按照管理建制自下而上逐级细化、编制、汇总、提报预算，最终形成本军种的年度预算。按照笔者构想的预算职权放管模式，能够精确分割军委机关和军兵种层级的预算管理职责界面，进一步优化预算编报组织模式和业务流程，简化程序设置，缩短编制和审核周期，提高运行效率。

11.3.2 中观方向——部队经费标准化建设改革

经费标准化建设管理是标准化建设在军队后勤领域中的具体表现形式。与美军相比，我军经费标准化程度偏低，客观上反映出各级部队对于本单位日常性、周期性、规律性的经费消耗与使用数据情况掌握不够准确，最终表现为部队年度经费保障效益不高，执行率偏低，导致一些部队单位年底突击花钱，人为提高预算执行率的现象产生。对比美军的PPBE，反映出在预算执行环节还有较大的改进空间。笔者以为，在国家利益安全保障不断深化拓展的今天，军队各项建设任务的更高标准和要求，对精确保障、精细管理赋予了新的时代内涵。因此，部队经费标准化建设，是我军后勤领域建设的重要难题，开展部队经费标准化建设改革是国防预算与财务管理工作未来应当持续关注的一个重点方向。

1. 部队经费标准化建设改革的意义

当前军队正处于军费管理体制改革的关键阶段，军费预算编制改革不断深入，各级部队的经费投入数量对战斗力生成的重要性持续提高。为打赢未来高端战争，对武器装备现代化的要求也不断提高，部队经费标准化建设也需要不断向前推进和完善，其建设情况好坏关系着战斗力水平的高低。

因此，开展部队经费标准化建设改革，对于深入贯彻新时代军事战略方针，加紧推进“十四五”规划任务落实，加紧构建武器装备与后勤建设现代化管理体系，全面开创军队国防建设新局面具有重要意义。

2. 部队经费标准化建设的改革构想

一是建立经费标准动态调整机制。标准之所以成为标准，就是因为其符合事物发展变化的客观规律。当事物处于不断运动变化过程中，原有的标准将不再适用，需要及时进行更新调整，以确保标准符合实际情况，不至于与现实脱离。标准动态调整机制的建立，能够很好地解决标准变动的问题。在执行过程中，需要将标准的调整与国家经济发展水平、部队装备建设需求变化和市场物价波动等影响因素进行结合，充分把握市场经济规律特点，以确保经费的标准化具有与时俱进的科学性、系统性。具体来讲，从国家经济发展水平进行考量，近年来我军军费总体供应水平仅为我国GDP总量的1.2%—1.4%，低于世界平均3%的水平，而标准经费的供应也应当适当同步上调；从部队装备建设需求变化进行考量，则应当结合国家和军队发展战略，重点应围绕实战化训练、战斗力生成模式转变、新型作战力量建设、武器装备更新发展的需要来调整标准经费的供应水平；从市场物价波动进行考量，则应当及时关注物价波动变化对于部队装备建设与后勤保障的影响，如粮油基础价格上涨对部队官兵伙食水平的影响，煤炭、钢材价格上升对武器装备维护与使用保养等方面的影响。

二是建立规范的经费标准化评价制度体系。经费标准化建设评价工作，必须依靠坚强的制度作保障，才能使得军队财务工作秩序尽然、条理清晰。笔者认为，此处的制度体系主要包括依据的法律、具体实施的规章制度和监管机制。法制措施指用强制的手段来规范管理工作过程的一系列规定，是保证经费标准化管理效果、降低违规现象的主要方法。目前来看，我军关于经费标准化建设的法规数量偏少，部分法规条款在执行过程中存在一定的模糊空间，实际执行具有一定困难。相比而言，美军在标准经费保障评价方面格外注重立法，英法等欧洲国家也紧随其后制定了一系列强化绩效评价的法规，我军完全可以结合自身标准化建设的实际情况进行效仿，在相关经费使用管理法规中对其标准化建设绩效评价进行明确，运用法律的手段保证评价有底气、敢执行。同时，必须通过法律确保评价工作的顺利进行，对违反相关法律，妨碍绩效评价的个人或集体做出惩戒。由于评价必须通过各级单位进行衔接配合，然而若是评价结果对部队或本单位的形象有损，又会遭到一定程度的消极抵制。因此，必须使经费标准化评价的法律、法规和制度准则的执行落到实处。

三是建立经费标准信息化建设机制。信息化建设应当以强军思想为指导，旨在面向未来高端战争，制定自身发展的战略规划，以保证经费标准化建设改革的推进。笔者以为，采取信息化手段对部队标准经费进行管理，应当在充分了解当前部队经费标准化建设进程、存在问题和改革方向的基础上，依据经费标准化建设的总体目标，提出信息化建设总体方案。在取得一定的理论成果后，对方案进行小范围实践，并在这一过程中不断改进。之后，规划好标准化建设的基础建设，研发经费标准化管理信息平台，其核心基础工作是构建全面的信息数据库。数据库的建立，应当重点把握以下几点：首先，要依据经费性质特点，对标准化建设中的各项数据进行分类，将有关资金的各种信息或材料当作原始的数据来源，并对其进行归类和管理。其次，以把握数据规律特征为导向，充分扩大样本数量，不断拓宽数据的收集渠道，提高数据容错能力，把资料搜集工作推向规范化。最后，还要建立一支动态维护数据库的专业工程师队伍，以确保数据库的稳定运行。

11.3.3 微观方向——项目360度预算绩效评价改革

全面实施预算绩效管理是推进国家治理体系和治理能力现代化的内在要求，是建立现代预算制度的重要内容，是优化财政资源配置、提升公共服务质量的关键举措。2018年9月，《中共中央 国务院关于全面实施预算绩效管理的意见》出台，标志着建设全方位、全过程、全覆盖的预算绩效管理体系目标的正式确立，吹响了我国全面实施预算绩效管理的“号角”。笔者以为，军队预算作为国家预算的重要组成部分，理应在国家全面推行预算绩效管理的过程中，充分发挥自身特点，建立一套系统完整、功能齐全、评价科学的预算绩效评价体系，确保军队预算执行能够有效地向战斗力指标和军事应用成果进行源源不断地转化。

1. 360度项目预算绩效评价改革意义

全面开展360度项目预算绩效评价，就是要以完善战略管理链路、提升军队建设质量效益为目标，围绕建立全面规范、标准科学、约束有力的预算制度，更加注重结果导向、强调成本效益、硬化责任约束。全面开展360度项目预算绩效评价，是贯彻中央军委关于管好用好军费的重要指示，服从国家全面实施预算绩效管理大局的一项重要改革举措，该举措对于构建与国家预算绩效管理制度相衔接，形成具有我军特色的预算绩效管理体系，更好发挥预算对军队建设战略管理的支撑、调控、服务作用，具有非常重要的战略意义。

2. 360度项目预算绩效评价的改革构想

一是构建360度项目预算绩效评价格局。以360度项目预算绩效评价思想为牵引，将年度军队建设总体规划，军队装备配套专项建设方案，军队各领域各系统各部门各专业建设计划，经科学论证后，将需要经费保障的建设项目全部纳入预算绩效评价范围。每年可以按照各军种、各专业、各系统、各领域项目建设的任务重要性分布状况，依据统计规律从中选择部分重点项目，从军事需求生成、计划目标可行性、资源配置运用情况、产出质量成果、成本经济性比较等方面，综合衡量项目投入产出效费比。

二是设置涵盖全要素绩效评价指标体系。全要素绩效评价指标体系是一项复杂的建设工程，需要从系统工程学的角度进行分析与构建。从评价指标的生成机理看，应当按照“军事能力—建设内容—产出质效—评价指标”的工作链路，形成科学量化的衡量体系。按照纵向可追溯、横向可对比、全程可监控、结果可衡量要求，对绩效目标进行细化量化，分别设置预期产出数量、质量、时效、成本，以及能力形成、经济效益、可持续影响、满意度等绩效指标及目标数值。从评价指标的性质特点看，应当区分军队建设各系统各领域各专业的共性特点和个性特征，分别设置系统共性指标、领域共性指标、专业共性指标，以及各领域各系统各专业内部的个性化指标，体现评价的共性与差异。

三是建立可反馈全过程绩效评价监督机制。简单讲，就是将绩效评价的方法手段嵌入到预算管理的全过程，及时反馈评价信息。在预算编制阶段，各单位应结合自身工作实际，对需求项目提报和政策论证开展事前绩效评估，细化绩效评价指标具体内容，随项目立项和政策方案一并审核报批；在预算执行阶段，重点是对绩效生成过程进行监控，由上级相关部门指导项目、政策实施单位，发现问题风险及时纠偏，实施监控预算执行率变化情况，建立健全“里程碑”拨付款管理机制，对可能存在的建设风险进行提前干预，确保绩效生成过程稳定，结果符合预期；决算编报阶段，重点进行绩效评价前期阶段性成果进行复查和最终认定。绩效评价结论复查认定的组织程序可以按照遴选评价对象、下达评价通知、制订工作方案、收集相关资料、综合审查分析、形成评价报告的流程，由上级相关部门实施开展，各单位应当对上级部门认定的绩效评价结论作出积极回应，并督促抓好绩效问题整改。对于评价结论有异议的，应在规定时间内上报复核请求。

11.4　小结

在国防经济领域，国防预算与财务管理的研究是一个永恒的话题。美国国防预算与财务管理具有成熟的实践经验，其中尤以规划—计划—预算—执行系统（PPBE）和会计运行系统最为有名。美国非常注重国防预算的战略牵引、需求主导、全局统筹、动态调整，强调财务管理的作业规范和全程监控，这些都集中体现出美国国防预算与财务管理的先进性与优势所在。

我国长期奉行和平发展战略，其国防政策是防御性的。因此，国情军情的差异，使得我国国防预算与财务管理在寻找增长点时，应当始终与新时代我国国防和军事战略目标相一致。本章从国防预算生成顶层设计、国防资源配置机制建设和军队财务管理技术方法三个角度进行增长点分析和实现路径设计，并在最后针对我国国防预算与财务管理的未来发展方向，从宏观、中观和微观方向三个不同战略层面进行了科学畅想。

参考文献

[1] Anderson J. Public policy - making [M]. New York: Praeger Press, 1975.

[2] Bardach E. A practical guide for policy analysis [M]. Washington DC: CQ Press, 2005.

[3] Brewer G., Deleon P. The foundations of policy analysis [M]. Monterey: Brooks/Cole Press, 1983.

[4] Cohen M. D., March J. G., Olsen J. P. A garbage can model of organizational choice [J]. *Administrative Science Quarterly*, 1972, 17: 1-25.

[5] Hayes M. T. Instrumentalism in encyclopedia Britannica [EB/OL]. http://www.britannica.com/topic/incrementalism, 2015.

[6] Jones C. An introduction to the study of public policy [M]. Belmont: Wadsworth Press, 1970.

[7] Sabatier P. A. Theories of the policy process [M]. Boulder CO: West view Press, 1999.

[8] Peters B. G. American public policy: promise and performance [M]. Washington DC: SAGE/CQ Press, 2013.

[9] Frederickson H. G., Smith K. B. The public administration theory primer [M]. Boulder: West view Press, 2003.

[10] Jones B. D. Politics and the architecture of choice [M]. Chicago: University of Chicago Press, 2001.

[11] Wong L., Gerras S. J. Lying to ourselves: dishonesty in the army profession [M]. Carlisle Barracks: United States Army War College Press, 2015.

[12] Onishi N. A. hunting ban saps a village's livelihood [EB/OL]. http://

mobile. nytimes. com /2015/09/13/world/a – hunting – ban – saps – a – villages – livelihood. html? referrer = &_r = 0, 2015.

[13] SIPRI. Year Book 2021: Armaments Disarmament and International Security [R], Sweden Stockholm International Peace Research Institute, 2021.

[14] Brook D. A., Candreva P. J. Business management reform in the Department of Defense in anticipation of declining budgets [J]. *Public Budgeting & Finance*, 2007, 27 (3): 50 – 70.

[15] Wong L., Gerras S. J. Lying to ourselves: Dishonesty in the Army profession [M]. Carlisle Barracks: United States Army War College Press, 2015.

[16] DoD. National defense budget estimates for FY2017 [R]. Washington DC: Department of Defense, 2016.

[17] CBO. The Budget and Economic Outlook: 2016 to 2026 [R]. Washington, DC: Congressional Budget Office, 2016.

[18] CBO. Long – Term Implications of the 2016 Future Years Defense Program [R]. Washington, DC: Congressional Budget Office, 2016.

[19] Census Bureau. Historical income tables [EB/OL]. Https: //www. census. gov/data/tables/time – series/demo/income – poverty/historical – income – people. html, 2018.

[20] Federal Reserve Bank. Federal Reserve statistical release data [EB/OL]. http: //www. federal reserve. gov/Releases/h41/20160428, 2017.

[21] Hartley T., Russett B. Public opinion and the common defense: Who governs military spending in the United States? [J]. *The American Political Science Review*, 1992, 86 (4): 905 – 915.

[22] Higgs R., Kilduff A. Public opinion: A powerful predictor of US defense spending [J]. *Defense Economics*, 1993, 4: 227 – 238.

[23] SIPRI. Year Book 2019: Armaments Disarmament and International Security [R]. Sweden Stockholm International Peace Research Institute, 2019.

[24] SIPRI. Year Book 2020: Armaments Disarmament and International Security [R]. Sweden Stockholm International Peace Research Institute, 2020.

[25] Office of Management and Budget. Historical tables, budget for the United States of America for FY2017 [EB/OL]. Https: //www. whitehouse. gov/omb/

budget/Historicals, 2016.

[26] Smith T. W. Trends in national spending priorities, 1973 - 2006 [R]. Chicago: National Opinion Research Center, 2007.

[27] Treasury Department. Final Monthly Treasury Statement of Receipts and Outlays of the United States Government for September 2015. https: //www. fiscal. treasury. gov/fsreports/rpt, 2016.

[28] CBO. Monthly budget review for August 2015 [R]. Washington DC: Congressional Budget Office, 2015.

[29] Debruyne N. F. Defense Authorization and Appropriations Bills: FY1970 - FY2016 [R]. Washington DC: Congressional Research Service, 2017.

[30] GAO. A glossary of terms used in the federal budget process [R]. Washington DC: Government Accountability Office, 2019.

[31] OMB. Preparation, submission, and execution of the budget (Circular No. A - 11). Washington, DC: Office of Management and Budget, 2017.

[32] OMB. Fiscal year 2017 budget of the US Government [R]. Washington DC: Office of Management and Budget, 2018.

[33] Tax Foundation. US Federal Individual Income Tax Rates History (1862 - 2013) [EB/OL]. Http: //taxfoundation. org/article/us - federal - individual - income - tax - rates - history - 1913 - 2013 - nominal - and - inflation - adjusted - brackets, 2014.

[34] Blechman B. M. The politics of national security: Congress and US defense policy [M]. New York: Oxford University Press, 1990.

[35] Bmdnick I. A. Members' representational allowance: History and usage [R]. Washington, DC: Congressional Research Service, 2014.

[36] Candreva P. J., Jones L. R. Congressional control over defense and delegation of authority in the case of the Defense Emergency Response Fund [J]. *Aimed Forces & Society*, 2005, 32 (1): 105 - 122.

[37] Croissant A., Kuehn D., Chambers P., Wolf S. O. Beyond the fallacy of coupes: Conceptualizing civilian control of the military in emerging democracies [J]. *Democratization*, 2010, 17 (5): 950 - 975.

[38] Doyle R. B. The rise and (relative) fall of earmarks: Congress and

reform, 2006 – 2010 [J]. *Public Budgeting & Finance*, 2011, 31 (1): 1 – 22.

[39] Garcia M. J. International law and agreements: Their effect upon U. S. law [R]. Washington DC: Congressional Research Service, 2015.

[40] House of Representatives. Rules of the Committee on Oversight and Government Reform Home of Representatives [R]. Washington DC: U. S. Government Printing Office, 2015.

[41] Huntington S. P. The soldier and the state: The theory and politics of civil – military relations. Cambridge: Harvard University Press, 1957.

[42] Huzar E. The purse and the sword: Control of the army by congress through military appropriations, 1933 – 1950. Ithaca: Cornell University Press, 1950.

[43] Brendan W. McG. Defense primer: planning, programming, budgeting and execution (PPBE) process [EB/OL]. Congress Research Service 2020. Https: //crsreports. congress. gov/product/pdf/IF/IF10429, 2020.

[44] DoD. The planning, programming, budgeting and execution (PPBE) process [EB/OL]. Http: //acqnotes. com/acqnote/acquisitions/ppbe – overview, 2019.

[45] DoD. Readout of deputy secretary of defense Dr. Kathleen Hicks' engagement during first meeting of the commission on planning, programming, budgeting and execution (PPBE) Reform [R]. US Department of Defense Information/FIND, 2022.

[46] Pion – Berlin D. S. Political management of the military in Latin America [J]. *Military Review*, 2005, 85 (1): 19 – 31.

[47] Wakeman R., Ornstein N. J., Mann T. E., Malbin M. J., Rugg A. Vital statistics on congress. [EB/OL]. http: //www. brookings. edu/research/reports/2013/07/vital – statistics – congress – mann – ornstein, 2013.

[48] Bmdnick I. A. Members' representational allowance: History and usage [R]. Washington DC: Congressional Research Service, 2015.

[49] Candreva P. J., Jones L. R. Congressional control over defense and delegation of authority in the case of the Defense Emergency Response Fund. Aimed Forces & Society, 2005, 32 (1): 105 – 122.

[50] Cottey A., Edmunds T., Forster A. The second generation problematic:

Rethinking democracy and civil – military relations [J]. *Armed Forces & Society*, 2002, 29 (1): 31 –56.

[51] Croissant A., Kuehn D., Chambers P., Wolf S. O. Beyond the fallacy of coupes: Conceptualizing civilian control of the military in emerging democracies [J]. *Democratization*, 2010, 17 (5): 950 –975.

[52] Feaver P. D. Armed servants: Agency, oversight, and civil – military relations [M]. Cambridge: Harvard University Press, 2003.

[53] Fisher L. Congressional abdication on war and spending [M]. College Station: Texas A&M University Press, 2000.

[54] House of Representatives. Rules of the committee on oversight and government reform home of representatives [R]. Washington DC: U. S. Government Printing Office, 2015.

[55] House of Representatives. 114th Congress Congressional Member Organizations (CMOs) [EB/OL]. http://cha. house. gov/sites/republicans. cha. house. gov/files/documents/cmo_cso_docs/114CMOList%289. 10. 15%29. pdf, 2015.

[56] Isaak R., Wheeler R. National defense budgeting and congressional controls (Master's thesis). http://calhoun. nps. edu/public/handle/10945/7362, 2012.

[57] Pion – Berlin D. S. Political management of the military in Latin America [J]. *Military Review*, 2005, 85 (1): 19 –31.

[58] Turner R. F. The war on terrorism and the modern relevance of the congressional power to declare war [R]. Harvard Journal of Law and Public Policy, 2011.

[59] Brook D. A. Budgeting for national security: A whole of government perspective. Journal of Budgeting [J]. *Accounting, and Financial Management*, 2012, 24 (1): 32 –57.

[60] DoD. Agency financial report for fiscal year 2015 [EB/OL]. http://comptroller. defense. gov/Financial – Management/Reports/afr2015, 2016.

[61] Wildavsky A., Caiden N. The new politics of the budgetary process [M]. New York: Longman Press, 2001.

[62] Department of the Navy. Budget guidance manual [R]. Washington DC: Department of the Navy, 2013.

[63] DoD. Planning, programming, budgeting and execution (PPBE) process [R]. Washington DC: Department of Defense, 2013.

[64] Department of the Navy. PPBE process (Brief Delivered to Navy HR Conference) [EB/OL]. http://www.public.navy.mil/donhr/Documents/HR%20Conferences/2010/Workshop%20Briefings/Navy%20 Budget%20PPBE%20 System.ppt, 2010.

[65] Hill T. F. An analysis of the organizational structures supporting PPBE within the military departments (Master's Thesis) [EB/OL]. http://hdl.Handle.net/10945/4130, 2018.

[66] Korb L. Department of defense budget process: 1947 – 1977 [J]. *Public Administration Review*, 1977, 37 (4): 247 – 264.

[67] DoD. Department of Defense financial management regulation. Http://comptrailer.defense.gov/FMR/fmrvolumes.Aspx, 2019.

[68] Lescher W. K. Brief to Navy senior leadership seminar [R]. Monterey, 2016.

[69] DoD. United States department of defense fiscal year 2023 budget request [EB/OL]. https://www.defense.gov/Spotlights/FY2023 – Defense – Budget, 2022.

[70] Candreva P. J. Management of defense acquisition projects [M]. Reston: AIAA Press, 2008.

[71] Fisher L. Presidential spending power [M]. Princeton: Princeton University Press, 1975.

[72] GAO. Principles of federal appropriations law red book [EB/OL]. http://www.gao.gov/legal/redbook.html, 2017.

[73] Jones L. R., McCaffery J. L. Budgeting, financial management and acquisition reform in the U. S. Department of Defense [M]. Charlotte: Information Age Press, 2008.

[74] Mann G. J. Reducing budget slack [J]. *Journal of Accountancy*, 1988, 766 (2): 118 – 123.

[75] McCaffery J. L., Mutty J. E. Case studies in public budgeting and financial management [M]. New York: Marcel Dekker Press, 2003.

[76] Schick A. Budgeting for fiscal space [J]. *OECD Journal on Budgeting*,

2019, 9 (2): 7 -24.

[77] Brook D. A. Audited financial statements in the federal government: Intentions, outcomes and on - going challenges for management and policy making [J]. *Journal of Public Budgeting Accounting and Financial Management*, 2010, 22: 52 -83.

[78] Candreva P. J. Accounting for transformation [J]. *Armed Forces Comptroller*, 2004, 49 (4): 7 -13.

[79] DoD. Financial Improvement and Audit Readiness (FIAR) Plan status report [EB/OL]. http://comptrailer. defense. gov/Portals/45/documents/fiar/FIAR_Plan_May_2016. pdf, 2016.

[80] DoD. FY2016 IT President's Budget request [EB/OL]. Https://snap. pae. osd. mil/snapit/BudgetDocs2016. aspx, 2016.

[81] GAO. High - risk series: An update [R]. Washington DC: Government Accountability Office, 2020.

[82] 王雍君. 公共预算与财务管理 [M]. 北京: 科学出版社, 2019: 178.

[83] 国务院新闻办公室. 新时代的中国国防 [R]. 北京, 2019.

[84] 陈利香. 规划计划预算执行系统演进及启示 [J]. 经济师, 2021 (12): 61 -62.

[85] 王永强, 王建永, 胡洪波. 美军战略管理枢纽性文件《未来数年防务计划》介评 [J]. 国防, 2019 (5): 80 -84.

[86] 严晓芳, 魏丽. 联合能力集成和开发系统概述 [J]. 中国电子科学研究院学报, 2020, 15 (10): 922 -927.

[87] 郭春东, 唐进. 美国国防装备决策支持体系对我国 R&D 管理的借鉴与启示 [J]. 情报工程, 2020, 6 (01): 110 -125.

后　记

本书各章节具体内容简要介绍如下：

第 1 章主要介绍公共政策理论，重点研究公共政策的阶段模型的基本原理，拓展了渐进决策理论、“间断平衡”理论、倡导联盟框架、制度主义理论和垃圾桶理论等其他常用公共政策理论模型的相关知识，引出公共预算的概念并围绕其职能、方法、特点等进行系统阐述。

第 2 章从国防预算的实证角度展开论述，引用美国联邦政府财政部、国防部大量统计数据，对联邦预算和国防预算的结构与内容进行量化统计与分析，区分了强制性支出和自主性支出，讨论了财政赤字和盈余及其对国债的累积影响。本章还提供了过去 60 年来国防支出趋势的数据，揭示了美国国防预算结构比例及未来变化趋势的经济性规律，并横向对比世界主要国家国防预算的规模差异，探讨了差异背后影响国防支出的决定因素。

第 3 章描述了更广泛的美国联邦政府预算流程，解释了预算和支出的宪法及法律框架。本章追溯了行政和立法部门联邦预算过程的四个阶段，区分了预算职权、债务和支出，并描述了财务流程。最后，介绍了联邦层面使用的税收类型的入门知识，并描述了税收政策如何成为公共政策的另一种措施。

第 4 章探讨了立法机构在美国国防预算中的作用。本章详细研究了美国宪法规定的国防政策和资金的权力分配，描述了美国国会的组织结构和对国防的不同看法，阐明了国会立法和监督这两个最重要的法定职能，区分了法定授权与拨款。最后，概述了国会对国防的监督职责，以及国会在预算过程中使用监督和控制措施管理国防的趋势。

第 5 章详细对比了国防预算与政府其他职能的政策差异和过程差异。通过对比，深刻揭示出国防预算与一般政府公共预算职能产生差异的原因在于国防预算自身的特殊性，在国防预算职能政策制定中应充分理解国防的外部性制约、认识差异性、需求上限不确定性等特点，在执行过程中要充分考虑到国防预算的拨款必然性、审查特殊性、决策多元性、计划永动性等具体要求。

第 6 章描述了美国国防预算流程参与人员和组织架构。本章针对国防部部长办公室、参谋长联席会议、军事部门、军种等各组织机构的职责功能和相互关系进行系统阐述，对各机构人员的使命任务进行分析，最后探讨了与国防预算生成过程密切相关的其他机构与角色，充分说明了国防预算是涉及组织内部和组织之间专业化分工的复杂工程。

第 7 章阐述了国防部 50 多年来一直使用的“规划—计划—预算—执行系统（PPBE）”，该系统将美国国防战略和军事计划与财政资源需求、分配和管理联系起来。本章在回顾预算理论基础上，系统描述了 PPBE 的产生和发展历程，并对 PPBE 各阶段功能进行详细的功能描述，涉及战略规划、能力评估、需求确定、备选方案分析、采办计划、资源分配、预算说明与项目执行等关键节点。其中，规划和计划阶段是存在最大自由裁量权和解决基本问题（角色、使命、战略）的阶段，而预算和执行阶段的战略性相对较低，而管理性较强。

第 8 章围绕两种主要类型的预算进行阐述，即运行与支持等支出型预算，以及新武器系统采购等投资型预算。本章描述了这两种类型预算制定过程，以及从美国总统行政管理和预算局（OMB）到美国国会预算办公室（CBO）审查预算的基本过程。

第 9 章涵盖了预算执行的所有内容。当预算提交、获得授权和拨款程序完成后，项目管理者就有责任完成指定的任务，同时需要遵守预算执行受托责任。本章围绕这两个理念进行阐述，涵盖基本财务法规、年中评估过程、重新规划（重置计划）行动和年底结算等内容，并探讨了政府内部业务（可偿还交易、不可偿还交易）和周转基金的有关话题。

第 10 章将重点从作为资源和决策的预算转移到会计和财务管理职能，强调财务报告和财务报表的可审计性。本章解释了审计要求以及国防部为做好审计准备而采取的行动，对 2018 年以来美国国防部接受审计的基本情况进行说明，最后分析了美国国防部在财务改革中面临的困难与挑战。

第 11 章重点总结梳理美国国防预算与财务管理实践中的规范经验，并结合 2019 年颁布的《新时代的中国国防》白皮书主要内容，从国防资源配置视角指出了新时期我国在国防预算与财务管理中应当关注的潜在增长点，并对我国国防预算与财务管理未来发展从宏观、中观和微观方向进行了展望探讨，基于学术角度提出一些个人浅见。

本书是著作组团队集体努力所取得的一项重要成果。为确保本书撰写过程中数据的准确性、客观性，著作组全体成员查阅了大量的外文资料，数据来源主要包括美国国防部、美国联邦政府总统行政管理和预算局（OMB），以及斯德哥尔摩国际和平研究所官方网站提供的各类公告、报告和数据资料。本书的作者及其负责的内容依次是：张侃撰写第 1 章、第 3 章、第 6 章、第 7 章、第 9 章；梁新撰写第 2 章、第 5 章和第 8 章；魏华撰写第 10 章；熊俊芬撰写第 4 章，余鹏和黄东京共同撰写第 11 章。限于著作组全体成员人手数量和精力水平，书中部分图片的数据并未更新至当前年度，由此给各位读者带来的不便还请谅解！

最后，感谢海军工程大学管理工程与装备经济系给予的支持和帮助，也感谢中国财政经济出版社为本书出版所作出的大量工作。

张　侃

2022 年 12 月